"十四五"国家重点出版物出版规划项目

湖北省公益学术著作
Hubei Special Funds 出版专项资金
for Academic and Public-interest
Publications

"一带一路"倡议与中国国家权益问题研究丛书
总主编／杨泽伟

"一带一路"高质量发展的
国际法问题研究

杨泽伟　主编

WUHAN UNIVERSITY PRESS
武汉大学出版社

图书在版编目(CIP)数据

"一带一路"高质量发展的国际法问题研究/杨泽伟主编.—武汉:武汉大学出版社,2023.7
"一带一路"倡议与中国国家权益问题研究丛书/杨泽伟总主编
湖北省公益学术著作出版专项资金项目 "十四五"国家重点出版物出版规划项目
ISBN 978-7-307-23731-5

Ⅰ.一… Ⅱ.杨… Ⅲ.国际法—研究 Ⅳ.D99

中国国家版本馆 CIP 数据核字(2023)第 069729 号

责任编辑:张 欣 责任校对:鄢春梅 版式设计:马 佳

出版发行:**武汉大学出版社** (430072 武昌 珞珈山)
 (电子邮箱:cbs22@ whu.edu.cn 网址:www.wdp.com.cn)
印刷:武汉精一佳印刷有限公司
开本:720×1000 1/16 印张:21 字数:300 千字 插页:2
版次:2023 年 7 月第 1 版 2023 年 7 月第 1 次印刷
ISBN 978-7-307-23731-5 定价:88.00 元

本书系 2022 年度教育部哲学社会科学研究重大课题攻关项目"全球治理的区域转向与中国参与亚洲区域组织实践研究"（项目批准号为：22JZD040）阶段性成果之一。

"'一带一路'倡议与中国国家权益问题研究丛书"总序

　　"一带一路"倡议自 2013 年提出以来，迄今已取得了举世瞩目的成就，并产生了广泛的国际影响。截至 2022 年 2 月中国已累计同 148 个国家、32 个国际组织签署了 200 多份政府间共建"一带一路"合作文件。可以说，"一带一路"倡议顺应了进入 21 世纪以来国际合作发展的新趋势，昭示了新一轮的国际政治新秩序的变革进程，并且是增强中国国际话语权的有益尝试；共建"一带一路"正在成为中国参与全球开放合作、改善全球经济治理体系、促进全球共同发展繁荣、推动构建人类命运共同体的中国方案。况且，作为现代国际法上一种国际合作的新形态、全球治理的新平台和跨区域国际合作的新维度，"一带一路"倡议对现代国际法的发展产生了多方面的影响。[①]

　　同时，中国已成为世界第二大经济体、第一大制造国、第一大外汇储备国、第一大债权国、第一大货物贸易国、第一大石油进口国、第一大造船大国、全球最大的投资者，经济对外依存度长期保持在 60% 左右；中国有 3 万多家企业遍布世界各地，几百万中国公民工作学习生活在全球各个角落，2019 年中国公民出境旅游人数高达 1.55 亿人次，且呈逐年上升趋势。可见，中国国家权益涉及的范围越来越广，特别是海外利益已成为中国国家利益的重要组成部分。因此，在这一背景下出版"'一带一路'倡议与中国国家权益问题研究丛书"，具有重要意义。

[①]　杨泽伟等：《"一带一路"倡议与国际规则体系研究》，法律出版社 2020 年版，第 22 页。

首先，它将为落实"十四五"规划和实现 2035 年远景目标提供理论支撑。习近平总书记在 2020 年 11 月中央全面依法治国工作会议上强调，"要坚持统筹推进国内法治和涉外法治"。《中华人民共和国国民经济和社会发展第十四个五年规划和 2035 年远景目标纲要》提出要"加强涉外法治体系建设，加强涉外法律人才培养"。中国 2035 年的远景目标包括"基本实现国家治理体系和治理能力现代化""基本建成法治国家、法治政府、法治社会"。涉外法治体系是实现国家治理体系和治理能力现代化，基本建成法治国家、法治政府、法治社会的重要方面。本丛书重点研究"全球海洋治理法律问题""海上共同开发争端解决机制的国际法问题"以及"直线基线适用的法律问题"等，将有助于统筹运用国际法完善中国涉外立法体系，从而与国内法治形成一个相辅相成且运行良好的系统，以助力实现"十四五"规划和 2035 年远景目标。

其次，它将为推动共建"一带一路"高质量发展提供国际法方面的智力支持。十九届五中全会明确提出继续扩大开放，坚持多边主义和共商共建共享原则，推动全球治理变革，推动构建人类命运共同体。本丛书涉及"'一带一路'倡议与中国国际法治话语权问题""'一带一路'背景下油气管道过境法律问题"等。深入研究这些问题，既是对中国国际法学界重大关切的回应，又将为推动共建"一带一路"高质量发展提供国际法方面的智力支持。

再次，它将为中国国家权益的维护提供国际法律保障。如何有效维护中国的国家主权、安全与发展利益，切实保障国家权益，共同应对全球性风险和挑战，这是"十四五"规划的重要任务之一。习近平总书记特别指出"要强化法治思维，运用法治方式，有效应对挑战、防范风险，综合利用立法、执法、司法等手段开展斗争，坚决维护国家主权、尊严和核心利益"。有鉴于此，本丛书涵盖了"中国国家身份变动与利益保护的协调性问题""国际法中有效控制规则研究"等内容，能为积极运用国际法有效回应外部挑战、维护中国国家权益找到答案。

最后，它还有助于进一步完善中国特色的对外关系法律体系。对外关系法是中国特色社会主义法律体系的重要组成部分，也是处理各类涉外争议的法律依据。涉外法治是全面依法治国的重要内容，是维护中国国家权益的"巧实力"。然而，新中国成立以来，中国对外关系法律体系不断发展，但依然存在不足。随着"一带一路"倡议的深入推进，中国对外关系法律体系有待进一步完善。而本丛书探讨的"'一带一路'倡议与中国国际法治话语权问题""全球海洋治理法律问题""'一带一路'背景下油气管道过境法律问题""海上共同开发争端解决机制的国际法问题"等，既有利于中国对外关系法律体系的完善，也将为中国积极参与全球治理体系变革、推动构建人类命运共同体提供国际法律保障。

总之，"'一带一路'倡议与中国国家权益问题研究丛书"的出版，既有助于深化国际法相关理论问题的研究，也有利于进一步提升中国在国际法律秩序发展和完善过程中的话语权、有益于更好地维护和保障中国的国家权益。

作为享誉海内外的出版社，武汉大学出版社一直对学术著作鼎力支持；张欣老师是一位充满学术情怀的责任编辑。这些得天独厚的优势，保证了本丛书的顺利出版。趁此机会，本丛书的所有作者向出版社的领导和张欣老师表示衷心的感谢！另外，"'一带一路'倡议与中国国家权益问题研究丛书"，议题新颖、涉及面广，且大部分作者为学术新秀，因此，该丛书难免会存在不足和错漏，敬请读者斧正。

杨泽伟 ①

2022 年 2 月 19 日

武汉大学国际法研究所

① 教育部国家重大人才计划特聘教授，武汉大学珞珈杰出学者、二级教授、法学博士、武汉大学国际法研究所博士生导师，国家高端智库武汉大学国际法治研究院团队首席专家，国家社科基金重大招标项目、国家社科基金重大研究专项和教育部哲学社会科学研究重大课题攻关项目首席专家。

前　言

　　"一带一路"倡议自 2013 年提出以来,迄今已取得了举世瞩目的成就,并产生了广泛的国际影响。一方面,中国与"一带一路"沿线国家的投资和经贸合作水平显著提升,截至 2022 年 9 月底货物贸易额累计约 12 万亿美元,对沿线国家非金融类直接投资超过 1400 亿美元;中国企业在共建国家建设的境外经贸合作园区累计投资 430.8 亿美元,为当地创造了 34.6 万个就业岗位;中国累计与 20 多个共建国家建立双边本币互换安排,在 10 多个共建国家建立了人民币清算安排。另一方面,中国已累计同 140 多个国家、30 多个国际组织签署了 200 多份政府及国际组织间共建"一带一路"合作文件。① 中欧班列累计开行近 6 万列,货值累计近 3000 亿美元,共铺画了 82 条运输线路,通达欧洲 24 个国家 200 个城市;"丝路海运"命名航线已达 94 条,通达 31 个国家的 108 座港口,累计开行超 9000 艘次,完成集装箱吞吐量超 1000 万标箱,"丝路海运"联盟成员单位超 250 家;"丝路一家亲"行动已在共建国家开展民生合作项目 300 多个,推动中外社会组织建立 600 对合作伙伴关系;丝绸之路国际剧院、博物馆、艺术馆、图书馆、美术馆联盟成员单位达到 539 家。② 特别是,2016 年 11 月联合国 193 个会员国协商一致通过决议,欢迎共建"一带一路"等经济合作倡议,呼吁国际社会为"一带一路"建设提供安全保障环境。2017 年 3 月,联合国安理会在有关"阿富汗形势"(the situation in

---

　　① 　参见中国"一带一路"网:《已同中国签订共建"一带一路"合作文件的国家一览》,载 https://www.yidaiyilu.gov.cn/xwzx/roll/77298.htm。

　　② 　参见中国"一带一路"网:《共建"一带一路"九年成绩单》(2022 年 10 月 1 日),载 https://www.yidaiyilu.gov.cn/xwzx/gnxw/281310.htm。

Afghanistan）的第 2344 号决议中首次载入了中国"一带一路"倡议。①

可以说，"一带一路"倡议顺应了进入 21 世纪以来国际合作发展的新趋势，昭示了新一轮的国际政治新秩序的变革进程，并且是增强中国国际话语权的有益尝试；"共建'一带一路'正在成为中国参与全球开放合作、改善全球经济治理体系、促进全球共同发展繁荣、推动构建人类命运共同体的中国方案"②。与此同时，作为现代国际法上一种国际合作的新型态、全球治理的新平台和跨区域国际合作的新维度，"一带一路"倡议对现代国际法的发展产生多方面的影响。③

值得注意的是，近年来无论是中国共产党和国家领导人的讲话，还是中国共产党的会议文件，均强调要推动共建"一带一路"高质量发展。例如，2020 年 6 月习近平主席向"一带一路"国际合作高级别视频会议发表书面致辞，强调"中国始终坚持和平发展、坚持互利共赢。我们愿同合作伙伴一道，把'一带一路'打造成团结应对挑战的合作之路……通过高质量共建'一带一路'，携手推动构建人类命运共同体"④。2020 年 10 月，中国共产党第十九届五中全会《中共中央关于制定国民经济和社会发展第十四个五年规划和二〇三五年远景目标的建议》也提出，推动共建"一带一路"高质量发展。2021 年 4 月，习近平主席在博鳌亚洲论坛 2021 年年会开幕式上视频主旨演讲中指出："面向未来，我们将同各方继续高质量共建'一带一路'，践行共商共建共享原则，弘

---

① 参见 S/RES/2344（2017），available at http：//www. un. org/en/ga/search/view_doc. asp？symbol＝S/RES/2344（2017）。

② 《习近平在推进"一带一路"建设工作 5 周年座谈会上的讲话》（2018 年 8 月 27 日），载中国"一带一路"网 http：//www. yidaiyilu. gov. cn/xwzx/xgcdt/79168. htm。

③ 杨泽伟等：《"一带一路"倡议与国际规则体系研究》，法律出版社 2020 年版，第 22 页。

④ 习近平：《把"一带一路"打造成合作之路、健康之路、复苏之路、增长之路》（2020 年 6 月 18 日），载《习近平谈治国理政》（第四卷），外文出版社 2022 年版，第 491～492 页。

扬开放、绿色、廉洁理念，努力实现高标准、惠民生、可持续目标。"① 2021 年 11 月，习近平总书记在第三次"一带一路"建设座谈会上明确要求，"完整、准确、全面贯彻新发展理念，以高标准、可持续、惠民生为目标……努力实现更高合作水平、更高投入效益、更高供给质量、更高发展韧性，推动共建'一带一路'高质量发展不断取得新成效……推动共建'一带一路'高质量发展"②。因此，从国际法角度对推动共建"一带一路"高质量发展进行深入解读，无疑具有重要的理论价值和现实意义。

本书由杨泽伟主编，具体分工如下（以撰写章的先后为序）：

杨泽伟（法学博士、武汉大学二级教授、国际法研究所博士生导师）：前言、第二章、第三章、第四章、第五章和第六章，并负责本书的策划、修改和统稿工作；

刘志云（法学博士、厦门大学法学院教授、博士生导师）：第一章；

吕江（法学博士、西北政法大学丝绸之路研究院副院长、教授、博士生导师）：第七章和第八章；

张颖（法学博士、陕西警官职业学院教授）：第九章；

陈思静（法学博士、中共山西省委党校讲师）：第十章；

申钟秀（法学博士、浙江师范大学讲师）：第十一章和第十二章。

共建"一带一路"高质量发展涉及诸多方面，从国际法角度对其进行全面、深入的解读是一项系统工程。因此，本书可能会存在一些错漏，请读者批评指正。

杨泽伟

2022 年 10 月 9 日于武汉大学珞珈山

---

① 习近平：《建设更紧密的"一带一路"伙伴关系》（2021 年 4 月 20 日），载《习近平谈治国理政》（第四卷），外文出版社 2022 年版，第 493 页。
② 习近平：《推动共建"一带一路"高质量发展不断取得新成效》（2021 年 11 月 19 日），载《习近平谈治国理政》（第四卷），外文出版社 2022 年版，第 495 页。

目　　录

第一章 价值共识、国际法与"一带一路"倡议的推进方略

价值共识是社会存在的基石,是指"特定的社会共同体在社会生产过程中,通过社会交往实践对社会生活中的某一价值观念所达成的相对一致的共同理解和见解"①。作为一种社会意识,价值共识对人们的思想意识、价值取向和行为实践具有驱动、规范和导向作用。而所谓"国家之间价值共识",就是国家之间对某一种价值观念达成一定程度上的认同。这里的"国家之间",既包括少数国家之间,也可能是多个国家之间。如果能够囊括大多数国家,即某种价值得到大多数国家的赞同与接受,则跟近年来党跟国家领导人反复倡导的"全人类共同价值"② 的含义有一定的叠合。因此,从总体上看,"国家之间价值共识"跟"全人类共同价值"相比,层次更低,范围更小。"全人类共同价值"是"国家之间价值共识"的最高层面,是已经去除"国家"这一国别界限的全人类的

---

① 王玉萍、黄明理:《价值共识及其当代意义》,载《求索》2012 年第5 期。

② 在 2021 年 7 月庆祝中国共产党成立 100 周年大会上,习近平总书记庄严宣告,中国共产党将继续同一切爱好和平的国家和人民一道,弘扬和平、发展、公平、正义、民主、自由的全人类共同价值。就如学者指出,全人类共同价值超越狭隘的民族国家视角,打破意识形态的藩篱,为国际社会的共同追求找到最大公约数。面对世界百年未有之大变局和全球治理体系面临的挑战,必须以全人类共同价值为指引,努力推动构建人类命运共同体,让不同社会制度、不同意识形态、不同历史文化、不同发展水平的国家在国际事务中合作共赢,才能共同推动历史车轮向着光明的目标前进,携手建设更加美好的世界。参见冯峥:《全人类共同价值引领世界前行》,载《光明日报》2021 年 12 月 23 日,第 12 版。

价值共识。从功能上看，国家之间价值共识是国际社会能够作为"国家社会"而不是单纯的"国际结构"的形态存在的基石。① 按照概念的内涵深度与外延的广度，我们可以将国家之间的价值共识进行分层，至少可以分成世界观层次的价值共识、基本原则层次的价值共识、因果信念层次的价值共识。② 在这里，我们要问的是：国际法的发展中是否存在着这三种或者类似的三个层次的价值共识？如果存在，它们在国际法的发展中产生了怎样的影响？无疑，

① 为了避免歧义，这里需要特别说明的是，本书所指的"国家之间价值共识"强调的是不同国家之间对某种价值观的认同，跟政治形态上的"意识形态"是不同概念。这里的"不同国家"是指"不同的主权国家"，而不是特指"意识形态上的不同国家"。有关价值共识使国际社会能够作为"国家社会"而不是单纯的"国际结构"的形态存在的基石的观点，现代国际关系理论中的国际社会学派代表性学者布尔曾作了详细论述。他认为，国际社会的存在有几个要素能证明，这些要素包括：有关国家的共同利益、国家遵循的共同规则以及国家所创立的共同制度之观念。按照布尔的阐释，维持国际社会秩序的第一步是国家之间必须形成一个追求社会生活基本目标的共同利益观或共同价值观。不管这些国家所追求的具体目标是否大不相同或者互相冲突，但它们都很看重这些基本目标。不过，旨在追求社会生活基本目标的共同利益观念本身并不能明确地告诉我们哪些行为符合这些基本目标，而必须依赖规则。这些规则可能是国际法、道义准则、习惯或先例，也可能只是一些通过正式的协定而产生的操作规则或"游戏规则"。详见〔英〕赫德利·布尔著：《无政府社会——世界政治秩序研究》（第二版），张小民译，世界知识出版社 2003 年版，第 53~58 页。

② 现代国际关系理论中的新自由主义学派对观念的解构为我们研究国家之间价值共识与国际法的发展提供了一个良好的路径。新自由主义学派从两个方面对观念进行解构：其一是将观念具体分为世界观、原则化观念以及因果信念三种表现形态。其二是论证了观念影响政策的三种途径：在行为体对自己的利益不明确时，观念起到原则化或因果性的路线图的作用；当存在着多种选择或多种观念的竞争时，占主流的观念将影响战略，能够起到聚焦和黏合剂的作用，使持不同选择倾向的各方形成共识和联盟；观念可以植根于制度当中，即所谓嵌入制度之中，形成长久性的影响。参见刘东国、于军：《从新自由主义走向建构主义的桥梁——译者序》，载〔美〕朱迪斯·戈尔茨坦、罗伯特·基欧汉编：《观念与外交政策：信息、制度与政治变迁》，刘东国、于军等译，北京大学出版社 2005 年版，第 8 页。

解决这些问题对于理解国家之间价值共识与国际法的相互作用具有启发性意义。对此，除理论推导外，我们还可以通过"保护责任"的产生与发展，以及其与国际法的互动来分析这个问题。继而，立足于国家之间价值共识与国际法互相作用的原理，我们可以对推进"一带一路"倡议中的中国方略作出有意义的思考。

一、国际法与国家之间价值共识互动的原理分析

无论是自然法学派还是实证主义法学派，均认同国际法与国家之间的价值共识关系紧密，这一点从各个学派对国际法的效力根源的认定就已经体现。事实上，无论是哪种理论，都认为国际法效力的根据在于"国家的意志"。而且，其不是个别国家的意志，而是"各国的意志"，即国家之间的"合意"。① 无疑，国家之间的"合意"包括了国家之间的"价值共识"，后者是国家之间在漫长的交往与互动中逐渐对某种价值观的认同与践行，是在多样性的世界能够达成一致的关键。而且，这里的"价值共识"是一种长久且达到最大共识并上升到相对高度的国家"合意"，是国家在价值观上的最大"合意"。通过制度形式实现国家之间短暂或偶发性合作只需国家间达成"合意"或"共识"，这个"合意"不一定需要上升到"价值共识"层次。但是，国家之间持久、有效以及普遍性合作却需要在稳固的"国家之间价值共识"的条件下进行。

国家之间最高层次的价值共识属于世界观范畴，其构成国际法的本体论，指引国际法发展方向。所谓世界观，是指人们对世界的根本看法，包括宗教与科学理性为人们所提供的世界观、承认物质为第一性的唯物主义世界观以及承认精神为第一性的世界观等。②

---

① 王铁崖主编：《国际法》，法律出版社 1995 年版，第 9 页。
② 朱迪斯·戈尔茨坦、罗伯特·基欧汉：《观念与外交政策：分析框架》，载〔美〕朱迪斯·戈尔茨坦、罗伯特·基欧汉编：《观念与外交政策：信息、制度与政治变迁》，刘东国、于军等译，北京大学出版社 2005 年版，第 9 页。

回顾国际法的发展史我们发现，以世界观的形式存在的国家之间的价值共识起到了根本性的作用。如果我们回到中世纪的欧洲，会发现当时的国际法思想基本孕育在神学家的著作中；而近现代国际法则是在自然法学家与实证法学家思想的重大影响下取得了长足进步。比世界观更低的国家之间的价值共识属于原则化观念，其具有规范性意义，用于区分对与错、正义与非正义标准等，与国际法的普遍性原则联系紧密。实际上，指导或影响某一领域的国际法律制度的建构与运转的国际法的普遍性原则，往往就是这种原则化观念。例如，国际社会禁奴运动的开展以及国际禁奴法律制度的建构，依托的是"奴隶制是错的"这一原则化观念。比原则化观念更低层次的国家之间价值共识是因果信念，即关于原因-结果关系的信念，它是连接问题与行动的中间链条。诸如"国民待遇""最惠国待遇""平等互利原则""卡尔沃主义""人权普遍性与相对性"等因果信念，构成特定领域国际法律制度的具体原则。

国际法体系正是一个由本体论、普遍性原则、具体领域的法律原则以及由它们指导下构建的具体制度所构成的有机统一体。① 因此，国际法体系是国家之间"价值共识"的产物。原则化观念是世界观的具体体现，因果信念又是原则化观念的体现，而因果信念连接了价值观与具体的法律制度，这实际上已经勾画出国际法发展的"路线图"。当因果信念发生分歧时，更抽象的原则化观念层次的价值共识会促使它们继续寻找更好的合作机会，而不是一直停留在冲突状态。即当国家在构建具体制度的谈判中争论不休时，因果信念层次的价值共识依然让它们有着最终达成合作方案的可能。由此可见，国家之间三个层次的价值共识，为国家之间达成国际立法提供了"黏合剂"的作用。

不过，国家之间的"价值共识"与国际法之间的关系并不是单向的，而是一种共生共长的正相关关系。"价值共识"有一个形成、发展、普及乃至内化的进程，国际法在这四个环节中起到了推

---

① 参见刘志云：《新时代中国在"国际法竞争"中的大国进路》，载《法学评论》2020年第4期。

波助澜的作用。国家之间的"价值共识"促进制度化，制度化推进与稳固国家之间的价值共识。被国际法成功"制度化"的国家之间的"价值共识"，将是更为有效、持久、影响深远的"价值共识"。① 国际法促进与巩固的国家之间的共同价值或共同利益，是国际社会建立和存在的基础。② 例如，国家之间有关"贩奴是犯罪"的价值共识引导了国际社会禁止贩奴的国际法律制度的构建，而当国际法把"贩奴是犯罪"界定为强行法属性之后，"贩奴是犯罪"的价值共识迅速得到普及与内化，变成一种持久、普遍与深远的国家之间的"价值共识"。

二、国家之间价值共识与国际法互动原理的实践③

随着 20 世纪 90 年代冷战的结束，国际社会对大国之间冲突的关注慢慢转移至国家内部的人道主义危机。这一时期，西方国家开始提倡与实践超越传统国家主权的"人道主义干涉"，但这一举动遭到众多非西方国家的抵制。④ 本世纪初，传统的"人道主义干涉"改头换面，或者说"人道主义干涉 2.0 版"即"保护责任"这一新的理念得以迅速推广，很快成为国家之间的价值共识，并试

---

① 参见刘志云：《新时代中国在"国际法竞争"中的大国进路》，载《法学评论》2020 年第 4 期。

② 参见 John Dugard, International Criminal Responsibility, in M. C. Bassiouni ed., International Criminal Law, Vol. 1, Transnational Publishers Inc. 1999, p. 251。

③ 这里用"'保护责任'的产生、演进以及其制度化所面临的困境"作为"国家之间价值共识与国际法互动的实例分析"的列举，只是为了阐明国家之间价值共识与国际法之间互动的动态过程以及转化困难的客观现实，并不对任何国家在此问题的立场做任何主观评价，也不反映作者对这种转化的支持或反对态度。为了不产生歧义，这里特别说明。

④ 参见 Peter Hilpold, From Humanitarian Intervention to the Responsibility to Protect, in Peter Hilpold ed., Responsibility to Protect (R2P): A New Paradigm of International Law? Brill Nijhoff 2014, p. 15。

图用国际法的形式实现"制度化"。① "保护责任"的产生与发展，是国家之间"价值共识"的变化与国际法互动的典型案例。

（一）国家之间新的"价值共识"的形成与国际法的发展变化：对"保护责任"产生及"制度化"的根源分析

国家之间某种价值共识影响国际法的发展是一个漫长的过程：国家之间首先达成某种世界观的价值共识；之后，寻找并努力达成能够具体体现该世界观的原则化观念层次的价值共识；在这两个层次的价值共识形成后，国家之间继续寻找并达成能够实现世界观、原则化观念与具体制度之间连接的因果信念层次的价值共识；达成因果信念的价值共识后，具体的国际法制度就有了纳入谈判议题以

---

① 2001年，国际干预与国家主权委员会在加拿大政府的倡议下成立，其宗旨是在联合国框架下如何解决"人道主义干涉"的合法性问题。同年，该委员会发表的《保护的责任》的报告提出，当一个国家无法保护其人民的时候，这一责任则会落到国际社会的肩膀上。2004年，时任联合国秘书长科菲·安南建立了"威胁、挑战和改革问题"高级别专家小组。该小组认可"保护责任"这一概念，并建议由安理会行使。2005年9月，联合国所有成员国在"联合国世界首脑会议"上正式承担起保护其人民免遭种族灭绝、战争罪行、种族清洗和反人类罪的责任，并一致认为一旦任何国家没能尽到这一职责，那么所有国家有责任通过联合国安理会保护那些受到这些罪行威胁的人民。之后，"保护责任"这一概念在安理会采纳的很多决议中起了明显重要的作用。例如，安理会在2006年8月通过了第1706号决议，批准向苏丹的达尔富尔地区部署联合国维和部队。安理会在2011年2月26日一致通过了第1970号决议，认为利比亚遭受"对人权严重系统的侵犯"，要求"撤销利比亚当局保护其公民的权利"，并施加了一系列的国际制裁。2011年10月21日，联合国安理会第2014号决议谴责也门当局犯下的侵害人权行为，这一决议明确撤销了也门政府"保护其人民的首要责任"。参见 UN Background Information on the Responsibility to Protect, available at http://www.un.org/en/preventgenocide/rwanda/about/bgresponsibility.shtml, 2013-12-19; Peter Hilpold, From Humanitarian Intervention to the Responsibility to Protect, in Peter Hilpold ed., Responsibility to Protect (R2P): A New Paradigm of International Law? Brill Nijhoff 2014, pp.16-17。

及最终达成协议的基础。

"二战"结束以来，"保护人权"成为国家之间原则化观念层次的价值共识，并成为国际法体系的一个普遍性原则。但怎样"保护人权"，显然是纷争不断的话题。"主权高于人权"甚至在相当时期内成为国家之间的价值共识，且凭借其因果信念的地位深刻影响着国际法的发展。1947年年初联合国人权委员会起草《世界人权宣言》时，以英美为代表的发达国家与以苏联为代表的社会主义国家以及众多发展中国家对人权保护的因果信念是不同的。发达国家强调的是应优先加强对人们自由权的保护，而社会主义国家以及众多发展中国家则主张经济、社会以及文化权利优先，希望诸如"不干涉内政""民族自决权""个人权利不能先于国家权利而存在""人权保障不能削弱国家主权"等概念能够写进立法。① 经过反复的谈判与博弈，《世界人权宣言》于1948年12月在联合国大会正式通过。从内容来看，《世界人权宣言》基本沿袭了西方国家长期以来关于人权的观念和国内法律实践，重点强调了个人的权利和自由，但也在一定程度上吸收了社会主义国家以及发展中国家的人权观念，即规定了经济、社会和文化权利等。不过，出于自己的人权观念与策略没能完整、有效体现的原因，苏联、乌克兰、白俄罗斯、捷克斯洛伐克、波兰和南斯拉夫在草案通过时投了弃权票。②

无疑，《世界人权宣言》的起草工作以及投票结果表明了各国因果信念的不同影响到其国际立法中的不同战略以及对立法成果的不同态度。③ 依赖相同的世界观与原则化观念层次的价值共识作为

---

① 参见刘志云：《国际法发展进程中的"观念"及其影响途径》，载《现代法学》2007年第4期。
② 当时投弃权票的国家包括南非、沙特阿拉伯、苏联、乌克兰、白俄罗斯、捷克斯洛伐克、波兰和南斯拉夫。1975年，苏联和其他东欧国家通过《赫尔辛基宣言》，表示完全接受了《世界人权宣言》。参见王铁崖主编：《国际法》，法律出版社1995年版，第205页。
③ 参见刘志云：《国际法发展进程中的"观念"及其影响途径》，载《现代法学》2007年第4期。

"黏合剂",国际人权保护制度在"二战"之后得到迅速发展。然而,冷战结束以来,面临大规模杀伤性武器、种族屠杀、崩溃的政府和所谓的"无赖国家"等现象,在国家机构没有能力或不愿意去制止或纠正对世界及某些地区和人民的和平与安全构成严重威胁的罪行时,其他机构包括其他主权国家是否有权或有责任介入与干预,成为挑战传统主权制度的一大难题。这时,国家对主权这一世界观层次的价值共识以及"保护人权"这一国家之间原则化的价值共识没有产生变化,但"主权高于人权"这一因果信念却不断经受着质疑。在2005年9月"联合国世界首脑会议"上,来自150多个国家的国家元首和政府首脑签署并通过了《世界首脑会议成果文件》,正式承诺承担保护不同国家域内的人民免遭种族灭绝、战争罪行、种族清洗和反人类罪的责任。① 这意味着,一个国家之间因果信念层次的新价值共识——"保护责任"得到了国际社会广泛的认同。

为什么"保护责任"能够得到更多的国家认同,并成为新的国家之间的"价值共识"呢?归根到底在于传统的"人道主义干涉"强调的是权力,而"保护责任"强调的是"责任"。在主权仍然是国家存在之根基的时代,一项新的干涉别国的权力要得到普遍性认可的难度是非常大的。但如果这个"权力"变成了"责任",无论对于干涉国还是被干涉国,都成为道德层面上不好拒绝的问题。至此,"主权高于人权"仍然为国际人权法的主流,一个国家内部的人权保护必须依托于该国政府,但当一个例外出现,即"本国政府无力保护甚至在毁损本国人民的人权"时,别的国家也必须承担"保护责任"。一旦国家之间达成新价值共识,下一步发展即"制度化"。就如2009年时任联合国秘书长潘基文在《履行保护的责任》报告中指出的,阻止各国或国家集团为不当目的滥用"保护的责任"的最佳途径是全面订立联合国的保护的责任战

① 参见 UN Background Information on the Responsibility to Protect, available at http://www.un.org/en/preventgenocide/rwanda/about/bgresponsibility.shtml。

略、标准、程序、工具和做法，即"'保护责任'需要进一步发展成有约束力的国际法律规范"①。

（二）国家间"价值共识"的发展与国际立法博弈："保护责任"的制度化困境

一旦"保护责任"变成国家之间的新价值共识，其将成为"人权保护"与具体的国际人权法律制度与实践之间的连接点。一个新生的因果信念的推广、普及以及内化有着漫长的过程，"制度化"是这一过程的重要推手。反之，新的因果信念也将指引"制度化"。理想图景是：国家之间的新价值共识指引具体的国际法实践与制度构建，而国际法的实践以及制度建构的意义是将新价值共识"制度化"，加速推广、普及以及走向内化，使之变得恒定持久。但在实践中，很难出现这样一帆风顺的图景。从抽象理念落实到具体规则，是这一进程的最大难点。在这一进程中，也可能出现"制度化"的停滞或夭折。

具体来讲，"保护责任"的制度化即落实到具体的法律层面，是一个艰难博弈与缓慢发展的过程。究其原因，国家之间对接受一个抽象的观念上的共识与达成具体的法律上的义务或责任有着完全不一的偏好。前者只有道义上的成本，后者却变成实打实的责任或义务，"很多国家担忧需要为此付出更多的财政与军事负担"②。同时，怎么判断国家未能履行对己国公民人权保护，以及国家如何履行自己对别国受到侵害的国民的"保护责任"？如何防范国家以保护人权的名义滥用"保护责任"，即"保护责任"的范围、内

①　参见 Jutta Brunnée & Stephen Toope, Norms, Institutions and UN Reform: The Responsibility to Protect , 2 J. Int'l L & Int'l Rel. 121 （2005-2006）, available at https://heinonline.org/HOL/LandingPage? handle = hein. journals/jilwirl2&div=12。

②　参见 Peter Hilpold, From Humanitarian Intervention to the Responsibility to Protect, in Peter Hilpold ed. , Responsibility to Protect (R2P): A New Paradigm of International Law? Brill Nijhoff 2014, p. 18。

容、方法与手段、评估以及边界在哪里？显然是相当长时期内国际法谈判的重要议题。

在安理会数次运用"保护责任"成功进行"人道主义干预"的实践后，西方国家与非西方国家之间、西方国家之间的分歧不断增大。例如，英、美、法等国希望"保护责任"的标准能够宽泛化，为它们单边主义人道主义干预提供便利；阿根廷、巴西等国试图将"保护责任"的标准具体化，从而对"保护责任"的实施情形加以限制；德国、荷兰、澳大利亚等国的态度介于中间，希望"保护责任"的范围能够用国际法规范进行限制，当然也希望保持适当的灵活性与弹性。① 实际上，由于分歧过大，安理会在实施保护责任时并不是总能找到更多的合作空间。就叙利亚问题而言，2012年2月4日，安理会就一项支持阿拉伯联盟计划的决议草案进行表决。该决议草案呼吁叙利亚政府停止针对平民的暴行，并撤回其军队。由于对其内容争议较大，决议未能通过。此后，联合国大会和人权理事会都强烈谴责了叙利亚当局犯下的旷日持久，"大范围、有系统"的侵犯人权的罪行，并要求该国政府立即停止所有暴行，并保护其人民。人权事务高级专员建议将叙利亚的局势交由国际刑事法院处理，并敦促安理会承担起保护叙利亚人民的责任。② 对于联合国机构关涉叙议案的诸多表决被否决的情况，西方社会哀叹"保护的责任"已经"死亡"。③ 但也有学者正视国家之间对此发生分歧的各自的合理性所在，因而从客观现实出发，呼吁将广义"保护责任"的问题迁回到更为狭义的"主权的责任"来

---

① 参见徐崇利：《"保护的责任"：制度化进程之夭折》，载《法律科学》2018年第6期。

② 参见 UN Background Information on the Responsibility to Protect, available at http://www.un.org/en/preventgenocide/rwanda/about/bgresponsibility.shtml, 2013-12-19。

③ 徐崇利：《"保护的责任"：制度化进程之夭折》，《法律科学》2018年第6期。

讨论。①

至此我们可以看到,"保护责任"的产生、演进及制度化的实践进程显示,某种国家间"价值共识"的生成与演进对于具体的国际法律制度的产生或改变指明了方向,提出了议题,起到了"路线图"② 的作用。反过来,国际法的实践又为此种价值共识的推广以及内化起到了关键性作用。"保护责任"制度化进程的难点也表明,由于国家之间对于规则订立与实施的收益与成本不一样,国家之间"价值共识"的制度化注定是一个艰难漫长的过程,中间出现曲折甚至倒退也是经常性现象。但从较长的时间跨度看,国家之间的"价值共识"始终扮演着"黏合剂"的作用。对于利益与偏好多元化的世界,在没有一个高于主权国家的立法机构的情况下,矛盾重重的主权平等的国家能够在谈判产生重大分歧甚至破裂后,再度回到谈判桌进行一轮一轮新的博弈,完全依赖于它们之间达成的"价值共识"。这也是实践中,国家之间价值共识与国际法发展的真实的互动场景。

三、推进"一带一路"倡议的中国方略

如前所述,与"二战"结束以来在全球化进程中美国的战略改变不同,中国近些年逐步扮演起推动全球化继续深化的重要角色。"一带一路"倡议的提出与推进是中国当前最主要的外交战略之一,而金砖国家银行与亚投行相继成立是推进"一带一路"倡议的重要抓手。对国家之间价值共识与国际法原理互动的实践分析,能够为我们推进"一带一路"倡议的中国方略提供重要启示。

---

① 参见 Alex J. Bellamy, The Responsibility to Protect: A Wide or Narrow Conception? in Peter Hilpold ed., Responsibility to Protect (R2P): A New Paradigm of International Law? Brill Nijhoff 2014, p. 38。

② 刘东国、于军:《从新自由主义走向建构主义的桥梁——译者序》,载〔美〕朱迪斯·戈尔茨坦、罗伯特·基欧汉编:《观念与外交政策:信息、制度与政治变迁》,刘东国、于军等译,北京大学出版社 2005 年版,第 8 页。

（一）"一带一路" 倡议的属性定位是构建其中国方略的基点

近年来，随着中国综合国力的提升，中美之间在各个领域已经进入了竞争状态。从实践来看，经济领域的竞争是当前中美竞争的主要方面，其中就包括国际经济制度上的竞争。那么，中美之间在国际经济制度方面的竞争处于什么状态呢？是集中于具体规则以及相关国际机构的主导权层次，还是已关乎国际经济秩序与体系的具体走向问题？

对此问题，我们首先要分析的是中国与美国建立的现有国际经济制度与国际经济秩序的关系。自 1978 年改革开放以来，中国在国际经济领域走过了一条努力融入美国在 "二战" 后建立的自由主义国际经济秩序的进程。中国的经济崛起，这一自由主义国际经济秩序以及相应的国际经济法律制度起到了不可替代的助益作用。经过 40 余年的改革开放，中国国内已经建立了一个面向世界市场、融入国际分工的外向型生产体系。中国的进一步发展战略不是脱离现存的自由主义国际经济体系，而必须是以更加开放的姿态深度融入这个体系。换言之，中国作为全球化的受益者，应该坚定不移地坚持与维护既存的自由主义国际经济体系。近些年，随着国际经济中实力对比的变化，美国对其一手建立与主导的多边自由主义国际经济秩序的态度一反常态。① 例如，对 WTO "欲拒还迎"、表态模糊，阻挠 WTO 的正常运作。究其根源，是因为美国认为在现有国际经济体系中其 "相对利益" 已严重不足，希望通过改变现有制度来重获美国的更大利益。当 WTO 改革不符合其偏好时，美国试图通过双边、区域协议或重新谈判的模式，采用 "有条件准入" 的原则，将其标准深度融入 "竞争中立" "国有企业" "政府采购透明度" "知识产权和环境保护" 等敏感议题，其目的在于将中国被动拖进或排除在美国主导的 "小圈子" 式的高标准的国际经济

---

① 参见刘志云：《新时代中国在 "国际法竞争" 中的大国进路》，载《法学评论》2020 年第 4 期。

制度之外。①

　　由此一个有趣的现象发生，即当美国在近些年对现有自由主义多边经济秩序不断发难，试图将既存的多边"自由"贸易体系改变成其所期待的所谓"公平"贸易体系时，中国却成为当前多边自由贸易体系的坚定捍卫者，并努力维护着"开放、包容、互补"的 WTO 规则体系的运转。"一带一路"倡议的提出与实践，是坚守自由主义国际经济秩序体系的重要举措之一，其不是对既存的以 WTO 规则为核心的多边自由经济秩序的替代，而是在区域范围对这个秩序的强化——这是对其属性的准确定位。而且，"一带一路"倡议的这种属性定位，也有着降低中国对美国主导的多边国际经济体系依赖度之意蕴。具体地讲，过去几十年中国对既存的美国主导的自由主义国际经济体系的深度融入，也让中国的经济发展呈现出对其过度依赖的一面。如果以"敏感度"与"脆弱度"两个要素来衡量，就会发现中美经济博弈中呈现出严重的"权力"不对称的状态。② 因此，就中美大国博弈的角度而言，当美国抛开 WTO 进行各种"小圈子谈判"，试图构建所谓的"公平"经济合作体系并有将中国踢出去的企图时，中国对此风险也必须予以防范。这是"一带一路"倡议属性定位的另一方面，即通过对美国主导的经济合作体系的依赖度的适度弱化，"对冲"中国依赖度过

---

　　① 参见刘志云：《新时代中国在"国际法竞争"中的大国进路》，载《法学评论》2020 年第 4 期。

　　② 基欧汉与奈把相互依赖定义为"彼此之间的依赖"，并用"敏感性"（senstivity）与"脆弱性"（vulnerability）作为衡量在相互依赖的国际社会中各国受外来影响的程度的两个尺度。基欧汉和奈认为，相互依赖是指国际社会中不同角色之间互动的影响和制约关系，这种互动的影响和制约关系可以是对称的或不对称的，其程度取决于角色对外部的"敏感性"和"脆弱性"的大小。如果两国之间的"敏感性"与"脆弱性"相同或接近，则它们之间的相互依赖关系是对称的，否则即呈不对称状态。这种对称或不对称状态决定它们在相互关系中的"权力"大小。参见 Joseph S. Nye, Interdependence and Power, in Marc C. Genest ed. , Conflict and Cooperation：Evolving Theories of International Relations, Harcourt Brace & Company 1996, pp. 193-196。

高的风险。①

在对"一带一路"倡议的属性准确定位后，我们可以提出中国在"一带一路"倡议方略选择或构建的基点。具体而言，中国发起"一带一路"的倡议、创立金砖银行与亚投行等，是中国提高国际经济制度的话语权、参与国际经济制度竞争的具体形式之一。但这种竞争不直接代替或对抗既存制度与机构，而是通过推出新制度、新机构的模式倒逼旧制度、旧机构改革，从而提高在国际经济体系中中国的制度话语权以及促进中国的国家利益。从竞争层次上讲，这种竞争仍然在既存的自由主义国际经济秩序的框架之内，是在具体规则与机构层面的主导权竞争，而不是对现有国际经济秩序的替换之竞争。②

从实际效果来看，"一带一路"倡议的提出与具体实践，让中国在外交与国家利益上收获颇丰，并推动着既有国际经济体系的深化，这是作为崛起大国采取的"非对抗""竞争"的方式来处理其与既有的守成大国之间潜在冲突的高明战略。在这一外交战略的推进中，促进国家之间新的"价值共识"的形成以及对国际法律制度的有效运用是关键环节。

（二）在"一带一路"倡议的推进中必须促进国家之间的新"价值共识"的生成与内化

"一带一路"倡议的推进是一个艰巨而宏大的工程，沿线国家国情、制度以及经济发展水平参差不齐，对"一带一路"倡议的态度也不一。在这种情况下，促进有利于"一带一路"倡议推进的国家之间的新"价值共识"的生成与内化变得至关重要。

其一，将"人类命运共同体"推进为世界观层面的价值共识，作为"一带一路"倡议的基本目标与任务。

---

① 参见高程：《中美竞争与"一带一路"阶段属性和目标》，载《世界经济与政治》2019 年第 4 期。

② 参见刘志云：《新时代中国在"国际法竞争"中的大国进路》，载《法学评论》2020 年第 4 期。

　　"人类命运共同体"是中国新一届领导人推出的最新理念，其试图打破国家之间的文化思想、意识形态以及政治经济体制和发展水平的差异，团结合作在一起。无疑，这是中国古老的"世界大同"之理念的复兴，与中华人民共和国成立以来包括"和平共处五项基本原则""求同存异""和谐世界"等外交思想一脉相承，是古老理念的现代版以及我国传统外交思想结合的升华。① 如果说"人类命运共同体"是一个抽象的理念，那么中国发出的"一带一路"倡议正是体现这一理念的宏伟蓝图。② 对于差异巨大的"一带一路"沿线国家，如果能够达成"人类命运共同体"之价值共识，对"一带一路"倡议的不同态度就能统一，其他国家反对或犹豫的心态就能够转变为积极参与。虽然在具体的议题与方案方面依然会冲突不断，但积极参与合作，对合作能够带来美好未来的期待不会改变。由此，"人类命运共同体"的价值共识会成为"黏合剂"，弥合合作过程中的各种分歧，让各国"斗而不分""不离不弃"。

　　其二，在原则化观念的层次，必须推进"市场分配"为主，"权威分配"为辅的国家之间的价值共识，促使"人类命运共同体"这一世界观层面的价值共识在"一带一路"倡议中的具体落实。

　　事实上，世界观层面的价值共识是非常抽象的，需要通过更低层次与更加具体的价值共识实现落实。同样，"人类命运共同体"即使未来能够达到世界观层面的国家之间价值共识，也摆脱不了非常抽象的特性。换句话说，"人类命运共同体"只能成为各国寻求合作共赢的精神指引、一种弥补对立与冲突的"黏合剂"。但应该朝哪个方面合作以及采取怎样的具体合作，需要推进与之相适应的原则化观念与因果信念。鉴于此，选择与推进怎样的原则化观念层

---

① 参见刘志云：《新时代中国在"国际法竞争"中的大国进路》，载《法学评论》2020 年第 4 期。

② 参见胡正荣：《共建人类命运共同体：从"一带一路"海外舆情看国际关系的中国方案》，载《国际传播》2017 年第 2 期。

次的国家价值共识，将是落实"人类命运共同体"的关键环节。当我们把目光落到"一带一路"倡议，即中国该选择推进哪一种（些）跟"人类命运共同体"这一世界观相吻合的原则化观念作为沿线国家的价值共识的问题。

在国际法的发展史上，存在着大量在同一世界观指引下却选择不同的原则化观念而导致连绵冲突的现象。例如，20世纪50—70年代，发达国家与发展中国家在"维护与促进经济主权"作为世界观层面的价值共识下，"市场分配"还是"权威分配"的分歧曾是双方难以叠合的"原则化观念"。具体而言，以美国为首的发达国家认为只有"市场分配"才能符合生产力发展的需要，必须围绕"市场分配"来建构促进国际经济合作的国际经济秩序，其典型是依托关贸总协定（GATT）建构自由主义市场经济的国际经济秩序。而在市场竞争中处于不利地位的发展中国家，认为围绕着"市场分配"建构的国际经济秩序只会加大发达国家的巧取豪夺以及"马太效应"。为了摆脱这种不利局面，发展中国家必须围绕着"权威分配"建构新的一套国际经济秩序，其典型表现是它们依托联合国大会通过一系列的决议或宣言，推进了国际经济新秩序运动。至20世纪80年代，由于发展中国家普遍陷入经济发展迟滞以及重大债务危机，冷战的缓和也让它们失去了原有的推动国际经济新秩序的外交空间，在这种背景下以"权威分配"为核心的国际经济新秩序运动走向低潮。① 而以美国为首的以"市场分配"为核心的国际经济立法开展迅猛，"自由化"成为过去几十年来立法的主旋律，"市场分配"成为原则化观念。但单纯"市场分配"构建的国际经济秩序与立法必然将市场竞争中最不利的国家推到死胡同，相当一部分发展中国家在以"市场分配"为核心的国际经济法律自由化运动中迅速落伍，走入边缘化的境地。

以上历史进程告诉我们，即使"人类命运共同体"能够成为国家之间的新价值共识，但怎么选择体现这一世界观的原则化理念

---

① 参见［美］斯蒂芬·D. 克莱斯勒：《结构冲突：第三世界对抗全球自由主义》，李小华译，浙江人民出版社2001年版，第14~17页。

时一定会有分歧,选择是否正确对于这一世界观的落实至关重要。回到"一带一路"倡议,是坚持"市场分配"还是"权威分配"作为原则化信念呢?这显然是战略性问题。无疑,坚定不移地坚持"市场分配"这一道路,这是中国作为全球化的受益者,以及过去几十年来改革开放带来的经济腾飞之历史经验的总结。即使在过去几年国际经济环境不利的局面下,包括《外商投资法》的生效与实施在内的各种重大举措,都表明促进全球化是中国的进一步经济发展战略。由此,在"一带一路"倡议的实践中,中国不应试图改变"市场分配"的主导模式,而应坚持这一原则化信念。换句话说,"一带一路"倡议的实践,不是中国试图对美国在"二战"后建立的"市场分配"主导的多边经济贸易秩序的替代,而是当多边主义受到严重挑战以及美国作出战略改变时,中国在维护"市场分配"为主导的多边经济贸易秩序的巨大努力。

当然我们也应该看到,过去几十年美国主导的、单纯以"市场分配"为核心推动的国际经济秩序以及相关国际经济立法导致国家之间贫富分化的"马太效应",如果不适当考量"权威分配",是无法真正实现"人类命运共同体"的,也无法让"一带一路"沿线国家接受并促进这一在理论上能成为世界观层面的价值共识。只有在"一带一路"倡议的实践中,各国实现共同发展与共同收益,才能让"人类命运共同体"这一理念具体落地,变成更多国家的价值共识。因此,在"一带一路"倡议的实践中,在原则化观念层次必须推进以"市场分配"为主、"权威分配"为辅的国家之间的价值共识。

其三,在"一带一路"倡议的推进方略中,必须将现有有效的"价值共识"与中国元素相融合,选择能够推进与捍卫全球化进入新阶段的"因果信念"。

世界观层面的价值共识并不能直接影响或作用于具体制度,而是必须通过一系列的原则化观念与因果信念联结。就如"主权"这一观念成为国家之间价值共识后,"各国主权不平等"(即"局部国家之间主权平等""'文明国家'与'不文明国家'之间主权不平等")与"各国主权平等"都曾经作为不同历史时期体现主权这一世界观的原则化观念，而这些原则化观念都对国际关系与国际法的实践产生了很大影响。随着时间的推移，现代国际法选择了"主权平等"这一原则化观念，并用包括"互相尊重主权原则""不干涉任何国家内政之原则""公平互利与和平共处之原则"等一系列体现"主权平等"原则化观念的因果信念，将"主权平等"这一原则化观念与具体的国际法律制度联结在一起。

同样，回到中国对"一带一路"倡议的方略这一问题，仅仅推动"人类命运共同体"成为沿线国家乃至国际社会新的国家价值共识，以及推进"市场分配"为主，"权威分配"为辅的原则化观念层次的国家之间价值共识，仍然不够，必须在它们的指引下，选择合适的能够连接具体制度的"因果信念"层次的价值共识。在"二战"后的国际经济合作以及国际经济立法中，"国民待遇原则""互惠原则""最惠国待遇""非歧视原则"等成为连接"市场分配"这一原则化观念与具体国际经济合作和国际经济立法之间的因果信念。无疑，这些因果信念以及相关国际经济法律制度仍然是促进生产力发展与全球化的有力工具，也是中国自改革开放以来不断融入世界经济体系时得到相当助益的因果信念。在"一带一路"倡议的推进中，中国必须维护这些符合经济发展规律并经受了实践检验的"价值共识"。

然而，单纯的"市场分配"原则化观念引导了过去几十年国家之间史无前例的国际经济合作以及"自由化"为主旋律的国际经济立法，但却没有把所有国家带上合作共赢的快车道，反而产生了巨大的"马太效应"，出现相当一部分国家"贫者愈贫"的现象。因此，中国在"一带一路"倡议的实践中，在坚持"国民待遇原则""互惠原则""最惠国待遇"等作为体现"市场分配"原则化观念的因果信念的同时，必须适当照顾到市场竞争中不利的国家。而"差别待遇""援助共建""保护原产地与土著居民的利益""督促跨国公司履行社会责任""坚持可持续发展原则"等多少带有"权威分配"影子的因果信念，也必须得到生成与内化。只有这样，才能贯彻"一带一路"倡议中提出的"共商、共建、共享、共赢"等新价值理念。同时，为达到以上目标，贯彻"一带一路"倡议中提出的"和平合作、开放包容、互学互鉴、合作共赢"等新合作原则成为必要。只有通过以上新合作原则,将"共商、共建、共享、共赢"等具有鲜明中国特色与智慧的新价值理念融入"一带一路"倡议,才能让"国民待遇原则""互惠原则""最惠国待遇"等体现"市场分配"原则化观念的因果信念,以及照顾到市场竞争中不利的国家或人群的"差别待遇""援助共建""保护原产地与土著居民的利益""企业社会责任与可持续发展"等带有"权威分配"影子的因果信念得到维护与贯彻,从而将"人类命运共同体"的世界观与"市场分配为主,权威分配为辅"的原则化观念具体落地。①

(三) 促进国家之间的新"价值共识"生成与内化的国际法方略

中国提出的"人类命运共同体"新外交思想,以及"共商、共建、共享、共赢"等新价值理念,通过不断的外交实践与努力,在全球范围内得到了越来越多的国际组织以及国家的接受。虽然,这些新价值理念还没有进入国际硬法层面的"制度化"阶段,但运用国际法律制度将这些理念制度化是推动其成为国家之间价值共识的必由之路,而这也是中国在国际法上的重要方略。

事实上,自"人类命运共同体"这一新外交思想提出后,其影响力日渐增大,并陆续写入联合国大会、安理会、人权委员会等机构的重要文件,进入"制度化"的触发点。② 同时,承载着"人类命运共同体"之理想的"一带一路"倡议,也在步入"制度化"的道路。2017 年 5 月在北京举行的首届"一带一路"国际合作高峰论坛,取得了一系列的政策性成果。其中《"一带一路"国

---

① 刘志云:《新时代中国在"国际法竞争"中的大国进路》,载《法学评论》2020 年第 4 期。

② 参见 UN document:E/CN. 5/2017/2;UN document:S/RES/2344;UN document:A/HRC/34/L. 21;A/HRC/34/L. 4/Rev. 1;UN Document:A/72/407。

际合作高峰论坛圆桌峰会联合公报》是"一带一路"框架下首份
全面、系统、权威的多边文件，充分反映了各方的合作共识和高峰
论坛的重要成果。① 2019 年 4 月发布的第二届"一带一路"高峰
论坛成果清单显示，各国之间一共签订了 42 项重要的双边合作文
件。同时，在高峰论坛框架下建立了 27 个多边合作平台。② 无疑，
以上有关"一带一路"的政策性成果只是"制度化"的起步，严
格意义上讲，大部分文件属于宣言或倡议之类的"软法"性质，
不构成传统意义上的"国际法"，但至少奠定了以后形成传统意义
上"硬法"性质的国际法的制度基础。毋庸置疑，在"国际制度
竞争逐渐成为大国战略竞争的新焦点与新特质"③ 的时期，"一带
一路"倡议的有效推进将是一个在"一带一路"框架下建立与维
持国家之间新价值共识与国际制度的进程。

就如我们对"保护责任"制度化所碰到的各种困境一样，可
以预测的是：一方面，包括"人类命运共同体"在内的新价值理
念在"一带一路"倡议的实践中，"制度化"将是不可回避与不可
改变的方向。实际上，如果没有新价值共识的生成以及"制度化"
的工作，"一带一路"倡议的作用与意义将大打折扣，跟一般的促
进贸易往来的平台并无区别。但这将是一个漫长曲折的过程，也是
新的价值理念在推广中必然会遇到的正常现象，我们必须正确面
对。在这种"制度化"进程中，从"软法"升级成"硬法"将是
一个重要的临界点，国家之间的矛盾与冲突在这个临界点将会凸
显。面对以上现实，中国的方略是通过"一带一路"倡议，将
"人类命运共同体""市场分配为主，权威分配为辅""共商、共
建、共享、共赢"等"一带一路"的核心价值理念不断推广与内

① 参见新华社：《"一带一路"国际合作高峰论坛成果清单》，载
http://world.huanqiu.com/article/2017-05/10677262.html。
② 参见新华社：《第二届"一带一路"国际合作高峰论坛成果清单》，
载 http://www.xinhuanet.com/world/2019-04/28/c_1124425293.htm。
③ 李巍：《制度之战：战略竞争时代的中美关系》，社会科学文献出版
社 2017 年版，第 24 页。

化,成为国家之间恒久的"价值共识",构成"一带一路"倡议的国际制度体系中的本体论、普遍性原则、具体领域的法律原则,从而指导具体规则的构建。这些价值理念一旦成功"制度化"并"嵌入制度"中,将产生深远的影响。反过来,它们也将给予相关法律制度持久的生命力。只有达成以上图景,"一带一路"倡议才能既达到中国推进既存的自由主义国际经济秩序进一步发展之目标,又能减轻对美国主导的国际经济秩序的过度依赖,降低被美国踢下车的风险,起到"对冲"的作用。

另一方面,"一带一路"框架下陆续建立的国际法律制度或国际机构将与现存的各种国际制度或国际机构处于良性竞争状态,各种制度交叉并综合性发展将是这种竞争的具体产物。简言之,这种制度竞争是良性的,它们不是替代而是合作的关系,而是通过良性竞争达到"改制"与"建制"的目的。从实践来看,中国政府也清醒地认识到这一点,并且正在有条不紊地推进这种良性竞争。例如,2017年第一届"一带一路"高峰论坛,中国财政部与亚洲开发银行、亚洲基础设施投资银行、欧洲复兴开发银行、欧洲投资银行、金砖国家新开发银行、世界银行集团六家多边开发机构签署关于加强在"一带一路"倡议下相关领域合作的谅解备忘录。① 2019年5月在第二届"一带一路"高峰论坛上,中国政府和塞尔维亚、吉布提、蒙古国、莫桑比克、埃塞俄比亚、巴布亚新几内亚等国政府以及非盟、联合国人居署、联合国非洲经济委员会签署共建"一带一路"合作规划或行动计划等。同时,这一届高峰论坛框架建立了27个多边合作平台,包括中国财政部联合亚洲基础设施投资银行、亚洲开发银行、拉美开发银行、欧洲复兴开发银行、欧洲投资银行、泛美开发银行、国际农业发展基金、世界银行集团成立

---

① 参见新华社:《"一带一路"国际合作高峰论坛成果清单》,载 http://world.huanqiu.com/article/2017-05/10677262.html。

多边开发融资合作中心。① 无疑，通过采取合作而非对抗的方法进行富有成效的制度（机构）竞争，"一带一路"倡议中的各种机构和制度将与既存的各种国际制度和国际机构一道，共同推动着自由主义国际经济秩序迈向新的发展阶段，从而推动全球化朝广度与深度发展。

四、结　语

国家间价值共识与国际法的发展关系紧密，它们之间是互相促进的正相关关系。其中，国家间价值共识的"制度化"扮演着至关重要的作用。当然，就如"保护责任"在"制度化"过程中所遇到的重重障碍一样，实现"制度化"的目标意味着必将历经一段曲折艰难的过程。在中国"一带一路"倡议的具体实践中，必须重视国家之间新价值共识的生成以及"制度化"的灵活运用。具体而言，通过"制度化"的方式推进富有中国特色、能够为最多数国家接受包括"人类命运共同体""共商、共建、共享、共赢"等各个层次的价值理念，最终形成全球化时代国家之间新的"价值共识"，将是中国在"一带一路"倡议中的重要方略。在具体方法上，我们必须通过"改制"与"建制"相结合的路径，运用宣言、多边文件、区域与双边协议等国际法的不同载体，推进以上价值理念的"制度化"进程。只有这样，才能在"一带一路"倡议中实现国家之间"价值共识"与国际法发展的相互依赖、相互促进，从而进一步推动全球化的发展。

---

① 参见新华社：《第二届"一带一路"国际合作高峰论坛成果清单》，载 http：//www.xinhuanet.com/world/2019-04-28/c_1124425293.htm。

第二章　推动共建"一带一路"高质量发展的国际法问题

　　近年来，无论是中国共产党和中国国家领导人的讲话还是中国共产党的会议文件，均强调要推动共建"一带一路"高质量发展。例如，2020 年 6 月习近平主席向"一带一路"国际合作高级别视频会议发表书面致辞，强调"中国始终坚持和平发展、坚持互利共赢。我们愿同合作伙伴一道，把'一带一路'打造成团结应对挑战的合作之路……通过高质量共建'一带一路'，携手推动构建人类命运共同体"①。2020 年 10 月，中国共产党第十九届五中全会《建议》提出，推动共建"一带一路"高质量发展。2021 年 4 月，习近平主席在博鳌亚洲论坛 2021 年年会开幕式视频主旨演讲中指出："面向未来，我们将同各方继续高质量共建'一带一路'，践行共商共建共享原则，弘扬开放、绿色、廉洁理念，努力实现高标准、惠民生、可持续目标。"② 2021 年 5 月，中共中央政治局召开会议特别强调要推动共建"一带一路"高质量发展。2021 年 7 月，习近平总书记在"七一"重要讲话中又明确指出："新的征程上，我们必须高举和平、发展、合作、共赢旗帜……推动构建人类命运共同体，推动共建'一带一路'高质量发展，以中国的新发

---

　　① 习近平：《把"一带一路"打造成合作之路、健康之路、复苏之路、增长之路》（2020 年 6 月 18 日），载《习近平谈治国理政》（第四卷），外文出版社 2022 年版，第 491~492 页。
　　② 习近平：《建设更紧密的"一带一路"伙伴关系》（2021 年 4 月 20 日），载《习近平谈治国理政》（第四卷），外文出版社 2022 年版，第 493 页。

展为世界提供新机遇"。① 2021 年 11 月，习近平总书记在第三次"一带一路"建设座谈会上明确要求，"完整、准确、全面贯彻新发展理念，以高标准、可持续、惠民生为目标……努力实现更高合作水平、更高投入效益、更高供给质量、更高发展韧性，推动共建"一带一路"高质量发展不断取得新成效……推动共建"一带一路"高质量发展"②。那么，为什么要推动共建"一带一路"高质量发展？推动共建"一带一路"高质量发展的国际法含义又是什么？如何推动共建"一带一路"高质量发展？本章试图从国际法角度对推动共建"一带一路"高质量发展进行解读。

一、推动共建"一带一路"高质量发展的内生动力

（一）推动共建"一带一路"高质量发展是共建"一带一路"进程的必然要求

作为中国扩大对外开放的重大举措，"一带一路"建设既是构建人类命运共同体的伟大实践，也是当今世界规模最大的国际合作平台和最受欢迎的国际公共产品。③十年来，"一带一路"倡议从愿景到行动，从理念到共识，从夯基垒台、立柱架梁到全面深入发展，国际影响力不断提升。"一带一路"倡议正得到更多国家的积极响应，相关国家的参与热情高、合作范围广。截至 2022 年 9 月中国已累计同 149 个国家、32 个国际组织签署了 200 多份政府间共建"一带一路"合作文件。④特别是在 2020 年，共建"一带一路"规划类合作文件第一次在中国与区域性国际组织"非盟"间

---

① 习近平：《在庆祝中国共产党成立 100 周年大会上的讲话》（2021 年 7 月 1 日），载《人民日报》2021 年 7 月 2 日，第 2 版。

② 习近平：《推动共建"一带一路"高质量发展不断取得新成效》（2021 年 11 月 19 日），载《习近平谈治国理政》（第四卷），外文出版社 2022 年版，第 495 页。

③ 参见杨泽伟：《"一带一路"倡议与现代国际法的发展》，载《武大国际法评论》2019 年第 6 期，第 2~4 页。

④ 参见中国"一带一路"网：《已同中国签订共建"一带一路"合作文件的国家一览》，https：//www.yidaiyilu.gov.cn/xwzx/roll/77298.htm。

签署。十年来,中国企业在"一带一路"沿线国家直接投资累计超过 1300 亿美元;① 中国同"一带一路"合作伙伴贸易额累计超过 9.2 万亿美元;② 中国与"一带一路"沿线国家货物贸易额占中国对外贸易总额的比重提高了 4.1 个百分点。③ 此外,"六廊六路多国多港"的互联互通架构基本形成,一大批合作项目落地生根。"一带一路"国际合作的成功实践,为国际贸易和投资搭建了新平台,为世界经济增长开辟了新空间。

可见,经过近 10 年的多方努力和国际合作,共建"一带一路"已经完成了总体布局,绘就了一幅"大写意",未来需进一步聚焦重点、精雕细琢,共同绘制好精谨细腻的"工笔画",推动经济全球化朝着更加开放、包容、普惠、平衡、共赢的方向发展,将发展的潜力激发出来。换言之,推动共建"一带一路"高质量发展,是今后共建"一带一路"进程中的必然要求和应有之义。

(二) 推动共建"一带一路"高质量发展有助于化解国际社会对共建"一带一路"的误解

自"一带一路"倡议提出来以后,一些欧美国家的质疑声一直没有间断。一方面,一些欧美学者认为,"一带一路"倡议是中

---

① 值得注意的是,2020 年中国与"一带一路"沿线国家的投资与贸易合作均呈现逆势增长势头。中国企业对"一带一路"沿线国家非金融类直接投资 177.9 亿美元,同比增长 18.3%,占全国对外投资的比重上升至 16.2%;在沿线国家新签承包工程合同额 1414.6 亿美元,完成营业额 911.2 亿美元,分别占同期总额的 55.4% 和 58.4%;对"一带一路"沿线国家进出口 9.37 万亿元,同比增长 1%。参见周慧敏:《商务部副部长:中国与"一带一路"沿线国家货物贸易累计达 9.2 万亿美元》,新华社海南博鳌 2021 年 4 月 20 日电,https://baijiahao.baidu.com/s? id = 1697558898140578612&wfr = spider&for = pc;张怀水:《商务部:去年我国对外承包工程新签合同额 2555 亿美元,新签上亿美元大项目 514 个》,载《每日经济新闻》 (2021 年 9 月 9 日),https://www.sohu.com/a/488866374_115362 。

② 参见 [西班牙] 埃德尔韦托·洛佩斯·布兰奇:《美国已经无法阻挡中国》,载《起义报》(西班牙) 网站 2021 年 7 月 12 日,转引自《参考消息》2021 年 7 月 13 日,第 1 版。

③ 参见杜海涛、罗珊珊:《贸易畅通 硕果累累——"一带一路"建设成就》,载《人民日报》2021 年 11 月 28 日,第 1 版。

国版的"马歇尔计划"①,是"新殖民主义",②中国政府推进共建"一带一路",就是为了恢复昔日的"朝贡体系"③;另一方面,从 2017 年下半年开始,澳大利亚④、印度⑤、日本、美国以及一些欧洲国家对"一带一路"倡议的敌视态度逐步增强,认为"一

① 参见 E. Curran, China's Marshall Plan, 2016, available at https://www. bloomberg. com/news/articles/2016-08-07/china-s-marshall-plan。

② 参见 Anthony Kleven, Belt and Road: Colonialism with Chinese characteristics, 6 May 2019, available at https://www. lowyinstitute. org/the-interpreter/belt-and-road-colonialism-chinese-characteristics。

③ 参见陈思静:《"一带一路"倡议与中国国际法治话语权问题研究》,武汉大学出版社 2022 年版, 第 112 页; Patrick Mendisand & Joey Wang, Belt and Road, or a Chinese Dream for the Return of Tributary States? Sri Lanka Offers a Cautionary Tale, Jan, 2018, available at https://www. scmp. com/comment/insight-opinion/article/2127415/belt-and-road-or-chinese-dream-return-tributary-states-sri。

④ 值得注意的是, 2018 年 10 月澳大利亚维多利亚州绕开澳大利亚联邦政府,与中国政府签署了"一带一路"合作谅解备忘录。此举不但打破了城市和地区对外活动与国家对外政策保持一致的惯例,而且在某种意义上也是外交关系法的新突破。然而,颇为遗憾的是 2021 年 4 月,澳大利亚联邦政府决定取消维多利亚州与中国国家发展和改革委员会签署的有关"一带一路"建设的谅解备忘录和框架协议。

⑤ 印度对中国政府提出的"一带一路"倡议反应冷淡。一方面,一些印度官员和学者坦言,不太可能看到'一带一路'倡议作为一个整体获得印度的正式认可,包装为"一带一路"倡议的中国政治扩张和经济雄心是一个硬币的正反两面;另一方面,印度政府对"中巴经济走廊"持明确的反对立场,对"孟中印缅经济走廊""中尼印经济走廊"倡议进行了"冷处理";也没有派官方高级代表团出席"一带一路"国际合作高峰论坛。此外,印度政府还决定与日本合作推出所谓的"亚非走廊"计划,携手在非洲、伊朗、斯里兰卡和东南亚国家兴建多个基础建设项目,以对冲中国"一带一路"倡议。参见 Tanvi Madan, What India Think About China's One Belt, One Road Initiative (But Doesn't Explicitly Say), March 14, 2016, available at http://www. brookings. edu/blog/order-from-chaos/post/2016/03/14-india-china-asia-connectivity-madan; Samir Sarran, Seizing the "One Belt, One Road" Opportunity, The Hindu, February 2, 2016, available at http://www. thehindu. com/opinion/op-ed/chinas-one-belt-one-road-programe/article817970. ece。

带一路"倡议将对美国、美国的盟友和有关参与方带来一系列挑战与风险,华盛顿必须重新定义、形成共识,有效应对该倡议及其自然外溢产生的中国"锐实力"的影响。① 美国前国防部部长马蒂斯还曾于2017年明确指出:"在全球化的世界里,有'多带多路',没有任何一个国家可以发布'一带一路'的命令。"② 此外,一些智库报告也表达了对共建"一带一路"的疑虑和担忧。例如,"一带一路"有可能为污染与气候变化治理、减少碳排放作出贡献,但必须警惕斯里兰卡等国脆弱的抗风险能力;③ "一带一路"项目是否符合预设的环保标准?"一带一路"是否会取代既存的国际机制等?④

然而,推动共建"一带一路"高质量发展是习近平主席面向世界提出的重要理念。它既有助于化解国际社会对共建"一带一路"的误解,也顺应了"一带一路"合作伙伴的普遍期待,明确了各国携手努力的前进方向,必将推进共建"一带一路"走深走实、行稳致远。⑤

---

① 参见傅梦孜:《"一带一路"建设的持续性》,时事出版社2019年版,第142~143页。

② Steven Brakman, Peter Frankopan & Harry Garretsen, The New Silk Roads: An Introduction to China's Belt and Road Initiative, Cambridge Journal of Regions, Economy and Society, Vol. 12, 2019, p. 8。

③ 参见 Anm Muniruzzaman, Asian Regional Conference Belt and Road Initiative: Prospects and Challenges, Bangladesh Institute of Peace and Security Studies Conference Reports 2018, pp. 24, 26 & 35, available at http://bipss. org. bd/pdf/Conference%20Report%20on%20BRI. pdf.

④ 参见 Sébastien Treyer & Aleksandar Rankovic, Can the Belt and Road Initiative Reinforce the Multilateral Agenda for Sustainable Development? Institute for Sustainable Development and International Relations Reports 2019, available at https://www. iddri. org/en/publications-and-events/blog-post/can-belt-and-road-initiative-reinforce-multilateral-agenda。

⑤ 世界银行估计到2030年,共建"一带一路"有望帮助全球760万人摆脱极端贫困,帮助3200万人摆脱中度贫困,成为人类的"减贫之路""增长之路""共同进步与繁荣之路"。参见姜志达:《为全球发展可持续交通贡献中国力量》,载中国网 http://www. china. com. cn/opinion2020/2021-10/19/content_77818262. shtml。

二、推动共建"一带一路"高质量发展的 国际法内涵

(一) 推动共建"一带一路"高质量发展应以人类命运共同体为价值引领

"理念引领行动,方向决定出路。"① 共建"一带一路"的行动,无疑应当遵循和体现国际法的基本价值。② 然而,推动共建"一带一路"高质量发展,除了奉行和平、人本等国际法基本价值外,更应重视人类命运共同体的价值引领作用。

1. 人类命运共同体蕴含的国际法原则是推动共建"一带一路"高质量发展的基石。人类命运共同体"就是每个民族、每个国家的前途命运都紧紧联系在一起,应该风雨同舟,荣辱与共,努力把我们生于斯、长于斯的这个星球建成一个和睦的大家庭,把世界各国人民对美好生活的向往变成现实"③。人类命运共同体思想蕴含了持久和平、普遍安全、共同繁荣、开放包容和可持续发展等重要的国际法原则。④众所周知,自 2020 年年初以来,新冠肺炎疫情在全球肆虐。然而,疫情中"一带一路"建设成效显著、亮点纷呈。例如,2020 年中国对"一带一路"沿线国家的进出口达到 9.37 万亿元人民币,在"一带一路"沿线对 58 个国家非金融类直接投资

---

① 杨泽伟:《新时代中国国际法观论》,载《武汉科技大学学报》(社会科学版) 2020 年第 5 期,第 467 页。

② 有学者把国际法的价值定义为国家追求和平共处、人类追求合理生存的一种道德性的体现,其核心内涵包括和平秩序、人本秩序和全人类共同利益。参见高岚君:《国际法的价值论》,武汉大学出版社 2006 年版,第 19 页。

③ 习近平:《携手建设更加美好的世界——在中国共产党与世界政党高层对话会上的主旨讲话》,载《光明日报》2017 年 12 月 2 日,第 2 版。

④ 参见徐宏:《人类命运共同体与国际法》,载《国际法研究》2018 年第 5 期,第 3~14 页。

177.9 亿美元，中国企业在"一带一路"沿线的 61 个国家新签对外承包工程项目合同 5611 份，总额 1414.6 亿美元。① 可见，这些骄人的成绩不但折射出"一带一路"的生命力，而且昭示了人类命运共同体蕴含的共同繁荣、开放包容、平等互助是推动共建"一带一路"高质量发展的最大优势。正如时任中国外交部部长王毅所言："打造人类命运共同体，意味着各国不分大小、强弱、贫富一律平等，共同享受尊严、发展成果和安全保障，弘扬和平、发展、公平、正义、民主、自由等全人类的共同价值。"②

2. 人类命运共同体蕴含的国际法原则有助于推动共建"一带一路"高质量发展过程中形成大国良性竞合关系。"一带一路"倡议自 2013 年提出以来，一直把基础设施互联互通作为共建"一带一路"的优先领域，并带动了日本、美国等大国加大在基础设施建设方面的投入。例如，2015 年 5 月日本政府提出了"高质量基础设施合作伙伴"倡议；2018 年 2 月，美、澳、日、印四国联合推出了"联合地区基础设施项目"；2018 年 11 月，澳大利亚设立了"澳大利亚基础设施投资管理公司"；2018 年 12 月美国政府制定了"亚洲再保证倡议法案"；2019 年 11 月，美、日、澳联合发布了"蓝点网络计划"等。不少媒体把上述现象称为"基建竞赛"（infrastructure race）、"基建攻势"（infrastructure push）乃至"基建战争"（infrastructure war）等。③ 面对来自日本、美国等大国竞争的压力，在推动共建"一带一路"高质量发展过程中，应继续坚持人类命运共同体思想蕴含的共同繁荣、开放包容和可持续发展等国际法原则，用以人类命运共同体为价值引领的合作范式，来取代、超越传统的地缘竞争的桎梏，为实现更大范围的可持续和平与共同发展创造机遇。诚如习近平主席所指出的："'一带一

---

① 参见胡欣：《"蓝点网络"压制得了"一带一路"吗?》，载《世界知识》2021 年第 13 期，第 75 页。

② 王毅：《携手打造人类命运共同体》，载《人民日报》2016 年 5 月 31 日，第 7 版。

③ 参见毛维准：《后疫情时代的"一带一路"建设与全球基建浪潮》，载《世界知识》2021 年第 12 期，第 14 页。

路'是大家携手前进的阳光大道，不是某一方的私家小路。所有感兴趣的国家都可以加入进来，共同参与、共同合作、共同受益。"①

（二）推动共建"一带一路"高质量发展必须坚持"共商、共建、共享"原则

1. "共商、共建、共享"原则呈向国际法基本原则发展之势，对推动共建"一带一路"高质量发展具有指导意义。一般认为，国际法基本原则具有普遍约束力、并能适用于国际法各个领域。②"共商、共建、共享"原则逐步获得了国际社会的普遍认可，具有普遍约束力且能适用于国际法各个领域等，因而具备了现代国际法基本原则的主要特征。"共商、共建、共享"原则不但是新时代中国对现代国际法发展的重要贡献，而且是人类命运共同体思想的真实写照和具体化。③ 因此，推动共建"一带一路"高质量发展必须坚持"共商、共建、共享"原则。

2. "共商、共建、共享"原则丰富的内涵，有助于进一步推动共建"一带一路"高质量发展。"共商"就是"大家的事大家商量着办"④，"共建"是指"一带一路"沿线各方均可成为推动共建"一带一路"高质量发展的建设者⑤，"共享"是指"一带一

---

① 习近平：《同舟共济克时艰，命运与共创未来——在博鳌亚洲论坛2021年年会开幕式上的视频主旨演讲》（2021年4月20日），载新华网http://www.xinhuanet.com/politics/2021-04/20/c_1127350811.htm。

② 参见王铁崖：《国际法引论》，北京大学出版社1998年版，第214页；杨泽伟：《国际法》（第四版），高等教育出版社2022年版，第50页。

③ 参见杨泽伟：《共商共建共享原则：国际法基本原则的新发展》，载《阅江学刊》2020年第1期，第86页。

④ 推进"一带一路"建设工作领导小组办公室：《共建"一带一路"倡议：进展、贡献与展望》（2019年4月22日），载中国"一带一路"网https://www.yidaiyilu.gov.cn/zchj/qwfb/86697.htm。

⑤ 共建"一带一路"的参与门槛并不高。参见 Cai Fang & Peter Nolan, Routledge Handbook of the Belt and Road, Routledge, 2019, p. 114.

路"沿线各方均可从共建"一带一路"高质量发展的共建成果中
受益。可见,"共商、共建、共享"原则是对传统国际法基本原则
的继承和发展。它不但进一步深化了国家主权平等原则的内涵,而
且有力地拓展了国际合作原则的具体形式,无疑有助于进一步推动
共建"一带一路"高质量发展。

3. 推动共建"一带一路"高质量发展,将进一步充实"共商、
共建、共享"原则。如前所述,迄今在 149 个国家和 32 个国际组
织与中国政府签署的 200 多份共建"一带一路"合作文件中,均
载有"共商、共建、共享"原则。无疑,"共商、共建、共享"原
则对中国与上述 149 个国家的国际合作,具有约束力。然而,不可
否认的是由于国情的不同和国家利益的差异,"一带一路"沿线国
家对"共商、共建、共享"原则的理解可能不完全一致。因此,
在推动共建"一带一路"高质量发展的过程中,无论是投资保护
协定的谈判,还是司法协助条约的签署,不但为"共商、共建、
共享"原则进一步适用提供了广阔的空间,而且在充分考虑各方
不同关切、凝聚各国共识的基础上,"共商、共建、共享"原则的
内涵将进一步丰富。

(三) 推动共建"一带一路"高质量发展应有相应的机构平台支撑

1. "一带一路"国际合作高峰论坛在共建"一带一路"中发
挥了重要作用。进入 21 世纪以来,作为"国家间进行多边合作的
一种法律形态"① 的国际组织,呈现出两大发展趋势。一是继续沿
用传统的国际组织的发展模式,设立大会、理事会和秘书处等
"三分结构"的机关,如上海合作组织等;二是形式松散、没有常
设秘书处、多采用论坛等形式,如 G20、"金砖国家集团"等。然
而,作为一种国际合作的新形态和全球治理的新平台的"一带一

---

① 梁西著,杨泽伟修订:《梁西国际组织法 (第七版)》,武汉大学出
版社 2022 年版,第 3 页。

路"倡议,则采用国际组织发展的第二种模式,其合作方式同样灵活多样。其中,"一带一路"国际合作高峰论坛是"一带一路"建设中最重要的国际合作机制。① 众所周知,"一带一路"国际合作高峰论坛分别于 2017 年和 2019 年在北京举行。论坛吸引了众多国际组织负责人和"一带一路"沿线国家的政府首脑参会,如第二届论坛"包括中国在内,38 个国家的元首和政府首脑等领导人以及联合国秘书长和国际货币基金组织总裁共 40 位领导人出席圆桌峰会,来自 150 个国家、92 个国际组织的 6000 余名外宾参加了论坛"②。论坛亦取得了丰硕成果,如第二届论坛"形成了一份283 项的成果清单""中外企业对接洽谈并签署合作协议,总金额640 多亿美元"③ 等。可见,"一带一路"国际合作高峰论坛充分发挥了"汇众智、聚众力"的积极作用。然而,或许受新冠肺炎疫情的影响,第三届"一带一路"国际合作高峰论坛还没有召开,在某种程度上印证了论坛可能采用"不定期年会"的惯例。总之,"一带一路"国际合作高峰论坛充分体现了其富有弹性的合作方式、奉行"共商、共建、共享"原则、决策程序民主透明等特点,是一种"多元开放的合作进程"④。

2. 推动共建"一带一路"高质量发展呼唤"一带一路"国际合作高峰论坛的升级方案。近年来,学术界就"一带一路"高峰

---

① 参见国务院发展研究中心国际合作局:《"一带一路"国际合作机制研究》,中国发展出版社 2019 年版,第 33 页。

② 新华网:《新起点、新愿景、新征程——王毅谈第二届"一带一路"国际合作高峰论坛成果》(2019 年 4 月 29 日),载 http://www.xinhuanet.com/world/2019-04/29/c_1124429961.htm。

③ 新华网:《新起点、新愿景、新征程——王毅谈第二届"一带一路"国际合作高峰论坛成果》(2019 年 4 月 29 日),载 http://www.xinhuanet.com/world/2019-04/29/c_1124429961.htm。

④ 国家发展改革委、外交部、商务部:《推动共建丝绸之路经济带和21 世纪海上丝绸之路的愿景与行动》(2015 年 3 月 28 日),载中国"一带一路"网 http://www.yidaiyilu.gov.cn/wcm.files/upload/CMSydylgw/201702/201702070519013.pdf。

论坛的升级问题,开展了较为热烈的讨论,涌现了各种各样的方案。① 例如,有学者建议成立"一带一路"国际秘书处作为常设机构。② 有学者则提出可以借鉴"博鳌亚洲论坛"的模式,设立理事会作为论坛最高执行机构,指导论坛工作;设立秘书处作为常设机构,负责论坛日常事务;设立咨询委员会提供政策建议;设立研究院提供智力支持等。③还有学者提出更为详细的方案,如成立"首脑峰会"作为决策机构、"高管会"或"外长会"作为协调机构、"'五通'委员会"或"地区和专门领域工作组"作为执行机构、"国别和区域秘书处"作为秘书机构以及"专家小组""咨询委员会"等作为专业机构。④

可见,升级"一带一路"国际合作高峰论坛、推动其向政府间国际组织方向发展,不但成为了学术界和实务部门的共识,而且也是推动共建"一带一路"高质量发展的客观要求。因为推动共建"一带一路"高质量发展,仅仅依靠"一带一路"沿线国家的共识远远不够,更需要通过国际组织决议的形式把共识转化为具体的国际合作计划。因此,"一带一路"国际合作高峰论坛一方面可

---

① 有学者认为,2017 年 5 月中国与阿根廷、俄罗斯等 29 个参与国际合作高峰论坛的国家签署的《"一带一路"国际合作高峰论坛圆桌峰会联合公报》,标志着"一带一路"从一个中方倡议逐渐发展成为国际化的机制和议程,而中方的角色也从主场、主席和主持升级到主角、主动和主导。参见徐晏卓:《2017 年"一带一路"倡议:成果与进展》,载张宇燕主编:《全球政治与安全报告(2018)》,社会科学文献出版社 2018 年版,第 175 页。

② 参见王辉耀:《增强多边机制功能、打造"一带一路"多边合作新平台》,载"一带一路"国际智库合作委员会(Belt and Road Studies Network)网站 http://www.brsn.net/cgfb/results/detail/20190606/1005000000034501559819940874794865_1.html。

③ 参见"一带一路"国际合作高峰论坛咨询委员会:《共建"一带一路":建设更美好的世界——"一带一路"国际合作高峰论坛咨询委员会研究成果和建议报告》(2019 年 4 月 10 日),第 21 页,载外交部网站 https://www.fmprc.gov.cn/web/wjbxw_673019/W020190424305941292093.pdf。

④ 参见国务院发展研究中心国际合作局:《"一带一路"国际合作机制研究》,中国发展出版社 2019 年版,第 49 页。

与现有国际机构,特别是联合国开发计划署、联合国工业发展组织、联合国贸易和发展会议、联合国经济和社会事务部等联合国机构以及多边开发银行等加强合作,共同开展能力建设;① 另一方面,可在联合国、亚投行、金砖国家新开发银行、上海合作组织、中国-中东欧银行联合体等多边机构框架下,不断探索,按照循序渐进的原则,尝试把"首脑峰会""外长会"机制化,加快推动"一带一路"国际合作高峰论向多边式平台方向发展。

(四) 推动共建"一带一路"高质量发展应协调国际法治与国内法治

1. 推动共建"一带一路"高质量发展对"一带一路"沿线国家和地区的法治状况提出了更高要求。(1)"一带一路"建设的十年,也是促进现有国际法律制度在"一带一路"沿线国家和地区适用的十年。例如,"21 世纪海上丝绸之路"建设过程就始终遵循和维护以《联合国海洋法公约》为核心的国际海洋法律秩序。国际社会于 1982 年签署的《联合国海洋法公约》囊括了海洋法领域的方方面面,如港口管理、领海宽度、海峡制度、群岛水域、专属经济区、大陆架的界限、海洋环境保护、海洋科学研究以及国际海底区域资源的勘探和开发制度等,因而被誉为"海洋宪章"(Constitution for Oceans)②。在《联合国海洋法公约》近 170 个缔约方中,有不少是"一带一路"的沿线国家。"21 世纪海上丝绸之路"建设中的各类项目,如中国与希腊比雷埃夫斯港的合作以及中国与斯里兰卡汉班托塔港的合作,均涉及港口管理的国际海洋法律制度;中国与沙特阿拉伯和伊朗等中东国家的能源合作,又与海

---

① 参见"一带一路"国际合作高峰论坛咨询委员会:《共建"一带一路":建设更美好的世界——"一带一路"国际合作高峰论坛咨询委员会研究成果和建议报告》(2019 年 4 月 10 日),第 21 页,载外交部网站 https://www.fmprc.gov.cn/web/wjbxw_673019/W020190424305941292093.pdf。

② 参见 T. B. Koh, "A Constitution for the Oceans", in UN, The Law of the Sea-Official Text of the United Nations Convention on the Law of the Sea with Annexes and Index, New York 1983, p. xxiii。

上能源运输通道的维护和海洋环境保护制度密切相关。可见,"21世纪海上丝绸之路"建设与国际海洋法治紧密相连。又如,在"一带一路"建设过程中,中国通过与"一带一路"沿线国家签订双边、区域或次区域协定的方式,进一步推动贸易便利化规则体系的发展与完善。2018年《中华人民共和国与欧亚经济联盟经贸合作协定》和2020年《区域全面经济伙伴关系协定》等,即为典型的例子。

(2)"一带一路"沿线国家和地区的国际法治水平有待进一步提升。关于对一国法治状况的评估,目前国际社会影响较大的评估标准主要有世界银行的"营商环境指数"(Doing Business Index)和"世界正义工程"(Worldwide Governance Indicators)的法治指数。前者重点考察各国商业法规中的以下10个因素:开办企业、办理施工许可、获得电力、产权登记、获得信贷、保护少数投资者、纳税、跨境贸易、合同执行和破产办理。[1] 后者主要包括如下9项法治因子:有限的政府权力、腐败的缺席、开放的政府、基本权利、秩序与安全、监管执行、民事司法、刑事司法和非正式司法。[2] 按照上述两大评估标准进行统计分析,"一带一路"沿线国家和地区的法治状况评估得分较低,说明"一带一路"沿线的国际法治状况有待进一步改善。[3]

因此,为了进一步提升"一带一路"沿线国家和地区的法治状况,因应推动共建"一带一路"高质量发展的需要,一方面应拓宽"一带一路"沿线国际法治的合作领域,由最初的设施、贸易、资金等"五通"领域逐步扩展到"绿色丝绸之路""廉洁丝绸之路""健康丝绸之路"以及"数字丝绸之路"等;另一方面,加强国际法治合作,推动共建"一带一路"高质量发展进程中的

---

① 参见 Lutz-Christian Wolff & Chao Xi, Legal Dimensions of China's Belt and Road Initiative, Wolters Kluwer 2016, p. 35。

② 参见孟涛:《法治的测量:世界正义工程法治指数研究》,载《政治与法律》2015年第5期,第15页。

③ 参见陈思静:《"一带一路"倡议与中国国际法治话语权问题研究》,武汉大学出版社2023年版,第57~65页。

"国际法治命运共同体"的构建。诚如联合国发展政策委员会 (Committee for Development Policy) 所指出的: "有效的全球治理离不开富有成效的国际合作……各国有必要在机构、政策、规则、程序等方面进行协调, 以共同应对跨越国界的各种挑战。"①

2. 推动共建"一带一路"高质量发展亦需要国内营造良好的法治环境。推动共建"一带一路"高质量发展营造良好的法治环境, 涉及方方面面。其中, 最为重要的是构建"一带一路"多元化争端解决机制, 提高裁判的吸引力和公信力。

2018 年 1 月, 中央全面深化改革领导小组审议通过了《关于建立"一带一路"国际商事争端解决机制和机构的意见》。2018 年 6 月 25 日, 最高人民法院出台了《关于设立国际商事法庭若干问题的规定》, 并于同月 29 日在深圳市和西安市分别设立了"第一国际商事法庭"和"第二国际商事法庭", 成立国际商事专家委员会, 建立诉讼与调解、仲裁有机衔接的"一站式"国际商事纠纷多元化解决机制。可以说, 这是中国建立符合现代国际法的"一带一路"国际商事纠纷多元化解决机制的有益尝试。②

2020 年 10 月, 国际商事争端预防与解决组织 (International Commercial Dispute Prevention and Settlement Organization, ICDPASO) 在北京正式成立。国际商事争端预防与解决组织是由中国国际商会联合来自亚欧非拉美等国家和地区商协会、法律服务机构、高校智库共同发起设立的非政府间非营利性国际组织, 其宗

---

① 参见 "Committee for Development Policy" Policy Note, Global Governance and Global Rules for Development in the Post-2015 Era, United Nations 2014, p. 3, available at https: // www. un. org/en/development/desa/policy/cdp/cdp_publications/2014cdppolicynote. pdf。

② 值得一提的是, 2018 年 7 月 3 日, 江苏省贸促会商法中心成功调解了一起发生在江苏省某公司与伊朗某公司间已历时四年的农药质量纠纷。这是江苏省成功调解的首起"一带一路"国际商事纠纷, 实现了第一次启用专业调解员名册, 第一次邀请案外人作为调解见证人出席会议, 第一次与外国驻华领事馆联合调解和第一次尝试启动"仲调对接"机制。参见人民网:《江苏成功调解首起"一带一路"国际商事纠纷》, 载中国江苏网 http: // jsnews. jschina. com. cn/jsyw/201807/t20180715_1760055. shtml。

旨为提供从国际商事争端预防到解决的多元化服务,保护当事人合法权益,营造高效便捷、公平公正的营商环境,推动构建公正合理的国际经济秩序。

总之,无论是国际商事法庭的运行还是国际商事争端预防与解决组织的建立,都必将有利于为推动共建"一带一路"高质量发展营造良好的法治环境,也有利于"一带一路"建设行稳致远。然而,鉴于"一带一路"建设过程中参与主体的多样性、争端类型的复杂性以及"一带一路"沿线国家法治文化的差异性,因而应进一步完善诉讼、仲裁、调解有机衔接的争端解决服务保障机制,协调国际商事法庭和国际商事争端预防与解决组织的关系,切实提高争端解决机制的公信力和吸引力,① 以满足"一带一路"沿线国家多元化纠纷解决的需求。

值得注意的是,2021 年 7 月 21 日,最高人民法院"一站式"国际商事纠纷多元化解决平台在国际商事法庭网站上线启动试运行。"一站式"国际商事纠纷多元化解决平台为当事人提供电脑PC 端国际商事法庭网站、手机端"中国移动微法院"微信小程序两种登录渠道,方便中外当事人根据所处环境和自身条件选择不同的线上方式进行诉讼、参与调解。②

三、推动共建"一带一路"高质量发展的具体建议

(一) 推动共建"一带一路"高质量发展的规范应由以软法为主、向软法与硬法兼顾的方向发展

1. 采用以"软法"为主的规范形式有利于吸引更多国家参与

---

① 中国国际商事法庭由于成立的时间较短,在运行过程中还一时无法充分凸显其公正、高效的特点和优势,以致与其他各级法院审理涉外商事争议并无较大差异,因而迄今该法庭受理和审结的案件还非常有限。

② 最高人民法院国际商事法庭:《最高人民法院"一站式"国际商事纠纷多元化解决平台今天上线启动》(2021 年 7 月 21 日),载最高人民法院国际商事法庭网站 http://cicc.court.gov.cn/html/1/218/149/192/2084.html。

"一带一路"建设。"一带一路"倡议提出十年来，一直采取"软机制"的国际合作形式：既没有常设的秘书处，合作文件也没有采用有法律约束力的规范形式。例如，与"一带一路"相关的双边合作文件的主要形式为倡议、声明和备忘录等软法。在这些合作文件中，有些甚至明确规定"双方共同确认，本谅解备忘录不具有法律约束力"① 或者共同声明"本谅解备忘录不构成双方间的一项国际条约，仅表达双方在推动'一带一路'倡议方面的共同意愿"②。这种"软机制"体现了"一带一路"倡议的包容性，也有利于吸引更多国家和地区参与共建"一带一路"。

2. 软法与硬法兼顾的规范形式是推动共建"一带一路"高质量发展的现实需要。首先，在"一带一路"建设过程中中国与沿线国家和地区达成了诸多共识。然而，这些共识还需要更具体的计划或方案予以落实执行。而计划或方案的实施更适宜采用硬法的形式，明确规定双方的权利和义务。事实上，在中国政府与"一带一路"沿线国家签订的合作文件中一般载有"双方可通过缔结条约或其他合作文件予以实施"等规定。③ 其次，虽然"一带一路"沿线国家和地区的情况特别复杂，但是应为"一带一路"设立一系列规则，④ 逐渐成为大多数国家和人民的共同愿望。特别是在税收、航空和司法合作等领域，签订具有硬法性质的双边协定尤为必

---

① 《中华人民共和国政府与波兰共和国政府关于共同推进"一带一路"建设的谅解备忘录》（2015 年 11 月 26 日）第 4 条，载中国"一带一路"网，https：//www.yidaiyilu.gov.cn/zchj/sbwj/76375.htm。

② 《中华人民共和国政府与匈牙利政府关于共同推进丝绸之路经济带和21 世纪海上丝绸之路建设的谅解备忘录》（2015 年 6 月 6 日）第 7 条，载中国"一带一路"网 https：//www.yidaiyilu.gov.cn/zchj/sbwj/76378.htm。

③ 参见《中华人民共和国政府与波兰共和国政府关于共同推进"一带一路"建设的谅解备忘录》（2015 年 11 月 26 日）第 3 条第 2 款，载中国"一带一路"网 https：//www.yidaiyilu.gov.cn/zchj/sbwj/76375.htm。

④ 参见 Melissa Leach, China's Belt and Road Initiative—A Game-Changer, But Which Game? Institute of Development Studies Reports 2017, available at https：//www.ids.ac.uk/opinions/chinas-belt-and-road-initiative-a-game-changer-but-which-game/.

要。最后，在很多国家和地区看来，双方合作的目标在于"促进基于规则的国际秩序"①。因此，推动共建"一带一路"高质量发展的规范由以软法为主、向软法与硬法兼顾的方向发展，乃大势所趋。

（二）推动共建"一带一路"高质量发展应进一步加强第三方合作

1. 第三方合作是共建"一带一路"的重要内容。第三方合作是指中国企业（含金融企业）与有关国家企业共同在第三方市场开展经济合作。在中国政府出台的有关"一带一路"文件中，明确规定了第三方合作问题。② 因为"一带一路"建设是公开透明的，中国在一带一路"沿线国家与有关发达国家开展第三方合作，既能发挥在技术、资金、产能、市场等方面的互补优势，又能促进互利共赢。因此，推动共建"一带一路"高质量发展应进一步加强第三方合作。

2. 进一步扩大第三方合作的范围。十年来，中国已同法国、英国、意大利、加拿大和日本等10多个国家签订了有关开展第三方市场合作的协议，如2019年6月中英签署了《关于开展第三方市场合作的谅解备忘录》。从上述协议来看，中国企业与外国企业在第三方市场合作涉及很多方面，涵盖了产品服务、工程合作、投资合作、产融合作和战略合作等多种类型，囊括了铁路、化工、油气、电力、金融等多个领域。今后，中国可以与更多国家签订开展第三方市场合作的协议，中国企业与外国企业的合作范围可以进一步拓宽，从而推动共建"一带一路"高质量发展。

---

① European Commission, Joint Communication to the European Parliament and the Council, EU-China—A Strategic Outlook, EU Reports 2019, p. 2, available at https：//ec. europa. eu/commission/sites/beta-political/files/communication-eu-china-a-strategic-outlook. pdf.

② 参见推进"一带一路"建设工作领导小组办公室：《共建"一带一路"：理念、实践与中国的贡献》（2017年5月10日），载中国"一带一路"网 https：//www. yidaiyilu. gov. cn/zchj/qwfb/12658. htm。

3. 总结第三方合作的经验教训。2019 年 9 月，国家发展改革委公布了《第三方市场合作指南和案例》。该《指南和案例》以"解剖麻雀"的方式，选取了 21 个不同类型的案例，如"中国中铁与意大利 CMC 公司合作实施黎巴嫩贝鲁特供水隧道项目""中国油气企业与日本、法国等国油气企业共同投资建设俄罗斯亚马尔 LNG 项目"等，涉及日本、意大利、英国等国的合作伙伴以及印尼、黎巴嫩、俄罗斯等合作项目所在国。① 无疑，上述 21 个案例是属于比较成功的第三方合作的案例。此外，还有一些不太成功的案例，如中法两国在英国合作的欣克利角核电项目。② 因此，仔细梳理共建"一带一路"过程中的上述有关第三方合作的典型案例，总结其成功的经验，探讨其失败的教训，分析其原因，研究第三方合作涉及的相关国际法问题等，不但对有意开展第三方市场合作的中外企业具有较好的参考价值，而且能助力推动共建"一带一路"高质量发展。

（三）推动共建"一带一路"高质量发展应主动寻求与国际组织倡议对接

虽然共建"一带一路"的宗旨之一就是为了"推动更大范围、更高水平和更深层次的大开放、大交流、大融合"，其实施路径是

---

① 参见国家发展改革委：《第三方市场合作指南和案例》（2019 年 9 月 4 日），载国家发展改革委网站 https：//www.ndrc.gov.cn/fzggw/jgsj/wzs/sjjdt/201909/t20190904_1037022.html。

② 2015 年 10 月 21 日，中国广核集团和法国电力集团正式签订了英国新建核电项目的投资协议，中广核牵头的中方联合体将与法国电力集团共同投资兴建英国欣克利角 C 核电项目（HPC 项目），并共同推进塞兹韦尔 C 项目（SZC 项目）和布拉德韦尔 B 项目（BRB 项目）两大后续核电项目。2016 年 9 月 29 日，中英法三方在伦敦签署欣克利角 C 核电项目最终投资协议。中国广核集团（中广核）与法国电力集团（法电集团）正式签署英国新建核电项目一揽子合作协议，与英国政府同步签署欣克利角 C 核电项目收入及投资保障等政府性协议。之后，由于种种原因，该项目进展并不顺利，目前处于一种停顿状态。

开放包容的,"欢迎世界各国和国际组织积极参与"①,但是近年来美国试图通过多边援助审查,加强对世界银行等现有国际发展机构的控制,阻扰国际组织参与"一带一路"合作。② 因此,推动共建"一带一路"高质量发展,主动寻求与国际组织倡议对接就显得尤为重要。

1. 推动共建"一带一路"的组织平台与联合国相关的机构的对接与合作。一方面,进一步促进现今共建"一带一路"的组织平台——"一带一路"国际合作高峰论坛与联合国系统的各种机构如世界银行、国际货币基金组织、国际金融公司、联合国开发计划署、联合国工业发展组织以及联合国贸易和发展会议等进行实质性合作,这不但是提升共建"一带一路"高质量发展组织平台能力建设的关键步骤,也是推动更多国际组织参与"一带一路"国际合作的重要一环。另一方面,在强化"一带一路"合作多边属性的基础上,加强"一带一路"倡议与联合国 2030 年可持续发展议程③、非盟 2063 年议程、欧亚经济联盟的发展计划、东盟互联互通总体规划 2025、亚太经合组织互联互通蓝图、欧盟欧亚互联互通战略等各类全球层面和区域层面的发展战略或规划对接。

2. 因应"百年未有之大变局"之势,加快"绿色丝绸之路"

① 参见国家发展改革委、外交部、商务部:《推动共建丝绸之路经济带和 21 世纪海上丝绸之路的愿景与行动》(2015 年 3 月 28 日),载外交部网站 http://www.mfa.gov.cn/mfa_chn/zyxw_602251/t1249574.shtml。

② 参见赵明昊:《美国的制衡阻挡不了"一带一路"前进方向》,载《世界知识》2021 年第 12 期。

③ 2021 年 6 月,在"一带一路"亚太区域国际合作高级别会议上,与会 29 国共同发起了"一带一路"疫苗合作伙伴关系倡议和"一带一路"绿色发展伙伴关系倡议,呼吁加强国际疫苗合作、促进全球经济复苏、实现绿色和可持续发展。2021 年 7 月,联合国秘书处将上述两倡议在第 75 届联大议题 14 "联合国经济社会及有关领域主要会议和成果后续落实"和议题 131 "全球卫生与外交政策"下作为联大正式文件散发。这体现了"一带一路"对联合国 2030 年可持续发展议程的支持。参见外交部:《2021 年 7 月 30 日外交部发言人赵立坚主持例行记者会》,载外交部网站 https://www.mfa.gov.cn/web/fyrbt_673021/t1896427.shtml。

"数字丝绸之路"等建设。近年来随着气候变化、环境污染等问题日益严峻，一些国家推出了"绿色新政"，将投资可再生能源作为推动经济复苏的战略选择。因此，通过成立"一带一路"绿色发展国际联盟、落实《巴黎协定》和加强绿色融资包括发行绿色债券等，推动"一带一路"沿线绿色发展进程，打造"绿色丝绸之路"，既有利于实现生态可持续发展，也契合了全球环境治理体系的客观要求。① 此外，近10年来以大数据、人工智能、物联网和量子计算为代表的第四次工业革命拉开帷幕，人类进入了全新的"数字时代"。因此，进一步推动"数字丝绸之路"建设，不但有助于消除世界范围内的"数字鸿沟"，而且有利于加强与"一带一路"沿线国家的数字经济合作。可见，"绿色丝绸之路"和"数字丝绸之路"等建设，是推动共建"一带一路"高质量发展的重要环节。

（四）推动共建"一带一路"高质量发展应使中国标准成为国际软法

众所周知，基础设施互联互通是"一带一路"建设的优先领域②，加强基础设施等"硬联通"是共建"一带一路"合作的重点之一。"一带一路"倡议的主体框架包括"六路"③ 和"多

---

① 值得注意的是，我国同意大利等国签署的"一带一路"合作谅解备忘录将"绿色发展"明确规定为合作内容之一。参见 Memorandum of Understanding between the Government of the Italian Republic and the Government of the People's Republic of China on Cooperation within the Framework of the Silk Road Economic Belt and the 21st Century Maritime Silk Road Initiative, Italian Government Reports 2019, p. 5, available at http://www.governo.it/sites/governo.it/files/Memorandum_Italia-Cina_EN.pdf。

② 参见国家发展改革委、外交部、商务部：《推动共建丝绸之路经济带和21世纪海上丝绸之路的愿景与行动》（2015年3月28日），载中国"一带一路"网 http://www.yidaiyilu.gov.cn/wcm.files/upload/CMSydylgw/201702/201702070519013.pdf。

③ "六路"是指铁路、公路、航运、航空、管道和空间综合信息网络，是基础设施互联互通的主要内容。

港"①。此外,从 2011 年 3 月开始,按照"统一品牌标志、统一运输组织、统一全程价格、统一服务标准、统一经营团队和统一协调平台"等"六统一"的机制运行开行的中欧班列,到 2022 年 9 月底已累计开行近 6 万列,货值累计近 3000 亿美元,共铺画了 82 条运输线路,通达欧洲 24 个国家的 200 个城市。② 推动共建"一带一路"高质量发展,应促使由基础设施的"硬联通"向各国互联互通法规和体系对接的"软联通"转型升级。

1. 进一步推动国际过境运输便利化及其制度的完善。虽然中国政府与"一带一路"沿线 10 多个国家签署了《上海合作组织成员国政府间国际道路运输便利化协定》《关于沿亚洲公路网国际道路运输政府间协定》等双边多边运输便利化协定,但是在已签署运输便利化协定的"一带一路"沿线国家中,还面临着双边合作难以深入,多边合作无法开展的困境。例如,中国、老挝、泰国三国在国际运输法律法规、检验检疫标准、海关制度等方面存在制度性差异,给铁路便利化运输和通关带来很大障碍。因此,应进一步落实中国政府有关部门发布的《关于贯彻落实"一带一路"倡议加快推进国际道路运输便利化的意见》,鼓励"一带一路"沿线国家加强在签证、通关等领域的规则协调与合作,增进各国对未统一事宜的协商与信息互通,采取更为积极主动的方式促成各国间的互惠协定的达成,提高各国间铁路货物运输的效率。

2. 推动中国标准向国际软法方向转变。2015 年 10 月,"一带一路"建设工作领导小组发布了《标准联通"一带一路"行动计划(2015—2017)》;之后国家发改委又推出了《标准联通共建"一带一路"行动计划(2018—2020 年)》。该行动计划的重要目标之一就是,持续提升中国标准与国际标准体系一致化程度,制定推进"一带一路"建设相关领域中国标准名录,推动中国标准在

---

① "多港"是指若干保障海上运输大通道安全畅通的合作港口,通过与"一带一路"沿线国家共建一批重要港口和节点城市,进一步繁荣海上合作。

② 参见中国"一带一路"网:《共建"一带一路"九年成绩单》(2022年 10 月 1 日),载 https://www.yidaiyilu.gov.cn/xwzx/gnxw/281310.htm。

"一带一路"建设中的应用。① 鉴于"一带一路"倡议下的国际铁路货物运输运单的统一，货运单、客票以及货物通关制度等都存在统一的可能性和必要性，提高关税的统一程度对实现更高的互联互通有重要意义。因此，推动将标准联通共建"一带一路"行动计划要素纳入与沿线国家有关外交、科技、商务、质检等国家间合作框架协议和多边双边合作机制中，从而使中国标准成为国际软法。这是推动共建"一带一路"高质量发展的重要路径。

---

① 参见国家发改委：《标准联通共建"一带一路"行动计划（2018—2020年）》，载国家发改委网站 http：//jgrz. ndrc. gov. cn/c/2019-04-16/487649. shtml。

第三章 "一带一路"倡议与现代国际法的发展

"一带一路"倡议自 2013 年提出以来，迄今已取得了举世瞩目的成就，并产生了广泛的国际影响。因此，探讨"一带一路"倡议对现代国际法发展的影响，阐释现代国际法对共建"一带一路"的保障作用，成为了中国国际法学者的应有使命。

一、"一带一路"倡议在现代国际法上的性质定位

迄今，中国政府先后出台了《推动共建丝绸之路经济带和 21 世纪海上丝绸之路的愿景与行动》（2015 年 3 月 28 日）、《推进共建"一带一路"教育行动》（2016 年 7 月 13 日）、《中欧班列建设发展规划（2016—2020）》（2016 年 10 月 24 日）、《文化部"一带一路"文化发展行动计划（2016—2020 年）》（2017 年 3 月 1 日）、《关于推进绿色"一带一路"建设的指导意见》（2017 年 5 月 8 日）、《共建"一带一路"：理念、实践与中国的贡献》（2017 年 5 月 10 日）、《共同推进"一带一路"建设农业合作的愿景与行动》（2017 年 5 月 13 日）、《"一带一路"融资指导原则》（2017 年 5 月 16 日）、《推动丝绸之路经济带和 21 世纪海上丝绸之路能源合作愿景与行动》（2017 年 5 月 16 日）、《"一带一路"建设海上合作设想》（2017 年 6 月 20 日）和《标准联通共建"一带一路"行动计划（2018—2020 年）》（2018 年 1 月 11 日）等有关"一带

一路"倡议的重要法律文件。① 结合上述法律文件的内容，从现代国际法的角度来看，"一带一路"倡议是一种国际合作的新形态，也是全球治理的新平台和跨区域国际合作的新维度，因而在现代国际法中具有重要地位。

（一）国际合作的新形态

作为一种推动全球均衡、包容、可持续发展和人类共同繁荣的智慧设计，"一带一路"倡议无疑是一种国际合作的新形态。

1. "一带一路"倡议的目标是实现更深层次的区域合作。"一带一路"倡议符合中国和沿线国家的根本利益，它秉持"开放合作、和谐包容、市场运作和互利共赢"原则，其目标就是要"促进经济要素有序自由流动、资源高效配置和市场深度融合，推动沿线各国实现经济政策协调，开展更大范围、更高水平、更深层次的区域合作，共同打造开放、包容、均衡、普惠的区域经济合作架构"②。

2. "一带一路"的实施路径是要充分利用现有的国际合作机制。共建"一带一路"的路径是要充分利用已有的双边、区域和多边国际合作机制。首先，双边对话是政策沟通的主要渠道，中国与有关国家不断强化双边机制作用，服务互联互通、贸易投资、产能合作、人文交流等共建"一带一路"重点领域合作。其次，通过举办中国-东盟博览会、中国-亚欧博览会、中国-阿拉伯国家博览会、中国-南亚博览会及中国-中东欧国家投资贸易博览会等大型展会，发挥经贸合作的桥梁纽带作用。③ 最后，强化多边合作机制作用，发挥上海合作组织（SCO）、中国-东盟"10+1"、亚太经合组

---

① 参见杨泽伟编：《"一带一路"倡议文件汇编》，法律出版社 2020 年版。

② 国家发展改革委、外交部、商务部：《推动共建丝绸之路经济带和 21 世纪海上丝绸之路的愿景与行动》（2015 年 3 月 28 日），载中国"一带一路"网 http://www.yidaiyilu.gov.cn/wcm.files/upload/CMSydylgw/201702/201702070519013.pdf。

③ 参见推进"一带一路"建设工作领导小组办公室：《共建"一带一路"：理念、实践与中国的贡献》（2017 年 5 月 10 日），载新华网 http://news.xinhuanet.com/politics/2017-05/10/c_1120951683.htm。

织（APEC）、亚欧会议（ASEM）、亚洲合作对话（ACD）、亚信会议（CICA）、中阿合作论坛、中国-海合会战略对话、大湄公河次区域（GMS）经济合作、中亚区域经济合作（CAREC）等现有多边合作机制的作用。①

3. "一带一路"倡议的建设模式是一种多元开放的合作进程。"虽然"一带一路"倡议是中国提出来的，但是"中国不打地缘博弈小算盘，不搞封闭排他小圈子，不做凌驾于人的强买强卖"②。因此，"一带一路"的建设模式是以目标协调、政策沟通为主；它坚持"开放合作"的共建原则，欢迎世界各国和国际组织参与，让共建成果惠及更广泛的区域。③ 目前中国已经与"一带一路"沿线国家签署了 60 多项司法协助条约、引渡条约和打击"三股势力"条约，50 多项避免双重征税协定，50 多项双边投资保护协定，60 多项双边民航协定，近 30 项双边银行监督谅解备忘录等。

综上可见，"一带一路"倡议是"国际合作以及全球治理新模式的积极探索"④。

---

① 参见国家发展改革委、外交部、商务部：《推动共建丝绸之路经济带和 21 世纪海上丝绸之路的愿景与行动》（2015 年 3 月 28 日），载中国"一带一路"网 http://www.yidaiyilu.gov.cn/wcm.files/upload/CMSydylgw/201702/201702070519013.pdf。

② 习近平：《开放共创繁荣、创新引领未来——在博鳌亚洲论坛 2018 年年会开幕式上的主旨演讲》（2018 年 4 月 10 日），载人民网 http://cpc.people.com.cn/n1/2018/0411/c64094-29918031.html。

③ 参见国家发展改革委、外交部、商务部：《推动共建丝绸之路经济带和 21 世纪海上丝绸之路的愿景与行动》（2015 年 3 月 28 日），载中国"一带一路"网 http://www.yidaiyilu.gov.cn/wcm.files/upload/CMSydylgw/201702/201702070519013.pdf。

④ 国家发展改革委、外交部、商务部：《推动共建丝绸之路经济带和 21 世纪海上丝绸之路的愿景与行动》（2015 年 3 月 28 日），载中国"一带一路"网 http://www.yidaiyilu.gov.cn/wcm.files/upload/CMSydylgw/201702/201702070519013.pdf。

（二）全球治理的新平台

1. "一带一路"倡议是全球治理的中国思想和中国方案。近年来，中国积极奉行多边主义、主动顺应全球化潮流，通过联合国、二十国集团（G20）、亚太经合组织（APEC）、东盟"10+3"、上海合作组织、金砖国际集团等平台，积极参与和引领全球治理。为推进'一带一路'倡议，中国秉持人类命运共同体的理念，坚持"共商、共建、共享"原则，创设了亚洲基础设施投资银行，在全球各领域治理中建立全球伙伴关系网络，为解决众多全球性挑战给出了中国特色的"答案"。可以说，"一带一路"倡议体现了中国作为最大的发展中国家和全球第二大经济体，对推动全球治理体系朝着公平、公正、合理方向发展的责任担当。[1]

2. "一带一路"倡议创新了全球治理的架构和模式。众所周知，目前全球化进程面临新的挑战，全球治理机制的革新踯躅不前。然而，"一带一路"倡议致力于打造全球治理新体系，国家不分大小强弱均可共同参与，追求互利共赢和优势互补，过程公开、透明、开放，支持增加发展中国家在全球治理体系中的话语权，以实现"全球治理从'西方治理'逐步向'东西方共同治理'的转变"[2]，从而促进全球和平合作与共同发展。此外，"一带一路"倡议超越了传统的"中心—边缘"的治理模式，采用以中国为发起方的"1+N 召集人模式"，并根据双方的意愿不断调整合作方式，以最终形成多边的平面化合作网络。[3]

3. "一带一路"倡议已成为最受欢迎的全球公共产品。"一带一路"倡议促进了人类共同发展，协调了"一带一路"地区乃至全世

---

① 参见推进"一带一路"建设工作领导小组办公室：《共建"一带一路"：理念、实践与中国的贡献》（2017 年 5 月 10 日），载新华网 http://news. xinhuanet. com/politics/2017-05/10/c_1120951683. htm。

② 何亚非：《中国外交推进全面开放新格局》，载《参考消息》2018 年11 月 19 日，第 12 版。

③ 参见曾向红：《"一带一路"的地缘政治想象与地区合作》，载《世界经济与政治》2016 年第 1 期，第 46~71 页。

界所有国家和地区的利益和需求；况且，"一带一路"倡议不以意识形态为界，不搞零和游戏，不干涉别国内政，因而成为最为重要的全球治理平台之一。诚如日本东京大学教授川岛真所指出的："中国的'一带一路'倡议之所以对从欧亚大陆到非洲再到太平洋的广大地区如此重要，原因之一是来自发达国家、尤其是美国的支持和投资一直在大幅减少……非洲和亚太地区的基础设施需求非常大。发达国家、亚洲开发银行和世界银行的资金不足以满足这一需求。"①

（三）跨区域国际合作的新维度

1. "一带一路"倡议从地域范围上超越了某一区域，贯穿了亚欧非大陆，涵盖了五大洲、连接了四大洋。首先，丝绸之路经济带重点畅通中国经中亚、俄罗斯至欧洲（波罗的海），中国经中亚、西亚至波斯湾、地中海，中国至东南亚、南亚、印度洋。其次，21世纪海上丝绸之路重点方向是从中国沿海港口过南海到印度洋，延伸至欧洲；从中国沿海港口过南海到南太平洋。最后，"一带一路"倡议的地域范围还在不断拓展，② 2018年不但出现了经过北冰洋的"冰上丝绸之路"③，而且把拉美地区也纳入其中。巴拿马就成为中国"一带一路"倡议合作的首个拉美国家。④

---

① ［日］川岛真：《真正的竞争在印太地区展开》，载美国外交学者网站2018年12月24日，转引自《参考消息》2018年12月26日，第14版。

② 2017年6月，国家发改委、国家海洋局联合发布《"一带一路"建设海上合作设想》，提出除海上既有通道建设外，要"积极推动共建经北冰洋连接欧洲的蓝色经济通道"。参见国家发改委、国家海洋局联合发布《"一带一路"建设海上合作设想》（2017年6月20日），载人民网 http://cpc.people.com.cn/n1/2017/0620/c64387-29351311.html。

③ 2018年1月，中国国务院新闻办公室在发布的《中国的北极政策》中明确提出："与各方共建'冰上丝绸之路'，为促进北极地区互联互通和经济社会可持续发展带来合作机遇。"

④ 2018年12月，中国和巴拿马签署了一项有关海事领域的国际合作协议，以期在"21世纪海上丝绸之路"和海上运输协议的框架内共同发展海上运输能力。参见埃菲社巴拿马城2018年12月3日电，转引自《参考消息》2018年12月5日，第1版。

2. "一带一路"倡议从制度层面也超越了单纯的区域经济合作安排，而着眼于跨区域国际合作。一方面，"一带一路"倡议提出的国际经济合作包括了新亚欧大陆桥、中蒙俄、中国-中亚-西亚、中国-中南半岛、中巴和孟中印缅等六大国际经济合作走廊；另一方面，在推进"一带一路"倡议的实践中，中国不但与沿线国家签订了许多协议，① 而且注意在共建"一带一路"框架下深化同各有关国际组织的合作，与联合国亚太经社会②、联合国开发计划署、世界卫生组织等国际组织签署了共建"一带一路"的合作法律文件。

二、"一带一路"倡议对现代国际法发展的影响

如上所述，作为现代国际法上的一种国际合作的新形态和全球治理的新平台，"一带一路"倡议将对现代国际法的发展产生多方面的影响。

（一）"一带一路"倡议推动了国际法基本原则的发展

"一带一路"倡议不但为国际法基本原则增添了新的内容，而且深化了已有的国际法基本原则的内涵。

---

① 例如，2015 年 6 月匈牙利与中国签署了《中华人民共和国政府和匈牙利政府关于共同推进丝绸之路经济带和 21 世纪海上丝绸之路建设的谅解备忘录》。匈牙利成为首个与中国签署"一带一路"合作协议的欧洲国家。2015年 10 月，韩国与中国也签署了《关于在丝绸之路经济带和 21 世纪海上丝绸之路建设以及欧亚倡议方面开展合作的谅解备忘录》，这标志着中国的"一带一路"倡议和韩国的"欧亚倡议"开始有机对接。

② 2016 年 4 月，中国外交部长王毅与联合国亚太经社会执行秘书沙姆沙德·阿赫塔尔在北京签署了《中国外交部与联合国亚太经社会关于推进地区互联互通和"一带一路"倡议的意向书》，双方将共同规划推进互联互通和"一带一路"的具体行动，推进沿线各国政策对接和务实合作。该意向书系中国与国际组织签署的首份"一带一路"合作文件，开启了联合国系统机构直接参与"一带一路"建设的先例，具有重要的示范意义。

1. "一带一路"倡议增添了国际法基本原则的内容。国际法基本原则是随着国际关系的演变而发展变化的，如近代国际法中的国际主权平等原则、不干涉内政原则，第二次世界大战后出现的禁止以武力相威胁或使用武力原则、和平解决国际争端原则等。"一带一路"倡议自提出以来，一直秉持"共商、共建、共享"原则。① "共商、共建、共享"原则，载入了中国与"一带一路"沿线国家和相关的国际组织签署的 200 多份政府间共建"一带一路"合作文件中。可见，"共商、共建、共享"原则不但是与以《联合国宪章》为核心的国际法基本原则一脉相承，而且逐渐获得了国际社会公认、具有普遍约束力、适用于国际法各个领域，因而成为了国际法基本原则的新内容。

2. "一带一路"倡议深化了国家主权平等原则的内涵。传统国际法上的国际主权平等原则强调的是各国不分大小强弱以及社会制度如何，在国际法上的地位是完全平等的。"一带一路"倡议，既坚持和谐包容，尊重各国发展道路和模式的选择；又倡导文明宽容，加强不同文明之间的对话，求同存异、兼容并蓄、共生共荣。这无疑进一步丰富了国家主权平等原则的内涵。

3. "一带一路"倡议拓展了国际合作原则的具体形式。作为国际法基本原则之一，国际合作原则的具体形式多种多样。然而，"一带一路"倡议作为一个开放包容的合作平台和各方共同打造的全球公共产品，在其推进和建设过程中，参与国坚持"共商、共建、共享"原则，弘扬"和平合作、开放包容、互学互鉴、互利共赢"的丝路精神，跨越不同地域、不同发展阶段和不同文明，既坚持市场运作、遵循市场规律和国际通行规则，又坚持互利共赢、兼顾各方利益和关切，因而进一步充实了国际合作原则的具体形式。

4. "一带一路"倡议进一步夯实了和平解决国际争端原则。

---

① 参见《"一带一路"法治合作国际论坛共同主席声明》（2018 年 7 月 3 日）。

2018年，中华人民共和国最高人民法院设立了"国际商事法庭"，并在广东省深圳市设立了"第一国际商事法庭"、在陕西省西安市设立了"第二国际商事法庭"；同时，最高人民法院还牵头组建了由32名中外专家组成的"国际商事专家委员会"。"国际商事法庭"和"国际商事专家委员会"的设立，既借鉴了当今国际争端解决机制的有益做法，又体现了纠纷解决方式多元化原则，有利于公正高效便利地解决"一带一路"建设过程中产生的跨境商事纠纷。

（二）"一带一路"倡议促进了国际过境运输制度的完善

基础设施互联互通是"一带一路"建设的优先领域。①因此，"一带一路"倡议有助于进一步推动国际过境运输制度的完善。

1. "一带一路"倡议一直把加强基础设施等"硬联通"作为合作的重点之一。"一带一路"倡议的主体框架包括了"六路"和"多港"。"六路"是指铁路、公路、航运、航空、管道和空间综合信息网络，是基础设施互联互通的主要内容；"多港"是指若干保障海上运输大通道安全畅通的合作港口，通过与"一带一路"沿线国家共建一批重要港口和节点城市，进一步繁荣海上合作。②特别是2011年3月开始运行的中欧班列，按照"六统一"③的机制运行，是深化中国与"一带一路"沿线国家经贸合作的重要载体

---

① 参见国家发展改革委、外交部、商务部：《推动共建丝绸之路经济带和21世纪海上丝绸之路的愿景与行动》（2015年3月28日），载中国"一带一路"网 http：//www. yidaiyilu. gov. cn/wcm. files/upload/CMSydylgw/201702/201702070519013. pdf。

② 参见推进"一带一路"建设工作领导小组办公室：《共建"一带一路"：理念、实践与中国的贡献》（2017年5月10日），载新华网 http：//news. xinhuanet. com/politics/2017-05/10/c_1120951683. htm。

③ "六统一"是指统一品牌标志、统一运输组织、统一全程价格、统一服务标准、统一经营团队和统一协调平台。

和推进"一带一路"建设的重要抓手。

2. "一带一路"倡议推动了各国互联互通法规和体系的对接，增进了"软联通"。为了进一步促进国际过境运输便利化及其制度的完善，中国与"一带一路"沿线 15 个国家签署了包括《上海合作组织成员国政府间国际道路运输便利化协定》《关于沿亚洲公路网国际道路运输政府间协定》在内的 16 个双多边运输便利化协定，启动了《大湄公河次区域便利货物及人员跨境运输协定》便利化措施，通过 73 个陆上口岸开通了 356 条国际道路运输线路；与"一带一路"沿线 47 个国家签署了 38 个双边和区域海运协定，与 62 个国家签订了双边政府间航空运输协定，民航直航已通达 45 个国家。① 此外，中国政府有关部门还发布了《关于贯彻落实"一带一路"倡议加快推进国际道路运输便利化的意见》，鼓励"一带一路"参与方加强在签证、通关等领域的规则协调与合作，便利跨境人员与物资往来。

（三）"一带一路"倡议丰富了国际法实施方式

众所周知，国际法在国内的实施主要有两种方式：直接适用（并入）和间接适用（转化）。"一带一路"倡议作为开放的全球治理的新平台，既注重与国际组织发展项目的对接，也坚持与沿线国家发展战略的双边对接，从而创新了国际法的实施方式。

1. "一带一路"倡议与国际组织发展项目的对接。2015 年，联大通过了《改变我们的世界：2030 年可持续发展议程》，明确提出了 17 个可持续发展目标和 169 个相关具体目标。② 同年，非洲联盟为加快实现非洲工业化和农业现代化通过了《2063 年议程》，把破解基础设施建设滞后和人才不足作为优先突破口。有鉴于此，

---

① 参见推进"一带一路"建设工作领导小组办公室：《共建"一带一路"：理念、实践与中国的贡献》（2017 年 5 月 10 日），载新华网 http: // news. xinhuanet. com/politics/2017-05/10/c_1120951683. htm.

② 参见 A/70/L. 1。

在 2018 年 9 月召开的中非合作论坛北京峰会上，中国重申了支持非洲国家参与共建"一带一路"，加强与非洲《2063 年议程》的对接，加强联合国 2030 年可持续发展议程与非洲发展战略的对接。① 此外，中国还坚持"一带一路"倡议与其他的多边合作机制加强对接，如欧盟"欧洲投资计划"、东盟互联互通总体规划 2025、亚太经合组织互联互通蓝图、亚欧互联互通合作以及大湄公河次区域经济合作等。

2. "一带一路"倡议与沿线国家发展战略的对接。"一带一路"沿线国家结合本国国情，提出了形形色色的发展战略，如印度尼西亚"全球海洋支点"构想、老挝"变陆锁国为陆联国"、越南"两廊一圈"、韩国"欧亚倡议"、哈萨克斯坦"光明之路"、巴基斯坦"愿景 2025"、沙特阿拉伯"西部规划"、蒙古国"草原之路"、土耳其"中间走廊"倡议、波兰"负责任的发展战略"、塞尔维亚"再工业化"战略以及巴拿马"2030 年国家物流战略"等。这些发展战略与"一带一路"倡议高度契合，中国愿意并努力与有关国家共同推动实施，以寻求合作的最大公约数。②

（四）"一带一路"倡议充实了国际发展援助制度

1. "一带一路"倡议赋予了"发展"新的含义。对发展中国家而言，"发展"是最大的政治，是国家利益的最高体现。对中国而言，"发展"更具有文明复兴的特殊意义。

2. "一带一路"倡议提供了较为独特的国际发展援助的形式。例如，作为"一带一路"倡议的一部分，中国已经向非洲 3000 多

---

① 按照 2018 年中非合作论坛北京峰会通过的《北京行动计划》，中国将同非洲共同实施产业促进、设施联通、贸易便利、绿色发展、能力建设、健康卫生、人文交流、和平安全"八大行动"，其中每一项都与《2063 年议程》紧密对接。此外，中国还与非洲联盟共同编制了《中非基础设施合作规划》，统筹推进非洲跨国跨区域合作项目。

② 参见推进"一带一路"建设工作领导小组办公室：《共建"一带一路"：理念、实践与中国的贡献》（2017 年 5 月 10 日），载新华网 http：//news. xinhuanet. com/politics/2017-05/10/c_1120951683. htm。

个大型基础设施项目提供了资金，并向非洲多国政府提供了至少860亿美元的贷款；中国投资40亿美元建造吉布提至埃塞俄比亚首都亚的斯亚贝巴的铁路，并在吉布提耗资35亿美元开建非洲最大的自贸区。此外，中国还在赞比亚建造一座耗资5.48亿美元的水泥厂。正如有学者所说，中国为非洲领导人提供的是独特的"菜单"：提供贷款、发展援助和基础设施融资；况且，中国还奉行不干涉内政原则。①

3. 共建"一带一路"背景下的国际发展援助，强调互利共赢。例如，非洲资源丰富，人口众多，市场广阔，发展潜力巨大，但经济落后，缺乏资金技术和发展经验。中国具备较强的经济实力和各类优秀人才，各种设备和技术比较完备，拥有经济建设的成功经验，但也面临资源短缺、国内市场竞争激烈等问题。可见，中非双方在资源禀赋方面优势互补，共建"一带一路"能够实现互利共赢。一方面，非洲能为中国经济的可持续发展提供原料、市场和投资场所的后续保证；② 另一方面，非洲可以获得发展资金、技术和经验，并使其原料出口多元化，同时在开发自有资源的过程中增加更多自主选择的权利。③

（五）"一带一路"倡议影响了外交关系法

根据外交关系法的规定，外交关系是指国与国之间正式维持的连续的对外关系。④换言之，只有作为国际法基本主体的国家才能

① 参见［阿根廷］古斯塔沃·谢拉：《中国和俄罗斯争夺非洲资源》，载"阿根廷布宜诺斯艾利斯经济新闻网"2019年1月27日报道，转引自《参考消息》2019年1月28日，第14版。

② 参见 Andrew Scobell and Bonny Lin etc., At the Dawn of Belt and Road, China in the Developing World, October 2018, p.1, available at https://www.rand.org/pubs/research_reports/RR2273.html。

③ 参见贺文萍：《中国和非洲携手打造"命运共同体"》，载《参考消息》2018年8月28日，第11版。

④ 参见［韩］柳炳华：《国际法》（下卷），朴国哲等译，中国政法大学出版社1997年版，第185页。

建立和发展外交关系。然而,在推进"一带一路"倡议过程中,中国较为重视城市和地区间合作的重要作用。因此,"一带一路"倡议在某种程度上影响了外交关系法的发展。例如,2018年10月中国政府绕开澳大利亚联邦政府,与澳大利亚维多利亚州签署了"一带一路"合作谅解备忘录。此举不但打破了城市和地区对外活动与国家对外政策保持一致的惯例,而且在某种意义上也是外交关系法的新突破。①

此外,中国政府还在"一带一路"倡议的规划和实施过程中赋予城市和省份核心作用。中国沿线城市和地区都根据自身情况制订了规划,并希望在"一带一路"倡议的大框架内开展国际合作。例如,湖南省建立了"一带一路"专项资金。

有鉴于此,一些欧美学者建议,欧洲国家应当对推进"一带一路"倡议采取务实态度,将发展城市和地区间合作作为与中国合作的关键……欧洲城市和地区应当在国家政府的协调之下,与中国的城市和地区共同推进一种更加新颖的关系。②

(六)"一带一路"倡议孕育、催生了包容性国际法

"包容性"是联合国千年发展目标中提出的观念之一。③ 2011年,中国国家领导人在博鳌亚洲论坛较为详细地阐释了"包容性发展"的概念。"一带一路"倡议,将推动包容性国际法的产生。④ 首先,坚持和谐包容是共建"一带一路"的原则。"一带一

---

① 遗憾的是,2021年4月澳大利亚联邦政府决定取消维多利亚州与中国国家发展和改革委员会签署的有关"一带一路"建设的谅解备忘录和框架协议。

② [西班牙]西班牙马德里康普顿斯大学教授伊格纳西奥·尼尼奥·佩雷斯:《中国对外行动中的"城市外交"新证据》,载"西班牙中国政策观察网站"2019年1月23日,转引自《参考消息》2019年1月25日,第14版。

③ 参见《我们民众:秘书长千年报告》,载 http://www.un.org/chinese/aboutun/prinorgs/ga/millennium/sg/report/sg.htm.

④ 参见李万强:《"一带一路"倡议与包容性国际法发展》,载《江西社会科学》2017年第5期。

路"倡议倡导文明宽容，尊重各国发展道路和模式的选择，加强不同文明之间的对话，兼容并蓄、共生共荣。其次，"一带一路"倡议作为全球治理的新平台，其建设过程具有包容性，它是开放的，欢迎世界各国和国际组织参加。最后，共建"一带一路"的途径是高度灵活、富有弹性的，它以目标协调、政策沟通为主，不刻意追求一致性。中国与"一带一路"沿线国家一起共同制定时间表、路线图，不断完善共建"一带一路"的合作内容和方式。可见，"一带一路"倡议开启了"包容性全球化新时代规则和制度"①。

（七）"一带一路"倡议给全球治理增添了新内容

作为一种全球治理的新模式、新机制，"一带一路"倡议无论是在理念上还是在推进的方式方法和具体规则方面，都给全球治理增添了许多新的内容。

1. 理念方面："一带一路"倡议传承了中国古代丝路精神，秉持"和平合作、开放包容、互学互鉴、互利共赢"的核心理念，把"一带一路"建设成为"和平之路、繁荣之路、开放之路、绿色之路、创新之路、文明之路"作为其最终目标。

2. 方式方法方面：首先，坚持"共商、共建、共享"原则，不断扩大与"一带一路"沿线国家的合作共识。其次，"一带一路"倡议注重顶层设计，确立了包括丝绸之路经济带三大走向和21世纪海上丝绸之路两大走向在内的五大方向以及包括"六廊"②"六路"③"多国"和"多港"的主体框架。④ 最后，共建"一带

---

① 徐晏卓：《2017年"一带一路"倡议：成果与进展》，载张宇燕主编：《全球政治与安全报告（2018）》，社会科学文献出版社2018年版，第177页。

② "六廊"是指六大国际经济合作走廊：新亚欧大陆桥、中蒙俄、中国-中亚-西亚、中国-中南半岛、中巴、孟中印缅经济走廊。

③ "六路"是指公路、铁路、航运、航空、管道、空间综合信息网络，是基础设施互联互通的主要内容。

④ 参见推进"一带一路"建设工作领导小组办公室：《共建"一带一路"：理念、实践与中国的贡献》（2017年5月10日），载新华网 http：//news. xinhuanet. com/politics/2017-05/10/c_1120951683. htm。

一路"以政策沟通、设施联通、贸易畅通、资金融通、民心相通，作为国际合作的主要内容。

3. 具体规则方面：众所周知，标准问题是全球治理的重要内容之一。为了推动在标准问题上的国际合作，中国与"一带一路"沿线国家结合本国实际情况和发展需要，在借鉴、吸纳国际标准的基础上，加强包括基础设施、国际产能、装备制造、贸易金融、能源环境、人文领域、健康服务和减贫实践等方面的技术标准体系对接和兼容，① 以促进计量标准"一次测试、一张证书、全球互认"，推动认证认可和检验检疫"一个标准、一张证书、区域通行"②。中国政府还先后发布了《标准联通"一带一路"行动计划（2015—2017 年）》《共同推动认证认可服务"一带一路"建设的愿景与行动》《"一带一路"计量合作愿景和行动》等法律文件。上述实践，顺应了全球治理过程中为"高质量的基础设施编制国际标准"的发展趋势。③

三、现代国际法对"一带一路"倡议的保障作用

现代国际法对"一带一路"倡议的推进，将发挥如下保障作用。

（一）现代国际法有助于预防和化解共建"一带一路"进程中的各种风险

从"一带一路"倡议顶层设计所规划的"五大方向"来看，

---

① 参见《标准联通共建"一带一路"行动计划（2018—2020 年）》（2018 年 1 月 11 日），载中国"一带一路"网 http：//www. yidaiyilu. gov. cn/zchj/qwfb/43480. htm。

② 参见推进"一带一路"建设工作领导小组办公室：《共建"一带一路"：理念、实践与中国的贡献》（2017 年 5 月 10 日），载新华网 http：//news. xinhuanet. com/politics/2017-05/10/c_1120951683. htm。

③ 参见 Daniel Kliman and Abigail Grace, Power Play: Addressing China's Belt and Road Strategy, the Center for a New American Security, September 2018, p. 26, available at https：//www. cnas. org/publications/reports/power-play。

无论是东南亚、中亚地区，还是中东、非洲地区，都是恐怖主义活动的高发区，因而面临人员安全风险。况且，"一带一路"倡议建设周期较长，也难以避免地将遭遇金融风险和政治风险。①然而，现代国际法为防范共建"一带一路"进程中的各种风险提供了多种手段。

1. 实然法。截至 2016 年年底，中国企业在"一带一路"沿线 20 个国家有 56 个正在建设经贸合作区，累计投资超过 185 亿美元。②对于上述共建"一带一路"进程中的政治风险，可以通过以下方式加以防范。③ 首先，利用世界银行于 1985 年通过的《多边投资担保机构公约》和 1988 年成立的多边投资担保机构。国际实践表明，在防范政治风险发生、调解解决纠纷和顺利实现代为求偿等理赔方面，多边投资担保机构的优势非常明显。④ 其次，重视已经签订的双边投资条约。可以说，在保护与促进私人直接投资活动方面，签订双边投资条约是迄今为止最为行之有效的国际法律制度。⑤ 截止到 2016 年 12 月，中国已与 104 个国家签订了双边投资条约。⑥ 最后，使用已经设立的海外投资保险基金。2016 年 1 月正式设立的中国保险投资基金，第一期 400 亿元基金已经投向境外的"一带一路"项目，可以用来防范征收险、外汇险、战争与内

---

① 参见 Michal Meidan and Luke Patey, The Challenges Facing China's Belt and Road and Initiative, Danish Institute for International Studies, 29 March 2016.

② 参见推进"一带一路"建设工作领导小组办公室：《共建"一带一路"：理念、实践与中国的贡献》（2017 年 5 月 10 日），载新华网 http：//news. xinhuanet. com/politics/2017-05/10/c_1120951683. htm。

③ 参见杨泽伟：《"21 世纪海上丝绸之路"建设的风险及其法律防范》，载《环球法律评论》2018 年第 1 期，第 166~168 页。

④ 参见陈安主编：《国际经济法学专论（下编、分论）》，高等教育出版社 2002 年版，第 634~645 页。

⑤ 参见陈安主编：《国际经济法学专论（下编、分论）》，高等教育出版社 2002 年版，第 657 页。

⑥ 参见《我国对外签订双边投资协定一览表》，载商务部条约法律司网站， http://tfs. mofcom. gov. cn/article/Nocategory/201111/20111107819474. shtml。

乱险等各种政治风险。

2. 应然法。一方面，应建立推进"一带一路"建设的风险预警系统和风险预防与处理机构，负责"一带一路"沿线不同地区的风险评估、预防、协调和处置等工作；另一方面，应建立和完善推进"一带一路"建设的风险预防法律体系。例如，根据现代国际法上的属人管辖原则以及联合国国际法委员会二读通过的《外交保护条款草案》，制定《中国公民境外保护法》；修改《中华人民共和国国防法》和《中华人民共和国枪支管理法》等相关的国内立法，以成立中国私人安保公司防范人员安全风险。

（二）现代国际法有利于预防和解决共建"一带一路"进程中的各类争端

现代国际法为共建"一带一路"进程中的各类争端的预防和解决，提供了基本原则、争端解决机构和具体方法。

1. 基本原则。和平解决国际争端原则既是现代国际法的基本原则，也是国际强行法规则。因此，预防和解决共建"一带一路"进程中的各类争端，应当遵循和平解决国际争端原则。

2. 争端解决机构。当今国际社会有不少根据现代国际法设立的预防和解决各类国际争端的组织机构，如联合国国际法院、常设仲裁法院、联合国国际海洋法法庭、世界贸易组织争端解决机构以及一些区域性国际司法机构。不言而喻，根据共建"一带一路"进程中产生的各类国际争端的性质，可以把不同类型的争端提交不同的争端解决机构予以解决。特别值得注意的是，根据 2018 年 1 月中央全面深化改革领导小组审议通过的《关于建立"一带一路"国际商事争端解决机制和机构的意见》，最高人民法院设立了"国际商事法庭"，并在深圳市和西安市分别设立了"第一国际商事法庭"和"第二国际商事法庭"，受理当事人之间的跨境商事纠纷案件；最高人民法院民事审判第四庭负责协调并指导两个国际商事法庭工作。① 可以说，这体现了从诉讼、调解到仲裁的纠纷解决方式

---

① 参见漆彤：《"一带一路"国际经贸法律问题研究》，高等教育出版社 2018 年版，第 121~122 页。

多元化原则，也是中国建立符合现代国际法的"一带一路"国际商事纠纷解决机制的有益尝试。①

3. 具体方法。现代国际法把解决国际争端的方法，分为以下两大类：一类是"和平的解决方法"，包括外交或政治的解决方法和法律的解决方法。前者如谈判、斡旋、调停、调解和国际调查，以及在联合国组织的指导下解决争端；后者如仲裁和司法解决。另一类是"武力或强制的解决方法"，包括战争和非战争武装行动、还报、报复、平时封锁和干涉等。②因为和平解决国际争端原则已经成为公认的国际法基本原则之一，所以应以和平方法解决争端是国家的义务；至于以哪种和平方法解决争端，则由当事国协商选择。可见，解决共建"一带一路"进程中的各类争端的方法多种多样，既可以使用外交或政治的方法，也可以利用法律的方法。③

（三）现代国际法为共建"一带一路"进程中国家利益的维护提供了制度保障

"一带一路"倡议涉及的合作领域非常广泛，如与国家利益

---

① 值得一提的是，2018年7月3日，江苏省贸促会商法中心成功调解了一起发生在江苏省某公司与伊朗某公司间已历时四年的农药质量纠纷。这是江苏省成功调解的首起"一带一路"国际商事纠纷，实现了第一次启用专业调解员名册，第一次邀请案外人作为调解见证人出席会议，第一次与外国驻华领事馆联合调解和第一次尝试启动"仲调对接"机制。参见人民网：《江苏成功调解首起"一带一路"国际商事纠纷》，载中国江苏网 http：// jsnews. jschina. com. cn/jsyw/201807/t20180715_1760055. shtml。

② 参见 I. A. Shearer, Starke's International Law, Buterworths 1994, pp. 441-471。

③ 值得注意的是，2019年8月开放签署的《联合国关于调解所产生的国际和解协议公约》（UN Convention on International Settlement Agreements Resulting from Mediation）是一项促进和规范国际商事主体（即企业和个人）运用调解手段解决跨境商事纠纷的重要法律文件，确立了经调解后的商事和解协议在缔约方间产生强制力。在《联合国关于调解所产生的国际和解协议公约》首批45个签约方（除中国外）当中，有32国与中国签订了共建"一带一路"的合作文件。因此，该公约促进、保障并完善了"一带一路"国际合作中多元纠纷解决机制。

密切相关的油气管道过境运输、蓝色伙伴关系的构建以及海上通道安全的维护等，都离不开现代国际法的保障作用。

1. 以《能源宪章条约》为核心的国际能源法律制度，为油气管道过境运输的畅通提供了法律依据。1994 年通过的《能源宪章条约》是一项多边能源合作条约，其内容涵盖了能源投资、能源过境运输、能源效率、能源环境和能源争端解决等方面。① 它与1999 年《政府间跨国管道运输示范协议》、2003 年《过境议定书（草案）》、2007 年《东道国政府与项目投资者之间的跨国管道运输示范协议》以及 2015 年《国际能源宪章》共同构成了有关能源过境的国际法律制度。目前中国已成为最大的原油进口国，且与"一带一路"沿线国家开展了多项油气管道运输合作项目，因此，上述有关能源过境的国际法律制度，无疑将对保障跨越中国西北、东北和西南的油气管道过境运输的安全发挥不可替代的作用。

2. 以《联合国海洋法公约》为核心的国际海洋法律制度，为蓝色伙伴关系的构建奠定了基础。1982 年通过的《联合国海洋法公约》被誉为"海洋宪章"（Constitution for Oceans）②。它不但对不同海域的法律制度做了明确的规定，而且是进行全球海洋治理、推动国际海洋合作的法律基础。因此，"一带一路"倡议中提出的构建蓝色伙伴关系无疑需要以《联合国海洋法公约》为核心的国际海洋法律制度的支撑。特别是，当今国际社会正在制订"国际海底区域资源的开采法典"③ "国家管辖范围以外海域生物多样性

---

① 参见白中红：《〈能源宪章条约〉争端解决机制研究》，武汉大学出版社 2012 年版，第 2~3 页。

② 参见 T. B. Koh, "A Constitution for the Oceans", in UN, The Law of the Sea-Official Text of the United Nations Convention on the Law of the Sea with Annexes and Index, New York 1983, p. xxiii。

③ 参见杨泽伟：《国际海底区域"开采法典"的制定与中国的应有立场》，载《当代法学》2018 年第 2 期，第 26~34 页。

的养护和可持续利用问题的国际协定"①。这些正在呈现的新规范，不但与蓝色伙伴关系的构建密切相关，而且对正在加快海洋强国建设的中国来说也是特别重要的。

3. 以国际海事组织为代表的联合国专门机构的相关立法，为海上通道安全的维护提供了制度保证。21 世纪海上丝绸之路所经过的南海、印度洋是海盗和海上恐怖主义活动的高发区。因此，中国与"一带一路"沿线国家开展国际合作、共同维护海上通道的安全，就显得特别重要。然而，国际海事组织既是联合国专门机构，也是目前专门维护海上通道安全的国际性组织。国际海事组织自成立以来，就一直致力于维护海上通道安全，制定了一系列安全、技术方面的规定，② 如 1983 年《危及船舶的海盗行为和武装抢劫防范措施》、1985 年《威胁船舶安全和船上乘客及船员保安的非法行为防范措施》、1986 年《危及船上乘客和船员的非法行为防范措施》、1988 年《制止危及海上航行安全非法行为公约》、2002 年《〈1974 年国际海上人命安全公约〉修正案》、2005 年《〈制止危及海上航行安全非法行为公约〉2005 年议定书》。上述国际法律文件是专门针对维护海上航行安全问题的，相比其他的一般性的反恐公约更具有针对性，对维护海上能源通道安全起到了非常重要的作用。

四、结论与前瞻

(一)"一带一路"倡议顺应了进入 21 世纪以来国际合作发展的新趋势

长期以来，国际组织一直被认为是"国家间进行多边合作的

---

① "国家管辖范围以外海域生物多样性的养护和可持续利用问题的国际协定"，不但是一个重要的立法动态，而且被视为《联合国海洋法公约》的第三个执行协定。参见杨泽伟:《国际法（第三版）》，高等教育出版社 2017 年版，第 173 页。

② 参见杨泽伟主编:《中国海上能源通道安全的法律保障》，武汉大学出版社 2011 年版，第 50 页。

一种法律形态"①。然而，国际组织的产生和发展是以国际关系的演进为基础的。俯瞰人类历史发展的长河，我们就会发现国际组织的发展形态并不完全相同：从最初的民间交往到政府间会议，从19世纪初的欧洲协调到20世纪上半叶的国际联盟，从第二次世界大战中走出的联合国到进入21世纪的G20。然而，G20、包括之前的"七国集团"和之后的"金砖国家集团"，与传统的国际组织有很大的不同：它们都没有设立大会、理事会和秘书处等传统国际组织的"三分结构"的机关。事实上，没有常设秘书处的G20是为应对全球金融危机而生，形式较为松散，由最初的部长级论坛后来逐渐升格为元首级的全球经济治理磋商的多边机制。同样，"一带一路"倡议作为一种国际合作的新形态和全球治理的新平台，其合作形式也灵活多样，富有弹性：采用"多元开放的合作进程，不刻意追求一致性"②；采取各国"共商共建共享"原则，决策程序民主、透明，以"实现多元、自主、平衡和可持续发展的合作"③。因此，从某种意义上讲"一带一路"倡议是国际合作发展新趋势的延续。

（二）"一带一路"倡议昭示了新一轮的国际政治新秩序的变革进程

2018年9月，美国权威智库"新美国安全研究中心"（Center for a New America Security，CNAS）亚太安全项目在其发布的《权力的游戏：应对中国"一带一路"战略》（Power Play，Addressing

---

① 梁西著、杨泽伟修订：《梁西国际组织法（第七版）》，武汉大学出版社2022年版，第3页。

② 国家发展改革委、外交部、商务部：《推动共建丝绸之路经济带和21世纪海上丝绸之路的愿景与行动》（2015年3月28日），载中国"一带一路"网 http://www.yidaiyilu.gov.cn/wcm.files/upload/CMSydylgw/201702/201702070519013.pdf。

③ 参见推进"一带一路"建设工作领导小组办公室：《共建"一带一路"：理念、实践与中国的贡献》（2017年5月10日），载新华网 http://news.xinhuanet.com/politics/2017-05/10/c_1120951683.htm。

China's Belt and Road Strategy）的报告中明确指出，中国的"一带一路""战略"旨在通过经济、政治和军事手段重塑和替代现行的国际秩序和国际治理体系。① 虽然该报告言过其实、夸大其词，但是可以肯定的是"一带一路"倡议昭示了新一轮的国际政治经济新秩序的变革进程。一方面，"一带一路"倡议的提出体现了中国推动全球治理体系变革的责任担当。近年来，国际形势复杂多变，逆全球化趋势凸显，全球治理赤字加剧，各国面临的挑战日益增多，新兴经济体在全球治理主体中的地位正快速提升。有鉴于此，中国作为世界第二大经济体和最大的发展中国家，正式提出了共建"一带一路"的合作倡议。另一方面，"一带一路"倡议正逐渐从"区域性倡议"转变为"全球性倡议"。由于"一带一路"倡议的开放性和包容性，中国希望邀请所有志同道合的国家和地区参与到"一带一路"倡议中来。特别是美国退出《跨太平洋伙伴关系协定》之后，中国抓住机遇向拉美和加勒比地区敞开了怀抱，"一带一路"倡议自然延伸到了拉美和加勒比地区。② 同时，中国于2015 年 12 月主导成立的亚洲基础设施投资银行，也由成立之初的57 个成员发展到今天有 100 多个国家和地区加盟。

（三）"一带一路"倡议是增强中国国际话语权的有益尝试

首先，"一带一路"倡议作为全球治理的中国方案，充实了全球治理思想的宝库，体现了中国与世界的关系正在实现从单向融入

---

① 参见 Daniel Kliman and Abigail Grace, Power Play：Addressing China's Belt and Road Strategy, the Center for a New American Security, September 2018, available at https：//www. cnas. org/publications/reports/power-play。

② 值得注意的是，2018 年奥地利维也纳国际经济研究所制订了一项"欧洲丝绸之路"计划，将西欧的工业中心与东部人口众多但欠发达的地区连接起来。这一方案可以毫无疑问地与中国的"一带一路"倡议紧密结合。参见［奥地利］沃尔夫冈·许塞尔：《一条双向丝绸之路》，载瑞士《新苏黎世报》网站 2018 年 10 月 6 日文章，转引自《参考消息》2018 年 10 月 9 日，第14 版。

转为双向建构的互动、从"吸纳学习"到"合作互鉴"的升华；展示了中国正寻求从过去的"抓住机遇谋发展"转向"创造、分享机遇共发展"，有意愿、有能力提供更突出价值贡献的"高附加值"外交；说明了中国并非世界变局的被动承受方，而是其中的重要参与方，既是"因变量"，也是"自变量"；中国对国际议程不是被动接受、而是主动塑造……对国际分歧不是含糊其辞，而是拿出方案。

其次，"一带一路"倡议已成为全球最受欢迎的全球公共产品，也是目前前景最好的国际合作平台。例如，作为创新融资机制的亚洲基础设施投资银行，重点支持基础设施建设，旨在促进亚洲区域的建设互联互通化和经济一体化的进程，并且加强中国及其他亚洲国家和地区的合作。① 事实上，亚洲基础设施投资银行既是规则制定者，也是规则遵循者，在多边发展融资领域创新的同时，还坚持现有最佳方案。亚洲基础设施投资银行的大部分项目是与世界银行或亚洲开发银行联合融资的。目前亚洲基础设施投资银行参与投资的基础设施建设项目已达 26 个，涉及 10 多个国家，贷款总额 45 亿美元，覆盖交通、能源和可持续发展城市项目。此外，中国出资 400 亿美元设立的丝路基金，通过以股权为主的多种方式为共建"一带一路"提供资金支持，其投资包括巴基斯坦卡洛特水电站、俄罗斯亚马尔液化天然气项目等。② 可见，"一带一路"倡议是中国贡献给世界的一份"全球公共财产"，有助于中国进一步融入国际社会。③

最后，中国推进"一带一路"倡议是着眼于未来的全球多边规则与机制。毋庸讳言，"一带一路"倡议提出十年多来，比较注

---

① 参见 Andrew Scobell and Bonny Lin etc. , At the Dawn of Belt and Road, China in the Developing World, October 2018, p. 17, available at https：//www. rand. org。

② 参见傅梦孜：《"一带一路"五年历程波澜壮阔》，载《光明日报》2018 年 6 月 24 日，第 8 版。

③ 参见巴拿马《明星报》网站 2018 年 12 月 3 日报道，转引自《参考消息》2018 年 12 月 5 日，第 2 版。

重"软机制",与"一带一路"相关的法律文件的主要形式为倡议、声明和备忘录等,法律约束力不强。这种"软机制"是"一带一路"倡议包容性的体现,也有利于在推进"一带一路"倡议的初期扩大吸引力和参与度。然而,作为全球治理的中国方案,"一带一路"倡议要想进一步被沿线国家广泛接受、并获得全球范围的普遍认可,就必须解决合法性与正当性问题。因此,在未来时机成熟时,加强"硬机制"建设的可行性研究,探索建立以国际条约为基础的专业化、低门槛的"一带一路"合作组织,既有利于稳固各方的权利义务关系、促进合作的持续性,也有利于中国主导规则的形成。①

---

① 有学者认为,2017 年 5 月中国与阿根廷、俄罗斯等 29 个参与国际合作高峰论坛的国家签署的《"一带一路"国际合作高峰论坛圆桌峰会联合公报》,标志着"一带一路"从一个中方倡议逐渐发展成为国际化的机制和议程,而中方的角色也从主场、主席和主持升级到主角、主动和主导。参见徐晏卓:《2017 年"一带一路"倡议:成果与进展》,载张宇燕主编:《全球政治与安全报告(2018)》,社会科学文献出版社 2018 年版,第 175 页。

第四章　"共商、共建、共享"原则：国际法基本原则的新发展

　　"一带一路"倡议提出十年来，为沿线国家的经济社会发展作出了诸多贡献，如提供可观的投资、增强国家和地区互联互通、开发沿线资源、提振生产力和经济增长以及改善当地教育等。特别是，"一带一路"倡议的国际影响与日俱增，不但"一带一路"沿线国家、而且众多政府间国际组织，纷纷与中国签订有关共建"一带一路"的法律文件，开展共建"一带一路"的国际合作。例如，截至2022年9月底这方面的国际合作法律文件共有200多份，涵盖了149个主权国家以及包括联合国、亚太经合组织等32个不同的国际组织。① 值得注意的是，上述200多份国际合作法律文件，均强调要坚持"共商、共建、共享"原则。那么，"共商、共建、共享"原则内涵是什么？它是否具备了现代国际法基本原则的主要特征？它对现代国际法基本原则有哪些新的发展？这些均为本章将要讨论的问题。

一、"共商、共建、共享"原则的内涵

　　迄今，中国政府先后出台了《推动共建丝绸之路经济带和21世纪海上丝绸之路的愿景与行动》（2015年3月28日）、《推进共建"一带一路"教育行动》（2016年7月13日）、《中欧班列建设

---

　　① 参见《已同中国签订共建"一带一路"合作文件的国家一览》，载中国"一带一路"网 https：//www.yidaiyilu.gov.cn/zchj/qwfb/86697.htm。

发展规划（2016—2020 年）》（2016 年 10 月 24 日）、《文化部
"一带一路"文化发展行动计划（2016—2020 年）》（2017 年 3 月
1 日）、《关于推进绿色"一带一路"建设的指导意见》（2017 年 5
月 8 日）、《共建"一带一路"：理念、实践与中国的贡献》（2017
年 5 月 10 日）、《共同推进"一带一路"建设农业合作的愿景与行
动》（2017 年 5 月 13 日）、《"一带一路"融资指导原则》（2017
年 5 月 16 日）、《推动丝绸之路经济带和 21 世纪海上丝绸之路能源
合作愿景与行动》（2017 年 5 月 16 日）、《"一带一路"建设海上
合作设想》（2017 年 6 月 20 日）、《标准联通共建"一带一路"行
动计划（2018—2020 年）》（2018 年 1 月 11 日）和《共建"一带
一路"倡议：进展、贡献与展望》（2019 年 4 月 22 日）等有关
"一带一路"倡议的重要文件。结合分析上述法律文件的内容，从
现代国际法的角度来看"共商、共建、共享"原则的内涵主要体
现在以下三个方面：

（一）共商

"共商"就是"大家的事大家商量着办"[1]。它是"共商、共
建、共享"原则的前提，也是国际合作原则的具体化。它强调
"一带一路"沿线各参与方，按照国家主权平等原则，采用共同协
商的方法，就国际合作的内容、形式及其目标等达成共识。首先，
要建立一个国际化的"共商平台"，如"一带一路"国际合作高峰
论坛。[2] 其次，要推动"一带一路"沿线国家利用 G20、亚太经合
组织、上海合作组织等既有国际机制开展互利合作。最后，要发挥
社会团体、高等院校、新闻媒体、民间智库以及地方力量等"二
轨"对话机制的补充作用，开展形式多样的沟通、对话、交流、

---

[1] 推进"一带一路"建设工作领导小组办公室：《共建"一带一路"
倡议：进展、贡献与展望》（2019 年 4 月 22 日），载中国"一带一路"网
https：//www.yidaiyilu.gov.cn/zchj/qwfb/86697.htm。

[2] "一带一路"国际合作高峰论坛已经成为各参与国家和国际组织深化
交往、增进互信、密切往来的重要平台。

合作。

(二) 共建

"共建"是指"一带一路"沿线各方不论大小、强弱或发展程度如何,不但均为一样的建设方,而且还要责任和风险共同分担。可见,"共建"是国家主权平等原则的具体实施和体现,也是"共商、共建、共享"原则的实施路径。质言之,"共建"包括设立各种形式、不同层次的国际合作平台,如在融资平台方面由中国发起的亚洲基础设施投资银行迄今已发展到遍布各大洲的 102 个成员;促进中国企业和各国企业开展第三方市场合作,实现优势互补、互利共赢。

(三) 共享

"共享"既是"共商、共建、共享"原则的重要组成部分,也是"共商、共建、共享"原则的宗旨和目标。它要求在"一带一路"的建设过程中,注意各方不同的利益需求,寻找各方都能接受、且愿意接受的方案,最终实现各方均能从共建成果中受益。因此,共建"一带一路"不是一种传统意义上的零和博弈,而是致力于实现共赢的目标。

综上可见,"共商""共建""共享"既紧密相连,又各有独立的内涵。其中,"共商"是前提条件,"共建"是实施路径,"共享"是宗旨目标。因此,"共商、共建、共享"原则不但是"一带一路"倡议提出以来一直秉持的原则,而且与国际合作原则、国家主权平等原则等国际法基本原则是一脉相承的。

二、"共商、共建、共享"原则已具备
国际法基本原则的主要特征

一般认为,国际法基本原则是指在国际法体系中那些被国际社会公认的、具有普遍约束力的、适用于国际法各个领域并构成国际法基础的法律原则。① "共商、共建、共享"原则已经具备了上述现代国际法基本原则的主要特征。

（一）"共商、共建、共享"原则逐步获得了国际社会的普遍认可

一项原则要想成为国际法基本原则，必须获得国际社会公认。当然，所谓国际社会公认并不是指所有国家的公认，而是指多数或绝大多数国家的公认。众所周知，十年来中国与"一带一路"沿线国家以及相关的国际组织开展对话交流，在共建"一带一路"的国际合作方面形成了许多共识。作为共建"一带一路"倡议的核心理念，"共商、共建、共享"原则已写入联合国、G20、亚太经合组织以及其他区域组织等有关文件中，如2015年7月上海合作组织发表的《上海合作组织成员国元首乌法宣言》②、2016年9月《二十国集团领导人杭州峰会公报》通过的关于建立"全球基础设施互联互通联盟"倡议以及2018年中拉论坛第二届部长级会议、中国-阿拉伯国家合作论坛第八届部长级会议和中非合作论坛峰会先后形成的中拉《关于"一带一路"倡议的特别声明》《中国和阿拉伯国家合作共建"一带一路"行动宣言》和《关于构建更加紧密的中非命运共同体的北京宣言》等重要成果文件。③ 特别是，2016年11月联合国193个会员国协商一致通过的决议④和

---

① 参见王铁崖：《国际法引论》，北京大学出版社1998年版，第214页；梁西主编：《国际法》（第二版），武汉大学出版社2000年版，第55页；杨泽伟：《国际法》（第四版），高等教育出版社2022年版，第50页。

② 该宣言明确宣布"成员国支持中华人民共和国关于建设丝绸之路经济带的倡议"。

③ 参见推进"一带一路"建设工作领导小组办公室：《共建"一带一路"倡议：进展、贡献与展望》（2019年4月22日），载中国"一带一路"网 https：//www.yidaiyilu.gov.cn/zchj/qwfb/86697.htm。

④ 该决议欢迎共建"一带一路"等经济合作倡议，呼吁国际社会为"一带一路"建设提供安全保障环境。

2017 年 3 月联合国安理会一致通过的第 2344 号决议①，均载入了涵盖"共商、共建、共享"原则的"一带一路"倡议。2017 年 9 月，第 71 届联大通过了关于"联合国与全球经济治理"的决议，要求各方本着"共商、共建、共享"原则，改善全球经济治理。鉴于联合国是目前国际社会成员国最多、影响最大的国际组织，"共商、共建、共享"原则被纳入联合国相关决议，表明该原则已逐步获得了国际社会的普遍认可。换言之，"共商、共建、共享"原则已从"中国倡议"发展成为"全球共识"。

（二）"共商、共建、共享"原则具有普遍约束力

国际法基本原则不但对某些国家具有约束力，而且对所有国家都有约束力。事实上，"一带一路"倡议自 2013 年提出以来，深受国际社会的欢迎，与中国签订共建"一带一路"政府间合作文件的国家和国际组织数量不断增加。如前所述，迄今中国已与"一带一路"沿线国家和国际组织签署了 200 多份合作的法律文件。特别是从地域范围来看，共建"一带一路"国家，已经由最初的亚洲和欧洲国家逐渐延伸至非洲、拉美、南太等五大洲许多国家。这说明"共商、共建、共享"原则具有广泛的适用性、具有普遍约束力。

（三）"共商、共建、共享"原则能适用于国际法各个领域

国际法基本原则与国际法具体原则的最大区别是后者只适用于国际法的某一特定领域，而前者带有全局性质，适用于国际法律关系的所有领域，对国际法的各个分支具有普遍性的指导意义。从共建"一带一路"倡议十年来的实践来看，"一带一路"倡议涉及的国际合作领域范围很广，囊括交通能源和通信等基础设施的联通、投资贸易的畅通、资金融通以及诸如文化交流和学术往来方面的民

---

① 该决议呼吁国际社会通过"一带一路"建设加强区域经济合作。

心相通等。① 而上述事项均为现代国际法的调整对象。因此，从某种意义上讲"共商、共建、共享"原则能够适用于、并且已经适用于国际法各个领域了。事实上，中国正在有序推进与"一带一路"沿线国家在各专业领域的对接合作。例如，在数字丝绸之路建设方面，中国已与非洲的埃及、欧洲的塞尔维亚以及亚洲的老挝、泰国、沙特阿拉伯、阿联酋、土耳其等16个国家签署了关于"加强数字丝绸之路建设"的法律文件，并一起发出《"一带一路"数字经济国际合作倡议》；在标准联通方面，中国已与49个国家和地区签署85份标准化合作协议；在税收合作方面，中国与"一带一路"沿线国家的税收协定合作网络已经延伸至111个国家和地区，并发布了《阿斯塔纳"一带一路"税收合作倡议》。此外，在知识产权②、农业③、能源④以及海洋事务⑤等方面，中国也与"一带一路"沿线国家在遵循"共商、共建、共享"原则的基础上开展了富有成效的合作。

（四）"共商、共建、共享"原则构成了现代国际法的基础

国际法基本原则是国际法其他具体原则、规则和制度得以产生和确立的法律基础，国际法具体原则、规则和制度都是从国际法基本原则中引申和发展起来的。⑥ "共商、共建、共享"原则作为国

---

① 参见国家发展改革委、外交部、商务部：《推动共建丝绸之路经济带和21世纪海上丝绸之路的愿景与行动》（2015年3月28日），载中国"一带一路"网 http：//www. yidaiyilu. gov. cn/wcm. files/upload/CMSydylgw/201702/201702070519013. pdf。

② 中国已与49个沿线国家联合发布了《关于进一步推进"一带一路"国家知识产权务实合作的联合声明》。

③ 中国发布了《共同推进"一带一路"建设农业合作的愿景与行动》。

④ 中国不但组织召开了"一带一路"能源部长会议，而且与其他17个国家联合宣布建立"一带一路"能源合作伙伴关系。

⑤ 中国发布了《"一带一路"建设海上合作设想》。

⑥ 参见王铁崖：《国际法引论》，北京大学出版社1998年版，第212页。

际法基本原则也能发挥类似的基础性作用。例如，在共建"一带一路"倡议的实践中，坚持"开放合作""和谐包容""互利共赢"等原则就是"共商、共建、共享"这一基本原则的细化，同时又受到后者的统领。

由上可见，"共商、共建、共享"原则符合现代国际法基本原则的要求，因而应当成为现代国际法的基本原则之一。

三、"共商、共建、共享"原则是国际法基本原则的新发展

"共商、共建、共享"原则不但为国际法基本原则增添了新的内容，而且深化了已有的国际法基本原则的内涵。①

（一）国际法基本原则是随着国际关系的演变而发展变化的

国际法基本原则是随着国际关系的演变而发展变化的。例如，自从近代国际法产生之后，国际社会就出现了一系列指导国际关系的一般原则，如国家主权原则、不干涉内政原则、国家平等原则等。② 第一次世界大战后，国际法基本原则的发展进入了一个新的阶段，并初步确立了互不侵犯原则、和平解决国际争端原则等。第二次世界大战后，国际法基本原则的内容得到了不断的充实和完善，一些重要的国际文件倡导、确立了一系列国际法基本原则，如《联合国宪章》提出的七项原则等。可见，国际关系的发展变化是新的国际法基本原则产生的催化剂。因此，我们研究国际法基本原则问题不能局限于《联合国宪章》《国际法原则宣言》此类明示性

---

① 参见 Zewei Yang, Understanding the Belt and Road Initiative under Contemporary International Law, China and WTO Review, Vol. 5, No. 2, 2019, p. 305。

② 参见程晓霞主编：《国际法的理论问题》，天津教育出版社 1989 年版，第 106 页。

法律文件，还可以更多地从国际条约、联大决议、政府宣言、外交实践以及政府代表在联合国的声明等国际关系的实践中寻找国际法基本原则存在的证据。①

就"共商、共建、共享"原则而言，它是"一带一路"倡议提出以来始终秉持的原则。②"共商、共建、共享"原则还载入了中国与"一带一路"沿线国家和相关的国际组织签署的 200 多份政府间共建"一带一路"合作文件中。因此，我们不难断言"共商、共建、共享"原则不但是与以《联合国宪章》为核心的国际法所包含的国际法基本原则一脉相承的，而且逐渐成为了国际法基本原则的新内容。

（二）"共商、共建、共享"原则深化了国家主权平等原则的内涵

国家主权平等原则是现代国际法的基本原则之一。它强调的是主权国家的法律地位一律平等，而不管它们在经济实力方面有何差异、在政治制度方面有什么不同，均为国际社会的平等成员。

事实上，"共商、共建、共享"原则既坚持和谐包容，强调平等参与、充分协商，尊重各国选择适合本国的发展模式；③又注重推进"一带一路"沿线不同文明之间的交流和对话。例如，中国与"一带一路"沿线国家通过政党、议会等"二轨"的形式，就

---

① 参见 Antonio Cassese, International Law, Oxford University Press 2001, pp. 87-88。

② 参见《"一带一路"法治合作国际论坛共同主席声明》（2018 年 7 月 3 日），载 http：//www. xinhuanet. com/politics/2018-07/03/c_1123073746. htm。

③ 国际货币基金组织前总裁拉加德曾经指出："全球化要想成功，必须更贴近民众，更关注收入、利润的分配，并减少世界许多角落的不平等……它还必须更加关注文化层面的因素。我们有不同的语言、不同的文化、不同的历史背景，这些都必须考虑进去，这是我们发展和处理彼此关系的重要组成部分。我们对此必须给予更多的关注。"高攀、熊茂伶、颜亮：《IMF 与中国建立强有力伙伴关系——专访国际货币基金组织前总裁拉加德》，载《参考消息》2019 年 10 月 21 日，第 11 版。

如何共建"一带一路"的不同议题深入交换意见，进行多种多样的交流，以开展更加紧密的国际合作。①所有这些，无疑进一步丰富了国家主权平等原则的内涵。诚如 2019 年 11 月上海合作组织成员国政府首脑理事会第十八次会议发布的联合公报所宣布的："建立多极、公正、符合所有人和各国利益的世界秩序模式的迫切性日益上升……成员国一致认为新型国际关系应建立在相互尊重、公正、平等和互利合作的基础之上。"②

（三）"共商、共建、共享"原则拓展了国际合作原则的具体形式

在各国相互依存、相互联系更加紧密的今天，坚持国际合作原则是各国共同发展的前提。作为国际法基本原则之一，国际合作原则的内容丰富、形式多样，既包括政治、经济、科技、文化和社会等方面的合作，也有多边、区域和双边等各种层次的合作。然而，"一带一路"倡议作为一个开放包容的国际合作平台和各方共同打造的全球公共产品③，在其推进和建设过程中，参与国坚持"共商、共建、共享"的原则，弘扬"和平合作、开放包容、互学互鉴、互利共赢"的丝路精神，跨越不同地域、不同发展阶段和不同文明，既坚持市场运作、遵循市场规律和国际通行规则，又坚持互利共赢、兼顾各方利益和关切，因而进一步充实、拓展了国际合作原则的具体形式。正如习近平主席所指出的："世界经济发展面临的难题，没有哪一个国家能独自解决……（各国）共同把全球市场的蛋糕做大，把全球共享的机制做实、把全球合作的方式做

---

① 参见推进"一带一路"建设工作领导小组办公室：《共建"一带一路"倡议：进展、贡献与展望》（2019 年 4 月 22 日），载中国"一带一路"网 https：//www. yidaiyilu. gov. cn/zchj/qwfb/86697. htm。

② 塔斯社塔什干 2019 年 11 月 2 日电，转引自《参考消息》2019 年 11 月 3 日，第 1 版。

③ 参见 Zewei Yang, Understanding the Belt and Road Initiative under Contemporary International Law, China and WTO Review, Vol. 5, No. 2, 2019, pp. 301-304。

活……共建开放合作的世界经济，共建开放创新的世界经济，共建开放共享的世界经济。"①

值得注意的是，共建"一带一路"积极开展的第三方市场合作，也是一种国际合作原则的新形式。共建"一带一路"致力于推动开放包容、务实有效的第三方市场合作，坚持"共商、共建、共享"原则，充分发挥中国企业和外国企业各自的优势和潜力，从而实现"1+1+1＞3"的共赢结果。事实上，近年来中国与有关国家在第三方市场合作方面取得了不少进展。例如，2015年以来中法两国设立了"中法第三方市场合作指导委员会"。又如，2018年中日两国政府签署了《关于中日第三方市场合作的备忘录》，以共同开拓第三方市场。②

此外，中国还与"一带一路"沿线国家签署了46项科技合作协定，成立了"'一带一路'国际科学组织联盟"，启动了"中国-东盟科技伙伴计划"和"中国-南亚科技伙伴计划"等，设立了5个区域技术转移平台，以促进科技创新成果向沿线国家转移。这既是"共商、共建、共享"原则的具体体现，也为国际合作原则增添了新的内容。

（四）"共商、共建、共享"原则进一步夯实了和平解决国际争端原则

1970年联合国《国际法原则宣言》不但专门强调主权国家应遵守"和平解决国际争端原则"，而且列举了和平解决国际争端的方法，如"谈判、调查、调停、和解、公断、司法解决、区域机关或办法之利用"等。因此，主权国家应该利用上述方法"或其所选择之他种和平方法寻求国际争端之早日及公平之解决"。《国

---

① 习近平：《开放合作、命运与共——习近平主席在第二届中国国际进口博览会开幕式上的讲话》（2019年11月5日）。
② 参见推进"一带一路"建设工作领导小组办公室：《共建"一带一路"倡议：进展、贡献与展望》（2019年4月22日），载中国"一带一路"网 https：//www.yidaiyilu.gov.cn/zchj/qwfb/86697.htm。

际法原则宣言》还特别指出"国际争端应根据国家主权平等之基础并依照自由选择方法之原则解决之"等。"共商、共建、共享"原则一方面有利于预防国际争端的发生，因为它是建立在尊重国家主权平等的基础上，通过共同协商、共同参与的方式，最终实现共享发展成果，从而能够减少国际争端的产生；另一方面即使出现了国际争端，它也强调应通过共同协商的方式，找到各方都能接受的争端解决方法，以避免利用违反一方国家意志的强制性争端解决机制。可见，"共商、共建、共享"原则进一步充实了和平解决国际争端原则。

值得一提的是，2018 年中华人民共和国最高人民法院设立了"国际商事法庭"，并在广东省深圳市设立了"第一国际商事法庭"、在陕西省西安市设立了"第二国际商事法庭"；同时，最高人民法院还牵头组建了由 32 名中外专家组成的"国际商事专家委员会"。根据 2018 年 6 月由最高人民法院审判委员会第 1743 次会议通过的《最高人民法院关于设立国际商事法庭若干问题的规定》，国际商事法庭关于适用法律问题，既可以根据《中华人民共和国涉外民事关系法律适用法》的相关规定，也可以由当事人按照法律规定自由选择。① 此外，国际商事法庭鼓励和支持当事人利用纠纷解决平台，选择通过调解、仲裁、诉讼等其认为最合适的方法来解决国际商事争议。② 可见，上述国际商事争端解决机制就是按照"共商、共建、共享"原则，把调解、仲裁、诉讼这些多元的纠纷解决方式整合到一个平台上，当事人可以根据自己的意愿，自由选择国际商事法庭诉讼或调解等，完全符合《国际法原则宣言》"国际争端应根据国家主权平等之基础并依照自由选择方法之原则解决"之规定。

总之，"国际商事法庭"和"国际商事专家委员会"的设立，

---

① 参见《最高人民法院关于设立国际商事法庭若干问题的规定》第 7 条。

② 参见《最高人民法院关于设立国际商事法庭若干问题的规定》第 11 条。

既借鉴了当今国际争端解决机制的有益做法，体现了纠纷解决方式多元化原则，有利于公正高效便利地解决"一带一路"建设过程中产生的跨境商事纠纷；同时也进一步夯实了和平解决国际争端原则。

四、"共商、共建、共享"原则是新时代中国对现代国际法发展的重要贡献

"共商、共建、共享"原则不但为现代国际法基本原则增添了新内容，而且是新时代中国对现代国际法发展的重要理论贡献。

（一）"共商、共建、共享"原则是和平共处五项原则的扬弃

众所周知，20 世纪 50 年代中国、印度、缅甸三国共同倡导的和平共处五项原则，得到了许多国家的支持，并体现在许多双边条约和有关国际法律文件中，成为了现代国际法的基本原则。[1] "和平共处五项原则作为一个开放包容的国际法基本原则，集中体现了主权、正义、民主、法治的价值观。"[2] 和平共处五项原则为中国和平发展提供了对外交往的基本准则。在和平、发展、合作和共赢的新时代，无论是和平共处五项原则的精神，还是它的意义和作用，都是历久弥新、历久弥深和历久弥坚。[3]因此，从某种意义上

---

① 参见 Xue Hanqin, Chinese Contemporary Perspective on International Law: History, Culture and International Law, Recueil des cours , Vol. 355, 2011, p. 68。

② 习近平：《弘扬和平共处五项原则、建设合作共赢美好世界——在和平共处五项原则发表 60 周年纪念大会上的讲话》（2014 年 6 月 28 日），载新华网 http://news.xinhuanet.com/world/2014-06/28/c_1111364206.htm，最后访问日期 2019 年 11 月 26 日。

③ 参见习近平：《弘扬和平共处五项原则、建设合作共赢美好世界——在和平共处五项原则发表 60 周年纪念大会上的讲话》（2014 年 6 月 28 日），载新华网 http://www.xinhuanet.com/politics/2014-06/28/c_1111364206.htm。

说，"共商、共建、共享"原则是和平共处五项原则的扬弃和发展。一方面，"共商、共建、共享"原则是与和平共处五项原则中的"互相尊重主权和领土完整""互不干涉内政"紧密相联的。互相尊重主权是两大原则的前提，只有互相尊重主权才能实现"共商、共建、共享"。"互不干涉内政"则是两大原则的重要保障。事实上，"中国已经同很多国家达成了'一带一路'务实合作协议……中国愿同世界各国分享发展经验，但不会干涉他国内政，更不会强加于人……而将开创合作共赢的新模式"①。另一方面，"共商、共建、共享"原则是与和平共处五项原则之一的"平等互利"一脉相承的。"共商、共建"就是建立在"平等"的基础之上的，不管是"互利"或"共享"均要求"各国在相互关系中，不能以损害他国权益的方法谋求任何特权和攫取本国的片面利益，而应该是对双方都有利的"②，并且"让所有参与方获得实实在在的好处"③。

综上所述，我们不难得出结论："共商、共建、共享"原则正是在新的国际格局背景下、在继承和发扬和平共处五项原则重要理念的基础上，提炼和打造出具有中国风格和气派、具有鲜明的时代特征和道义感召力的新型的国际法基本原则。诚如习近平主席所指出的："中国愿在和平共处五项原则基础上，发展同所有'一带一路'建设参与国的友好合作。"④

---

① 习近平：《携手推进"一带一路"建设》（2017年5月14日），载《习近平谈治国理政》（第二卷），外文出版社2017年版，第514页。

② 杨泽伟：《国际法》（第四版），高等教育出版社2022年版，第64页。

③ 参见推进"一带一路"建设工作领导小组办公室：《共建"一带一路"倡议：进展、贡献与展望》（2019年4月22日），载中国"一带一路"网 https：//www. yidaiyilu. gov. cn/zchj/qwfb/86697. htm。

④ 习近平：《携手推进"一带一路"建设》（2017年5月14日），载《习近平谈治国理政》（第二卷），外文出版社2017年版，第514页。

（二）"共商、共建、共享"原则是新时代中国国际法观的重要组成部分

从 2012 年开始，中国国际法学的发展进入了一个新时代。① "党的十八大以来，习近平总书记多次就国际法问题作出重要论述……引领了中国在国际法领域的理论创新，逐步形成了新时代中国国际法观。"② 一方面，新时代中国国际法观植根于中国悠久的传统文化中，包括"以和平合作、开放包容、互学互鉴、互利共赢为核心"③ 的古丝绸之路精神；另一方面，新时代中国国际法观来源于长期以来的中国国际法实践。中国一直主张："要坚持'共商、共建、共享'原则……要双赢、多赢、共赢而不要单赢，不断寻求最大公约数、扩大合作面，引导各方形成共识，加强协调合作，共同推动全球治理体系变革。"④ "一带一路"倡议作为现代国际法上一种国际合作的新形态、全球治理的新平台和跨区域国际合作的新维度，⑤ 既顺应了进入 21 世纪以来国际合作发展的新趋势，又是增强中国国际话语权的有益尝试和新时代中国国际法的伟大实践。因此，作为国际法基本原则的"共商、共建、共享"原则，既是中国为推动全球治理体系变革和经济全球化作出的重要贡献之一，也是新时代中国国际法观的重要内容。

---

① 参见杨泽伟：《新中国国际法学 70 年：历程、贡献与发展方向》，载《中国法学》2019 年第 5 期，第 182 页。

② 中华人民共和国外交部条约法律司编著：《中国国际法实践案例选编》，世界知识出版社 2018 年版，第 7 页。

③ 习近平：《携手推进"一带一路"建设》（2017 年 5 月 14 日），载《习近平谈治国理政》（第二卷），外文出版社 2017 年版，第 514 页。

④ 习近平：《提高我国参与全球治理的能力》（2016 年 9 月 27 日），载《习近平谈治国理政》（第二卷），外文出版社 2017 年版，第 449~450 页。

⑤ 参见 Zewei Yang, Understanding the Belt and Road Initiative under Contemporary International Law, China and WTO Review, Vol. 5, No. 2, 2019, pp. 300-304.

（三）"共商、共建、共享"原则是人类命运共同体思想的真实写照和具体化

意大利前总理马里奥·蒙蒂曾经指出："全球化在一些国家还未完全被人们接受，主要原因是全球化没有真正地给他们带来全方位的福祉，如某些国家由于多种因素仍存在财富不均、社会发展不均衡的现象……我们可以通过降低贸易关税壁垒，让贸易给各国人民带来更好的生活水平，让他们切实感受到全球化给自己带来的利益。"① 正是基于上述国际社会的现实，2017年习近平主席在题为《共同构建人类命运共同体》演讲中，宣示了"构建人类命运共同体"的基本原则和发展方向。② 人类命运共同体思想已成为新时代中国国际法观的核心理念。③ 人类命运共同体思想具有丰富的国际法内涵，涉及"持久和平、普遍安全、共同繁荣、开放包容、清洁美丽"等诸多方面。④ 诚然，要推动构建人类命运共同体，实现共同繁荣，就必须坚持"共商、共建、共享"原则。因此，"一带一路"的建设非常重视战略对接、优势互补。中国注意与有关国家进行协调政策，包括俄罗斯的欧亚经济联盟、东盟的互联互通总体规划、柬埔寨的"四角战略"、印度尼西亚的"全球海洋支点"战略、越南的'两廊一圈'、文莱的"愿景2035"、菲律宾的"雄心2040"、哈萨克斯坦的'光明之路'、土耳其的'中间走廊'、蒙古的'发展之路'、英国的'英格兰北方经济中心'以及波兰的

---

① ［意］马里奥·蒙蒂：《规则是推动新一轮全球化的关键》，载《参考消息》2019年10月29日，第11版。

② 参见习近平：《共同构建人类命运共同体》（2017年1月18日习近平主席在联合国日内瓦总部的演讲），载习近平：《习近平谈治国理政》（第二卷），外文出版社2017年版，第546~547页。

③ 参见中华人民共和国外交部条约法律司编著：《中国国际法实践案例选编》，世界知识出版社2018年版，第20页。

④ 参见徐宏：《人类命运共同体与国际法》，载《国际法研究》2018年第5期，第6页。

'琥珀之路'等。① 可见，"共商、共建、共享"原则既是构建人类命运共同体必须坚持的重要原则，也是人类命运共同体思想的具体化。

① 习近平：《携手推进"一带一路"建设》（2017 年 5 月 14 日习近平在"一带一路"国际合作高峰论坛开幕式上的演讲），载习近平著：《习近平谈治国理政》（第二卷），外文出版社 2017 年版，第 509 页；杨悦、李福建：《东盟眼中的"一带一路"》，载《世界知识》2019 年第 10 期，第 36 页。

第五章 "海洋命运共同体"理念与"21世纪海上丝绸之路"建设的交互影响

自从2019年4月习近平总书记提出"海洋命运共同体"① 理念以来,"海洋命运共同体"问题日益引起国际社会的关注。与此同时,2013年提出的"21世纪海上丝绸之路"建设也取得了重要进展。然而,"海洋命运共同体"理念对"21世纪海上丝绸之路"建设将发挥哪些作用?"21世纪海上丝绸之路"建设对"海洋命运共同体"理念的传播又会产生哪些影响?探讨上述问题,必将为构建"海洋命运共同体"和建设"21世纪海上丝绸之路"提供有益的理论指导和智力支持。

一、"海洋命运共同体"理念进一步丰富了"21世纪海上丝绸之路"建设的价值引领

(一)"海洋命运共同体"理念是现代海洋法的基本价值

1. "海洋命运共同体"理念的产生是海洋法历史发展的必然选择。海洋法的历史发展表明,海洋法的基本价值取向及其有关原则、规则的产生和适用,是不同历史时期各个国家的利益考量和发

---

① 参见新华社评论员:《共同构建海洋命运共同体》(2019年4月24日),载新华每日电讯 http://theory.people.com.cn/n1/2019/0424/c40531-31047292.html。

展需求的结果。①例如，在古罗马时期"海洋为共有之物"是最基本的价值取向，因为无论是海洋的性质还是使用海洋的习惯，海洋供所有人使用，不允许任何形式的所有权。② 进入近代，国际法始祖格老秀斯于17世纪初在《海洋自由论》（Mare Liberum）中率先提出了海洋自由原则，因符合资本主义国家追求自由贸易的需要而逐渐被国际社会普遍接受。第二次世界大战以后，无论是大陆架制度的兴起还是专属经济区制度的建立，均因其因应沿海国扩大海域管辖权的发展趋势而成为《联合国海洋法公约》的重要组成部分。当前全球海洋治理体系的诸多规则模糊不清，全球海洋治理机制的碎片化现象也十分明显。③ 因此，全球海洋治理体系亟需新的价值理念，而"海洋命运共同体"理念的提出恰逢其时。

2. "海洋命运共同体"理念与"人类共同继承财产原则"高度契合。众所周知，"人类共同继承财产原则"已成为国际海底区域资源开发制度的基本原则。它不但蕴含了国际海底区域及其资源是人类的共同继承财产，而且还强调对国际海底区域资源开发的一切权利属于全人类、国际海底区域资源的开发要为全人类谋福利。可见，无论是"海洋命运共同体"理念，还是"人类共同继承财产原则"，均体现了共同利益观，都把义利兼得、义利共赢、共同增进海洋福祉放在首位。因此，2019年7月23日在中国大洋协会于牙买加首都金斯敦召开的国际海底管理局第25届大会期间举办的"合作、贡献与人类命运共同体"主题边会上，中国常驻国际海底管理局代表在致辞中明确指出："海洋命运共同体倡议与'国际海底区域及其资源属于人类共同继承财产'原则在理念上完全契合……中方愿与各方一道，共同推进'人类共同继承财产原则'

---

① 参见密晨曦：《海洋命运共同体与海洋法治建设》，载《中国海洋报》2019年9月17日，第2版。

② 参见杨泽伟：《国际法史论》（第二版），高等教育出版社2011年版，第18页。

③ 参见杨泽伟：《新时代中国深度参与全球海洋治理体系的变革：理念与路径》，载《法律科学》2019年第6期，第181页。

的落实，推动海洋命运共同体建设。"① 也正因如此，目前在国际社会正在进行的"国家管辖范围以外海域生物多样性的养护和利用问题的国际协定"谈判中，有学者提出关于海洋遗传生物资源问题也应当适用"人类共同继承财产原则"②。

综上可见，"海洋命运共同体"理念可以成为现代海洋法的基本价值。诚如《联合国海洋法公约》序言所指出的："意识到各海洋区域的种种问题都是彼此密切相关的，有必要作为一个整体来加以考虑……为海洋建立一种法律秩序……这种秩序将照顾到全人类的利益和需要。"

（二）"海洋命运共同体"理念为"21 世纪海上丝绸之路"建设提供了价值指引

迄今，中国政府先后出台了《推动共建丝绸之路经济带和 21世纪海上丝绸之路的愿景与行动》（2015 年 3 月 28 日）、《共建"一带一路"：理念 实践与中国的贡献》（2017 年 5 月 10 日）、《"一带一路"建设海上合作设想》（2017 年 6 月 20 日）和《共建"一带一路"倡议：进展、贡献与展望》（2019 年 4 月 22 日）等有关"一带一路"倡议的重要文件。此外，截至 2022 年 9 月底中国已累计同 140 多个国家、30 多个国际组织签署了 200 多份政府间共建"一带一路"合作文件。③ 上述法律文件均强调要坚持"共商、共建、共享"原则。可见，"共商、共建、共享"原则是"21 世纪海上丝绸之路"建设一直秉持的原则。有鉴于此，有学者认为"'共商、共建、共享'原则不但为现代国际法基本原则增添

---

① 常驻国际海底管理局代表处：《常驻国际海底管理局代表田琦大使在中国大洋协会"合作、贡献与人类命运共同体"主题边会上致辞》（2019 年7 月 30 日），载外交部网站 https：//www.fmprc.gov.cn/web/dszlsjt_673036/t1684296.shtml。

② Michael W. Lodge, The Common Heritage of Mankind, the International Journal of Marine and Coastal Law, Vol 27, 2012, p. 741.

③ 参见中国"一带一路"网：《已同中国签订共建"一带一路"合作文件的国家一览》，https：//www.yidaiyilu.gov.cn/xwzx/roll/77298.htm。

了新内容，而且是新时代中国对现代国际法发展的重要理论贡献"①。而"海洋命运共同体"理念包含了价值共识、利益共生和发展共赢等内容。因此，"共商、共建、共享"原则可以被视为"海洋命运共同体"理念的具体化，而"海洋命运共同体"理念为"21世纪海上丝绸之路"建设提供了重要的价值指引。

（三）构建"海洋命运共同体"是"21世纪海上丝绸之路"建设的重要使命和愿景

一方面，共建"21世纪海上丝绸之路"符合国际社会的根本利益，彰显人类社会的共同理想和美好追求。② 另一方面，"21世纪海上丝绸之路"建设旨在在海洋领域落实联大制定的《改变我们的世界：2030年可持续发展议程》（Transforming Our World：the 2030 Agenda for Sustainable Development）③，保护和可持续利用海洋和海洋资源，特别是要与"21世纪海上丝绸之路"沿线国家一起开展多领域的海上国际合作，建立全方位、多层次、积极务实的蓝色伙伴关系，实现人海和谐、共同发展，共同增进海洋福祉等。④ 可见，"21世纪海上丝绸之路"建设的历程，也是中国与"21世纪海上丝绸之路"沿线国家的前途和命运紧密联系在一起的过程。因此，"21世纪海上丝绸之路"建设必将有利于"海洋命运共同体"的早日实现。

---

① 杨泽伟：《共商共建共享原则：国际法基本原则的新发展》，载《阅江学刊》2020年第1期。

② 参见国家发展改革委、外交部、商务部：《推动共建丝绸之路经济带和21世纪海上丝绸之路的愿景与行动》（2015年3月28日），载人民网：http：//ydyl. people. com. cn/n1/2017/0425/c411837-29235511. html。

③ 联合国在《改变我们的世界：2030年可持续发展议程》中首次把"海洋可持续发展"单独列入其中。参见"Transforming Our World：the 2030 Agenda for Sustainable Development"，available at http：//www. un. org/en/ga/search/view_doc. asp？symbol＝A/70/L. 1。

④ 参见国家发展和改革委员会、国家海洋局：《"一带一路"建设海上合作设想》（2017年6月20日），载中华人民共和国中央人民政府网http：//www. gov. cn/xinwen/2017-11/17/5240325/files. pdf。

二、"21世纪海上丝绸之路"建设是践行 "海洋命运共同体"理念的重要平台

2015年《推动共建丝绸之路经济带和21世纪海上丝绸之路的愿景与行动》明确指出,"21世纪海上丝绸之路"建设坚持开放合作原则,各国和国际、地区组织均可参与。[①]

(一)参与"21世纪海上丝绸之路"建设的众多双边、多边国际合作机制,是传播"海洋命运共同体"理念的重要载体

中国政府在发布的有关"21世纪海上丝绸之路"建设的文件中,多次强调要积极利用现有的双边、多边国际合作机制,推动"21世纪海上丝绸之路"建设,促进区域合作进一步增强。而现有的双边、多边国际合作机制包含以下三个层面:第一,中国与"21世纪海上丝绸之路"沿线国家之间的双边国际合作机制,如联委会、管理委员会等;第二,区域国际合作机制,如亚太经合组织、上海合作组织、大湄公河次区域经济合作、中国-东盟"10+1"以及博鳌亚洲论坛、中国-南亚博览会等;第三,多边国际合作机制,如联合国大会、联合国经社理事会、国际海事组织以及亚欧会议、亚信会议等。上述双边、多边国际合作机制,既是讨论、发展"海洋命运共同体"理念的平台,也是把"海洋命运共同体"理念具体落实到各种决议中的重要路径。

(二)"21世纪海上丝绸之路"建设的沿线国家类型多样化,是践行"海洋命运共同体"理念的重要试验田

"21世纪海上丝绸之路"建设主要有以下四大重点方向:第

---

① 参见国家发展改革委、外交部、商务部:《推动共建丝绸之路经济带和21世纪海上丝绸之路的愿景与行动》(2015年3月28日),载人民网http://ydyl.people.com.cn/n1/2017/0425/c411837-29235511.html。

一,由中国东部沿海经南海向西进入印度洋,到达非洲以及地中海和欧洲等;第二,由中国东部沿海经南海向南进入南太平洋,到达大洋洲;第三,由中国东部沿海向北经白令海峡、北冰洋进入欧洲或美洲;第四,由中国东部沿海向东经太平洋、到达拉丁美洲各国。可见,"21世纪海上丝绸之路"建设的沿线国家类型多样:既有发达国家,也有发展中国家;既有海洋强国,也有小岛屿国家等。然而,"21世纪海上丝绸之路"建设的沿线不同类型的国家,都面临推动全球海洋治理体系的变革、维护全球海洋生态安全、加强海上航行安全合作、深化海洋科学研究与技术合作等方面的共同任务。而"海洋命运共同体"理念蕴含的平等相待和互商互谅之精神,不但有利于增进与"21世纪海上丝绸之路"沿线国家的战略对接,而且有助于推动上述各领域的务实合作。

三、应对非传统海洋危机问题:"海洋命运共同体"价值推广的试验场,也是"21世纪海上丝绸之路"建设的重点领域

非传统的海洋危机问题主要包括海洋微塑料污染的防治、海洋气候变化的应对和海洋能源资源的开发等,它具有跨国性、非政治性和非军事性等特点。① 积极应对非传统的海洋危机问题,有利于传播"海洋命运共同体"的理念和推动"21世纪海上丝绸之路"建设。

(一)"蓝色伙伴关系"网的建立

2017年6月,中国在联合国首届"海洋可持续发展会议"上正式提出建立"蓝色伙伴关系"(Blue Partnership)的倡议,旨在推动"珍爱共有海洋、守护蓝色家园"的国际合作,以有效应对非传统的海洋危机问题。五年多来,中国与有关各方共同努力在

---

① 参见杨泽伟:《论"海洋命运共同体"构建中海洋危机管控国际合作的法律问题》,载《中国海洋大学学报(社会科学版)》2020年第3期。

常态化合作平台建设、非传统的海洋危机问题的应对、海洋可持续发展和海洋科技创新等方面取得了明显的进展。然而，鉴于全球海洋治理机制碎片化现象问题仍然特别突出，因而需要以"海洋命运共同体"理念为指导，进一步推动"蓝色伙伴关系"网的建设。

首先，在地域范围方面，重点建设"中国-东盟蓝色伙伴关系""中国-南太平洋地区国家蓝色伙伴关系""中国-环印度洋国家蓝色伙伴关系""中国-欧盟蓝色伙伴关系"以及"中国-拉美国家蓝色伙伴关系"。上述"蓝色伙伴关系"网的建立，具有重要意义。例如，建立"中国-东盟蓝色伙伴关系"不但有助于进一步增进中国与东盟国家在应对非传统的海洋危机问题方面的国际合作，而且有利于缓和错综复杂的南海局势、削弱域外势力对南海问题的消极影响。而构建"中国-南太平洋地区国家蓝色伙伴关系"，在某种程度上也有利于维护中国的领土完整、促进国家的统一。

其次，在建设路径方面，注意伙伴关系国的发展目标和合理关切，从而使"蓝色伙伴关系"网的建立有助于实现多元化的海洋可持续发展目标、真正契合蓝色伙伴关系国的经济社会发展需要。2017年9月，中国与12个小岛屿国家在福建平潭召开了"中国—小岛屿国家海洋部长圆桌会议"，共同发表了《平潭宣言》，并达成了"共建蓝色伙伴关系、提升海洋合作水平"的共识。2018年9月，《中华人民共和国自然资源部与塞舌尔共和国环境、能源和气候变化部关于面向蓝色伙伴关系的海洋领域合作谅解备忘录》正式签署。

最后，在方式方法方面，遵循渐进原则，通过"蓝色伙伴关系"网的建立，使"有关各方能够成为共促海洋可持续发展的互信共同体、共享蓝色发展的利益共同体、共担海洋环境和灾害风险的责任共同体"[1]，以最终实现构建"海洋命运共同体"的

---

① 参见新华社：《国家海洋局：倡议有关各方共同建立蓝色伙伴关系》（2017年4月17日），载新华网 http://www.xinhuanet.com/fortune/2017-04/17/c_1120825396.htm。

愿景。

（二）海平面上升的影响

随着全球气候变暖，海平面上升已经成为一个全球现象。这一现象已经对沿海地区、低洼沿海国家和小岛屿国家，特别是其人民的生活的许多基本方面产生越来越大的影响。① 因此，海平面上升的影响，日益成为国际社会关注的重要问题之一。例如，联合国大会在《改变我们的世界：2030 年可持续发展议程》明确指出："气候变化是当今时代的最大挑战之一，它产生的不利影响削弱了各国实现可持续发展的能力；全球升温、海平面上升、海洋酸化和其他气候变化产生的影响，严重影响到沿岸地区和低洼沿岸国家，包括许多最不发达国家和小岛屿发展中国家；许多社会和各种维系地球的生物系统的生存受到威胁。"② 2019 年政府间气候变化专门委员会（Intergovernmental Panel on Climate Change，IPCC）在《气候变化中的海洋和冰冻圈：政府间气候变化专门委员会的特别报告》（Special Report on the Ocean and Cryosphere in a Changing Climate）中也认为，20 世纪全球海平面上升了约 15 厘米，而目前的上升速度还在加快，达到了每年 3.6 毫米；即使温室气体排放骤减且将全球升温限制在远低于 2℃，海平面在未来几个世纪还将继续上升，到 2100 年仍可能达到 30~60 厘米。③

值得注意的是，联合国国际法委员会在 2018 年第 70 届会议上决定建议将"与国际法有关的海平面上升"（Sea-level Rise in

① 2011 年太平洋岛国图瓦卢曾大声疾呼，国际社会如果不采取紧急行动，减缓气候变化导致的海平面上升问题，该国将有可能被淹没。

② 参见 Transforming Our World：the 2030 Agenda for Sustainable Development，available at http://www.un.org/en/ga/search/view _ doc.asp? symbol＝A/70/L.1。

③ 参见 Intergovernmental Panel on Climate Change, Special Report on the Ocean and Cryosphere in a Changing Climate, available at https：//www.ipcc.ch/srocc/。

relation to International Law）专题列入其长期工作方案。① 之后，联合国国际法委员会还决定设立研究组。2020 年 4 月，联合国国际法委员会第 72 届会议公布了《与国际法有关的海平面上升问题研究组共同主席波格丹·奥雷斯库（Bogdan Aurescu）和尼吕费尔·奥拉尔（Nilufer Oral）编写的第一次问题文件》（First Issues Paper by Bogdan Aurescu and Nilufer Oral, Co-Chairs of the Study Group on Sea-level Rise in relation to International Law）。在该文件中，联合国国际法委员会不但初步讨论了海平面上升对基线和从基线开始测量的海域外部界限、对海洋划界、对沿海国及其国民在已确立边界或基线的海域行使主权和管辖权，以及对第三国及其国民的权利可能产生的法律影响问题，而且还较为详细地分析了海平面上升对包括岩礁在内的岛屿地位以及对拥有岸岛的沿海国海洋权利可能产生的法律影响，以及人工岛屿、填海造地或岛屿强化活动作为应对/适应海平面上升措施的法律地位等。② 此外，联合国国际法委员会还决定，2021 年研究组将在鲁达·桑托拉里亚（Ruda Santolaria）先生和加尔旺·特莱斯（Galvao Teles）女士的共同主持下，审查与国家地位有关的问题以及与保护受海平面上升影响的人有关的问题，作为今后的工作方案。

事实上，海平面上升是一个与整个国际社会密切相关的问题。正如 2018 年密克罗尼西亚联邦在联合国大会第六委员会辩论期间的发言中所强调的："来自世界所有主要地理区域的 100 多个国家，其中包括沿海国家和内陆国家、大陆国家和小岛屿国家、发达国家和发展中国家，均发言表示支持联合国国际法委员会研究这一专题，证明该专题与作为整体的国际社会具有相关性，而不仅仅关

---

① 参见《联合国大会正式记录，第七十三届会议，补编第 10 号》（A/73/10），第 369 段。

② 参见 International Law Commission Seventy-second session, Sea-level Rise in relation to International Law: First Issues Paper by Bogdan Aurescu and Nilufer Oral, Co-Chairs of the Study Group on Sea-level Rise in relation to International Law, available at https://documents-dds-ny.un.org/doc/UNDOC/GEN/N20/053/91/PDF/N2005391.pdf? OpenElement。

乎一小部分特别脆弱的国家。"①斐济也认为,国际法在处理海平面上升对海洋法的当前影响方面存在空白;该国关切与国际法"规范海洋权利、海区划界和沿海国对扩展大陆架的权利"有关的海平面上升问题。②

因此,在联合国国际法委员会未来有关"与国际法有关的海平面上升"的工作方案中,"海洋命运共体"理念不但具有指导意义,而且还应当把该理念贯穿到该条款草案整个起草工作中,并最终嵌入"与国际法有关的海平面上升"条款草案的序文中。

(三) 海洋微塑料污染的防治

据有学者统计,"海洋中约有 3.5 万吨微塑料,占比超过总塑料垃圾数量的 55% 和重量的 72%"③。海洋微塑料对海洋生态构成较大威胁,它不但危及许多海洋物种,而且一旦进入人类的生物链,还将影响人类健康。因此,近年来海洋微塑料污染问题日益引起国际社会的关注。例如,2017 年 2 月联合国环境规划署发起了"清洁海洋运动",呼吁各国消除化妆品的塑料微粒成分和一次性塑料制品,倡导消费者改变随意丢弃垃圾的习惯,以最终避免对海洋造成不可逆转的影响。2017 年 9 月,中国设立了"海洋垃圾和微塑料研究中心",并颁布了海洋垃圾禁令。与此同时,美国、澳大利亚、新西兰、韩国以及欧盟多个国家等也相继出台了有关塑料垃圾的禁止性法规或声明。可见,海洋微塑料污染防治问题已经引起了世界各国的广泛重视。正如联合国教科文组织助理总干事兼政府间海洋学委员会执行秘书里亚比宁(Vladimir Ryabinin)所指出的:"海洋塑料污染是一个严重的问题。很多国家都在联合国海洋

---

① 参见 Micronesia(Federated States of)(A/C. 6/73/SR. 22, paras. 56-61)。

② 参见 Fiji(A/C. 6/73/SR. 23, para. 62)。

③ 李莹莹:《海洋微塑料污染防治法律问题初探》,载《西安电子科技大学学报》(社会科学版)2018 年第 1 期,第 70 页。

大会的筹备会上承诺消除海洋塑料污染。"①

然而，海洋微塑料污染防治的法律应对还存在不少困难。

首先，缺乏专门针对海洋微塑料污染防治的法律制度。虽然海洋微塑料主要来自陆源污染和海源污染，目前国际社会为了规制陆源污染和海源污染，先后制定了《防止因倾弃废物和其他物质污染海洋的公约》《国际防止船舶造成污染公约》及其议定书等，但是上述公约和包括《联合国海洋法公约》的相关海洋环境保护条款，都没有专门涉及海洋微塑料污染防治的相关规定。

其次，制定新的有关海洋微塑料污染防治的国际法律制度还存在不少法律障碍。例如，由于海洋微塑料污染的特殊性，其形成原因也较为复杂，因而确定海洋微塑料污染国际法律责任的主体并不容易等。

最后，由于环保意识的差异和经济发展水平的不同，发达国家和发展中国家在应对海洋微塑料污染问题上的立场和态度也不完全一样。这必然会影响有关海洋微塑料污染防治的国际立法进程。

综上可见，海洋微塑料污染对人类的生产生活的影响日益明显，而相关的国际治理机制存在明显缺漏。有鉴于此，以"海洋命运共同体"的理念为指导，进一步发挥"21世纪海上丝绸之路"的平台作用，加强发达国家与发展中国家的协调，充分考虑"21世纪海上丝绸之路"沿线国家的发展水平和民众的需求，是海洋微塑料污染防治的必由之路。

（四）国际海底区域矿产资源的开发

按照《联合国海洋法公约》的规定，国际海底区域（以下简称"区域"）内矿产资源的勘探和开发活动应当按照《联合国海

---

① 联合国新闻：《向海洋垃圾宣战：联合国环境署启动全球"清洁海洋运动"》（2017年2月23日），载联合国网站 https：//news. un. org/zh/story/2017/02/271322。

洋法公约》的有关规定和国际海底管理局制定的规则、规章和程序予以进行。为此,国际海底管理局于 2000 年通过了《"区域"内多金属结核探矿和勘探规章》(Regulations for Prospecting and Exploration of Polymetallic Nodules in the Area,2013 年予以修订)、于 2010 年通过了《"区域"内多金属硫化物探矿和勘探规章》(Regulations for Prospecting and Exploration of Polymetallic Sulphides in the Area)和于 2012 年通过了《"区域"内富钴铁锰结壳探矿和勘探规章》(Regulations on Prospecting and Exploration for Cobalt-Rich Crusts in the Area)。上述三个规章的出台为有关实体在"区域"内从事探矿和勘探活动创造了条件,为各方在"区域"内相关探矿和勘探工作铺平了道路。上述三个规章在用语、范围、探矿、勘探计划申请、勘探合同、保护和保全海洋环境、数据资料的机密性等方面都做了较为详细的规定,在一定程度上完善了《联合国海洋法公约》和《1994 年执行协定》的内容。①

按照《"区域"内多金属结核探矿和勘探规章》的规定,核准的勘探活动的时间不能超过 15 年;如果勘探活动超过了 15 年,承包者就应该申请进行开发活动。自 2001 年至今,国际海底管理局共批准或审核了 30 个国际海底矿区。② 国际海底管理局与承包者首批签订的 7 个多金属结核勘探合同在 2016 年 3 月至 2017 年 3 月期间到期。因此,2011 年国际海底管理局第 17 届会议已经决定启动制定"开发规章"的准备工作。③ 2012 年国际海底管理局在 18 届会议上提出了《关于拟订"区域"内多金属结核开发规章的工作计划》(Work Plan for the Formulation of Regulations for the

---

① 参见杨泽伟:《国际海底区域"开发法典"的制定与中国的应有立场》,载《当代法学》2018 年第 2 期。

② 参见 International Seabed Authority, Exploration Contracts, available at https://www.isa.org.jm/index.php/exploration-contracts。

③ 参见 International Seabed Authority, Press Release, Seventeenth Session Kingston, Jamaica 11-22 July 2011, available at https://www.isa.org.jm/sites/default/files/files/documents/sb-17-15.pdf。

Exploitation of Polymetallic Nodules in the Area)，并"将此类规章制定工作作为管理局工作方案的优先事项"①。

2015 年 2 月，法律与技术委员会（the Legal and Technical Commission）推出了《构建"区域"内矿产开发的规章框架》（Developing a Regulatory Framework for Mineral Exploitation in the Area），以征求国际海底管理局成员国和相关利益攸关方的意见。② 2016 年 7 月，国际海底管理局公布了《"区域"内矿产资源开发和标准合同条款规章工作草案》（Working Draft Regulations and Standard Contract Terms on Exploitation for Mineral Resources in the Area）③。2017 年 1 月，国际海底管理局公布了"环境规章"草案（the Development and Drafting of Regulations on Exploitation for Mineral Resources in the Area, Environmental Matters）。④ 2017 年 8 月，国际海底管理局公布了《"区域"内矿产资源开发规章草案》（Draft Regulations on Exploitation of Mineral Resources in the Area），将开发、环境与监管等事项合并为一份规章草案。2018 年 7 月和 2019 年 3 月，国际海底管理局又分别公布了《"区域"内矿产资源开发规章草案》的修订版，有关条款内容更加完整、清晰。2020 年 2 月，国际海底管理局第 26 届第一期会议就"开发规章"所涉财务、环保、决策、监管等问题进行了讨论，但没有形成一致结论。

虽然"开发规章"的制定是当前国际海底管理局工作的优先

---

① 参见 International Seabed Authority, "Work Plan for the Formulation of Regulations for the Exploitation of Polymetallic Nodules in the Area", ISBA/18/C/4 1-10 (2012)。

② 参见 https：//www. isa. org. jm/files/documents/EN/Survey/Report-2015. pdf。

③ 参见 https：//www. isa. org. jm/files/documents/EN/Regs/DraftExpl/Draft _ExplReg_SCT. pdf。

④ 参见 https：//www. isa. org. jm/files/documents/EN/Regs/DraftExpl/DP-EnvRegsDraft25117. pdf。

事项,但各方对"开发规章"草案中所涉及的开采矿区的申请制度、企业部独立运作、承包者的权利和义务、担保国责任、惠益分享、缴费机制和环境保护等问题仍然存在较大分歧。事实上,"开发规章"的核心是调整国际海底管理局、担保国、承包者之间的权利义务关系,其中关键问题是缴费机制。目前各方已就从价和从利等不同缴纳模式进行了深入研讨,目的是要找到既能保护承包者从事开发的积极性和可持续性,又能确保合理分享深海收益的平衡方案。①为此,在"开发规章"未来制定完善的过程中,中国不但要继续秉持"海洋命运共同体"的理念,而且要注意协调不同利益攸关方的关系。

首先,尊重国际海底管理局的主导地位。例如,国际海底管理局准备在西北太平洋、大西洋中脊等区域设立区域环境管理计划(Regional Environmental Management Plans)。这是国际海底管理局采取的旨在造福全人类的重要环境保护举措,也是为了严格按照《联合国海洋法公约》第145条的要求对该"区域"进行有效环境保护,以实现"区域"资源可持续开发利用。因此,我国在尊重国际海底管理局设立区域环境管理计划合理性的基础上,认为应妥善处理区域环境管理计划与"开发规章"的关系,区域环境管理计划虽然可以作为"区域"资源商业开发的前提,但其存在与否不应影响开发工作计划申请和开发合同的签署。②

其次,强调承包者权利与义务的平衡。从目前国际海底管理局推出的六份"开发规章"草案的内容来看,"开发规章"为有关承包者进行"区域"开发活动所需履行义务的规定非常多,但是有

---

① 参见杨泽伟:《国际法》(第四版),高等教育出版社2022年版,第192页。

② 参加中国常驻国际海底管理局代表处:《中国代表团团长、常驻国际海底管理局代表田琦大使参加海管局第25届大会并发言》(2019年7月30日),载外交部网站 https://www.fmprc.gov.cn/web/dszlsjt _ 673036/ t1684294. shtml。

关承包者权利的规定却相对较少。① 因此，我国可以联合英、法、德、俄、日、韩等国"区域"内勘探合同的承包者，在"开发规章"草案的制定完善过程中要注重承包者的优先和专属开发权、承包者的机密信息等方面权利的保护，从而促进"区域"开发制度的实施和有效运作。

最后，加强与"21世纪海上丝绸之路"沿线国家的合作。从国际海底管理局其公布的已经批准或审核的"区域"内勘探合同来看，不少承包者的担保国是"21世纪海上丝绸之路"沿线国家，如瑙鲁、汤加、基里巴斯和库克群岛等。这些国家属于欠发达的小岛屿国家，它们对"区域"内矿产资源开发过程中的环境保护问题特别重视。因此，加强与这些国家的协调，重视其合理的关切②，既是"开发规章"制定中的必不可少的重要环节，也是"21世纪海上丝绸之路"建设的基础和保障。

四、结论与前瞻

（一）以"海洋命运共同体"理念为价值引领的"21世纪海上丝绸之路"建设是一个渐进的过程

无论是《推动共建丝绸之路经济带和21世纪海上丝绸之路的

---

① 参见陈慧青：《"区域"资源开发中承包者权利保护问题研究》，武汉大学2019年博士学位论文，第41页。

② 2019年2月，国际海底管理局与联合国经济与社会事务部在汤加举办了"推动太平洋岛国参与深海活动、促进蓝色经济发展"（Boosts Participation of Pacific Island Countries in Deep Sea Activities to Advance the Blue Economy）的高级别区域研讨会，旨在讨论太平洋岛国参与国际海底区域资源开发活动。参见 High-level Regional Workshop Boosts Participation of Pacific Island Countries in Deep Sea Activities to Advance the Blue Economy，Press Release，16 February 2019，available at https：//www. isa. org. jm/news/high-level-regional-workshop-boosts-participation-pacific-island-countries-deep-sea-activities。

愿景与行动》还是《"一带一路"建设海上合作设想》等文件均表明,"21世纪海上丝绸之路"建设不可能一蹴而就。首先,"21世纪海上丝绸之路"建设的目标具有长期性。它旨在"进一步与沿线国加强战略对接与……推动建立全方位、多层次、宽领域的蓝色伙伴关系……实现人海和谐、共同发展……共筑和繁荣21世纪海上丝绸之路"①。其次,"21世纪海上丝绸之路"建设的重点内容十分丰富,如"推进海上互联互通""共同提升海洋防灾减灾能力""加强蓝碳国际合作""共建智慧创新之路"等方面的国际合作绝非一日之功,需要中国与"21世纪海上丝绸之路"沿线国家的长期努力才能完成。最后,"21世纪海上丝绸之路"建设还面临各种外部势力的干预和阻扰。一方面,欧美国家一直存在质疑、甚至批评"21世纪海上丝绸之路"建设的声音,如"21世纪海上丝绸之路"建设项目是否符合预设的环保标准?"21世纪海上丝绸之路"是否会取代既存的国际机制?② "21世纪海上丝绸之路"建设与地缘政治目标紧密相连,那么它未来的发展方向,究竟是考虑所有国家的利益、尊重现代国际法,还是旨在恢复中国古代的朝贡体系?③ 另一方面,一些国家还采取其他措施以抵销"21世纪海上丝绸之路"建设的影响。例如,印度对中国政府提出的"一带一

---

① 国家发展和改革委员会、国家海洋局:《"一带一路"建设海上合作设想》(2017年6月20日),载中华人民共和国中央人民政府网:http://www.gov.cn/xinwen/2017-11/17/5240325/files.pdf。

② 参见 Sébastien Treyer & Aleksandar Rankovic, Can the Belt and Road Initiative Reinforce the Multilateral Agenda for Sustainable Development? Institute for Sustainable Development and International Relations Reports 2019, available at https://www.iddri.org/en/publications-and-events/blog-post/can-belt-and-road-initiative-reinforce-multilateral-agenda。

③ 参见 Frank Umbach, China's Belt and Road Initiative and Its Energy-Security Dimensions, The S. Rajaratnam School of International Studies Reports 2019, p. 40, available at https://www.rsis.edu.sg/wp-content/uploads/2019/01/WP320.pdf。

路"倡议反应冷淡，对"中巴经济走廊"设持明确的反对立场，还与日本合作推出所谓的"亚非走廊"计划，携手在非洲、伊朗、斯里兰卡和东南亚国家兴建多个基础建设项目，以对冲中国"一带一路"倡议。

（二）通过立法和司法等方式进一步传播"海洋命运共同体"理念，有利于推进"21 世纪海上丝绸之路"建设

诚如有学者所言，"中国的国际法实践稀为世界各国国际法学界所知，更谈不上在国际上广为传播"①。事实上，包括"海洋命运共同体"理念在内的中国国际法观只有获得国际社会的呼应和认可，才更具实际意义。② 因此，在推进"21 世纪海上丝绸之路"建设过程中，可以通过立法和司法等方式进一步传播"海洋命运共同体"理念。一方面，与"21 世纪海上丝绸之路"沿线国家一道共同努力，推动"海洋命运共同体"理念成为联合国国际法委员会编纂的新议题，或者把"海洋命运共同体"理念明确载入联合国大会的有关决议中或者嵌入有关国际条约的序文中。另一方面，在联合国国际法院、国际海洋法法庭等国际司法机构的相关判决中，进一步阐释"海洋命运共同体"理念。此外，为了公正高效便利地解决"一带一路"建设过程中产生的跨境商事纠纷，2018 年中华人民共和国最高人民法院设立了"国际商事法庭"。"国际商事法庭"的设立及其审判实践，既为"21 世纪海上丝绸之路"建设提供了司法保障，也是系统诠释"海洋命运共同体"理

---

① 史久镛：《序言》，载段洁龙主编：《中国国际法实践与案例》，法律出版社 2011 年版，第 1 页。
② 参见杨泽伟：《新时代中国国际法观论》，载《武汉科技大学学报》（社会科学版）2020 年第 5 期，第 473 页。

念的重要平台。①

(三) 升级"一带一路"高峰论坛,逐步推动"21世纪海上丝绸之路"建设平台的组织化趋势

众所周知,政府间国际组织一般均设立典型的三分结构的机关:大会、理事会和秘书处。然而,进入21世纪以来以G20为代表的新型国际组织的形式较为松散,多采用论坛的形式。② 同样,作为一种国际合作新形态的"21世纪海上丝绸之路",其合作形式也比较灵活。其中,"一带一路"高峰论坛颇具代表性。分别于2017年和2019年在中国举办的"一带一路"高峰论坛,虽然"21世纪海上丝绸之路"沿线国家的领导人纷纷与会并签署了许多国际合作文件,但是该论坛机制化程度仍然较低。因此,有学者建议

---

① 截止到2023年3月,最高人民法院国际商事法庭,一共审结了8起案件,其中对1起纠纷作出了判决,对7起纠纷作出了裁定。判决的1起纠纷是"广东本草药业集团有限公司与贝斯迪大药厂(Bruschettini S. R. L.)产品责任纠纷案",裁定的7起纠纷分别是"运裕有限公司与深圳市中苑城商业投资控股有限公司申请确认仲裁协议效力案""亚洲光学股份有限公司、东莞信泰光学有限公司与富士胶片株式会社、富士胶片(中国)投资有限公司、富士胶片(中国)投资有限公司深圳分公司、富士胶片光电(深圳)有限公司委托加工合同纠纷案""新劲企业公司与深圳市中苑城商业投资控股有限公司申请确认仲裁协议效力案""北京港中旅维景国际酒店管理有限公司、深圳维景京华酒店有限公司与深圳市中苑城商业投资控股有限公司申请确认仲裁协议效力案""张兰、盛兰控股集团(BVI)有限公司、俏江澜发展有限公司与甜蜜生活美食有限公司申请撤销仲裁裁决一案"((2019)最高法民特4号),"张兰、盛兰控股集团(BVI)有限公司与甜蜜生活美食集团控股有限公司申请撤销仲裁裁决一案"((2019)最高法民特5号)"广州飞机维修工程有限公司与泰国东方航空有限公司留置权纠纷一案",载最高人民法院国际商事法庭网站:https://cicc.court.gov.cn/html/1/218/180/221/index.html。

② 参见杨泽伟等:《"一带一路"倡议与国际规则体系研究》,法律出版社2020年版,第38页。

对论坛进行改革，增设秘书处或者管理委员会等常设机构①；或者参考"博鳌论坛"，成立咨询委员会、理事会和秘书处等②，从而使论坛的国际组织化程度更高、影响力更大。事实上，"21世纪海上丝绸之路"的建设不但需要沿线国家达成共识，更需要通过以国际组织决议的形式出台各种切实可行的方案。只有这样，才能避免"一带一路"高峰论坛沦为"清谈馆"，才能更好地实现"21世纪海上丝绸之路"建设的宗旨和目标，也才能把"海洋命运共同体"理念付诸更多的实践。

（四）增加"21世纪海上丝绸之路"建设合作文件的硬法因素，有利于保障"21世纪海上丝绸之路"建设的顺利进行

十年来，与"21世纪海上丝绸之路"建设有关的法律文件主要采用倡议、声明和备忘录等软法形式，法律约束力不强。③因此，有学者建议应为"21世纪海上丝绸之路"建设确立一系列规则，尽管"21世纪海上丝绸之路"建设太过复杂、难度较大。④笔者认为，增加"21世纪海上丝绸之路"建设合作文件的硬法因素，是"21世纪海上丝绸之路"建设顺利进行的重要保障。为此，一方面鉴于迄今中国与"一带一路"沿线国家和相关的国际组织签订的共206份国际合作文件中，均强调要坚持"共商、共建、

---

① 参见陈思静：《"一带一路"倡议与中国国际法治话语权问题研究》，武汉大学出版社2023年版，第138页。

② 参见"一带一路"国际合作高峰论坛咨询委员会：《共建"一带一路"：建设更美好的世界"一带一路"国际合作高峰论坛咨询委员会研究成果和建议报告》（2019年4月10日），第21页，载外交部网站：https://www.fmprc.gov.cn/web/wjbxw_673019/W020190424305941292093.pdf。

③ 参见杨泽伟：《"一带一路"倡议与现代国际法的发展》，载《武大国际法评论》2019年第6期，第16页。

④ 参见Melissa Leach, China's Belt and Road Initiative-A Game-Changer, But Which Game? Institute of Development Studies Reports 2017, available at https://www.ids.ac.uk/opinions/chinas-belt-and-road-initiative-a-game-changer-but-which-game/。

共享"原则，该原则也是"海洋命运共同体"理念的具体化，因此要进一步推动"共商、共建、共享"原则向现代国际法基本原则发展之势。① 另一方面，"21世纪海上丝绸之路"建设的国际合作文件也应由以软法为主逐步向软法和硬法兼顾过渡、直到以硬法为主要内容，进一步明确各方的权利和义务，从而推动"21世纪海上丝绸之路"法律制度的完善。

---

① 参见杨泽伟：《共商共建共享原则：国际法基本原则的新发展》，载《阅江学刊》2020年第1期。

第六章 "一带一路"高质量发展 背景下全球能源治理体系的 变革与中国作用

当今世界正经历"百年未有之大变局"①，全球能源治理体系在过去几十年也发生了深刻变化。特别是世纪疫情和乌克兰危机交织激荡，导致全球石油需求大幅震荡，未来全球能源格局将充满不确定性。而"一带一路"沿线有不少国家能源资源丰富，国际能源合作也是"一带一路"建设的重要内容之一。因此，研究"一带一路"倡议背景下全球能源治理体系的变革问题，探讨中国在此变革进程中的作用，其重要性不言而喻。

一、全球能源治理体系的主要特点

当今全球能源治理体系，主要有以下四大特点。

(一) 全球能源版图正在重塑

首先，美国能源政策大幅调整，成为重要的能源出口国。2020年2月，美国总统特朗普在国情咨文中明确指出，美国已成为世界上最大的石油和天然气生产国。② 由于增产页岩油气，近年来美国

---

① 习近平:《顺应时代潮流、实现共同发展》，载《人民日报》2018年7月26日，第2版。

② 参见 Remarks by President Trump in State of the Union Address，February 4，2020，available at https：//www.whitehouse.gov/briefings-statements/remarks-president-trump-state-union-address-3/。

油气产量不断攀升。特别是特朗普上台后，对美国的能源政策进行了大幅调整。例如，2017 年 1 月美国政府发布了《美国优先能源计划》，提出将致力于降低管制、促进能源发展、实现能源独立。2017 年 4 月《关于实施美国离岸能源战略的的总统行政令》（Presidential Executive Order on Implementing an America-First Offshore Energy Strategy），扩大了美国离岸能源开采范围。① 2018 年 1 月美国内政部公布了《2019-2024 年国家外大陆架油气开发租赁计划草案》（2019-2024 National Outer Continental Shelf Oil and Gas Leasing Draft Proposal Program），建议向油气开采业开放美国超过 90% 的外大陆架区域。② 此外，2018 年美国能源部长里克·佩里提出"能源新现实主义"，阐释了要高效清洁地开采能源、简化能源基础设施建设程序、推动能源大规模出口的长期愿景。③ 在上述种种政策措施的推动下，2018 年年底美国成为石油净出口国。总之，美国借助能源独立政策成为石油、天然气的重要出口国，从而使国际能源市场的供需关系发生了重大变化，标志着国际油气市场进入了新时代。

其次，发达国家石油消费显著下降，新兴经济体成为国际能源贸易的主要参与者。据统计，1973 年经济合作与发展组织（以下简称"经合组织"）石油消费总量为 4130.3 万桶/天，占全世界的 74.25%；2018 年为 4870 万桶/天，占比下降到 49.12%。同期，非经合组织国家在世界石油消费中的比重由 25.75% 上升到 51.8%，占了半壁江山。其中，中国和印度的石油消费增长最快，

① 参见 the White House Office of the Press Secretary, Presidential Executive Order on Implementing An America-First Offshore Energy Strategy, April 28, 2017, available at https://www. whitehouse. gov/the-press-office/2017/04/28/presidential-executive-order-implementing-america-first-offshore-energy。

② 参见 Bureau of Ocean Energy Management, 2019-2024 National Outer Continental Shelf Oil and Gas Leasing Draft Proposal Program, January 2018, available at https://www. boem. gov/NP-Draft-Proposal-Program-2019-2024。

③ 参见宋亦明：《重塑国际能源版图：急速扩张的美国能源出口》，载《世界知识》2018 年第 12 期。

由 1973 年的 153.2 万桶/天上升到 2018 年的 1789 万桶/天，增长了 11.68 倍，所占比重从 2.75% 增长到 18.04%。[1]

最后，中国成为世界上最大的能源消费者，是近年来全球能源治理体系面临的最具深远意义的变化之一。[2] 近年来，中国石油、天然气消费对外依存度持续加大。2017 年，中国超越美国，成为世界第一大原油进口国。2018 年中国天然气进口持续高速增长，超过日本，成为全球第一大天然气进口国。根据中石油发布的《2018 年国内外油气行业发展报告》，2018 年中国石油对外依存度已上升至 69.8%，天然气对外依存度则上升至 45.3%[3]；而根据中国社科院发布的《中国能源前景 2018—2050》报告，到 2050 年虽然中国石油对外依存度仍能控制在 70% 左右，但天然气对外依存度会上升至 78.5%。[4]

（二）传统的全球能源治理机制纷纷转型

1. 国际能源署（the International Energy Agency，IEA）正式启动了 "联盟计划"（the Activation of IEA Association）。众所周知，1974 年成立的国际能源署是与经合组织相联系的石油消费国政府间的国际组织，其成员国仅限于经合组织的成员。国际能源署主要通过建立 "应急机制" "国际石油市场的情报系统" "与石油公司的协商机制" 以及实施 "长期的能源合作计划" 来保障成员国的

---

① 参见王能全：《全球石油治理需要新思维》，载《财经》2019 年第 5 期，第 103 页。

② 参见 Bo Kong, Governing China's Energy in the Context of Global Governance, Global Policy, Vol. 2, 2011, p. 63。

③ 参见中国石油新闻中心：《〈2018 年国内外油气行业发展报告〉发布》（2019 年 1 月 18 日），载中国石油新闻中心网，http://news.cnpc.com.cn/system/2019/01/18/001717430.shtml。

④ 参见刘冬：《中阿能源合作趋于立体化》，载《世界知识》2019 年第 17 期。

石油供应安全。① 2013 年，国际能源署部长级会议发表了联合声明，提出将以联盟国参与国际能源署的各类常设小组会议及部长级会议的方式，为国际能源署成员国与联盟成员国提供共同的对话平台。2015 年 11 月在巴黎部长级会议上，国际能源署与中国、印度尼西亚、泰国宣布启动国际能源署"联盟计划"，中国、印度尼西亚和泰国成为第一批联盟国。"联盟计划"赋予了联盟国参与国际能源署的会议、培训与能力建设以及能源效益计划等方面的权利。"联盟计划"不但标志着国际能源署与联盟国在能源安全、能源数据与统计以及能源政策分析三个共享领域开启了进一步合作的新时代，而且是国际能源署转变为"一个真正的全球能源组织的第一步"②。

2.《能源宪章条约》（the Energy Charter Treaty）开启了改革和现代化进程。《能源宪章条约》是唯一的、专门针对能源领域的多边条约。1998 年 4 月，《能源宪章条约》正式生效。《能源宪章条约》旨在为国际能源安全提供普遍的规则，其规制内容涵盖了能源投资、能源贸易、能源过境、能源效率和能源争端解决等。③《能源宪章条约》还设立了一个政府间国际组织——"能源宪章会议"（the Energy Charter Conference）。2004 年《能源宪章条约》大会设立了工业咨询小组，以建立能源宪章会议及其不同工作组的咨询性平台，从而为与能源投资、跨境运输和能源效率相关的问题提供建议。2009 年《能源宪章条约》开始推进现代化改革进程，以应对新的挑战，并吸收更多的国家参与。2012 年《能源宪章条约》采取巩固、扩大和推广的政策，以将《能源宪章条约》中的原则向全球推广。

---

① 参见杨泽伟：《中国能源安全法律保障研究》，中国政法大学出版社 2009 年版，第 46~59 页。

② 杨玉峰、［英］尼尔·赫斯特：《全球能源治理改革与中国的参与》，清华大学出版社 2017 年版，第 7 页。

③ 参见白中红：《〈能源宪章条约〉争端解决机制研究》，武汉大学出版社 2012 年版，第 13~31 页。

（三）全球能源治理的新平台不断涌现

近年来，出现了不少与全球能源治理相关的国际机构，如G20、国际能源论坛、清洁能源部长会议等。

1. G20。G20作为全球治理的重要机构，虽然主要关注经济和金融问题，但是早在2005年G20峰会就开展了"清洁能源、气候变化和可持续发展"对话。2009年，G20领导人共同承诺在中期消除化石能源补贴。特别是2014年11月通过的《G20能源合作原则》（G20 Principles on Energy Collaboration），呼吁国际能源机构承担更有代表性和包容性的角色，G20能源工作组的作用得到了增强，G20能源部长级会晤也成为常态。

2. 国际能源论坛（International Energy Forum，IEF）。1991年成立的国际能源论坛，是目前综合性最强、成员国最多的国际能源机构。① 其主要职能是以中立的身份促进其成员国之间开展非正式、公开和可持续的全球能源对话，通过联合石油倡议协调能源数据的收集，增进成员国对共同能源利益的理解，提高能源市场的透明度，增强其稳定性等。

3. 清洁能源部长级会议（Clean Energy Ministerial，CEM）。2010年成立的清洁能源部长级会议是一个高级别的全球论坛，旨在通过政策和项目的形式促进清洁能源技术的应用。其成员国约占全球温室气体排放总量的75%和全球清洁能源投资的90%，截至2020年2月有28个成员国。② 近年来，清洁能源部长级会议推出了多项倡议，如电动汽车倡议、全球超级能源合作、生物质能源工作组、可持续水电发展倡议、女性清洁能源教育授权倡议和国际智能电网行动网络等。

---

① 国际能源论坛有70个成员国，涵盖了全球90%左右的石油、天然气的供应和消费。参见"国际能源论坛"网站，https：//www.ief.org/about-ief/organisation/member-countries.aspx。

② 参见"清洁能源部长级会议"网站，https：//www.clean-energyministerial.org/initiatives。

此外，亚太经合组织①、上海合作组织②、金砖五国③、国际可再生能源署、世界能源理事会、全球碳捕获与封存机构、国际能效合作伙伴关系、世界贸易组织、世界银行、国际货币基金组织、亚洲开发银行、亚洲基础设施投资银行等国际机构，均为全球能源治理提供了方案或合作项目等方面的支持。④

（四）全球能源治理体系仍然面临多重挑战

当今全球能源治理体系仍然面临多重的、复杂的和前所未有的挑战。⑤

1. 能源贫困问题仍然存在。2015 年第 70 届联大通过的《改变我们的世界：2030 年可持续发展议程》（Transforming Our World：the 2030 Agenda for Sustainable Development）之目标 7 专门强调："确保人人获得负担得起的、可靠的和可持续的现代能源。"⑥ 但据 2022 年 5 月国际能源署、国际可再生能源机构、联合国经济和社会事务部、世界银行和世界卫生组织共同发布的 2022 年

---

① 亚太经合组织专门设立了能源工作组，具有参与全球能源治理的能力。

② 2001 年成立的上海合作组织，被认为是"亚洲能源合作最具潜力的组织之一"。2005 年，上海合作组织就提出了建立"能源俱乐部"的构想。2013 年，中俄两国领导人再次呼吁成立"上海合作组织能源俱乐部"。

③ 金砖五国将能源确立为一项合作的领域。因此，有学者认为金砖五国将在未来全球能源治理中发挥较大作用。参见 Navroz K. Dubash, From Norm Taker to Norm Maker? Indian Energy Governance in Global Context, Global Policy, Vol. 2, 2011, p. 7。

④ 参见杨玉峰、［英］尼尔·赫斯特：《全球能源治理改革与中国的参与》，清华大学出版社 2017 年版，第 1 页。

⑤ 参见 Aleh Cherp, Jessica Jewell and Andreas Goldthau, Governing Global Energy：Systems, Transitions, complexity, Global Policy, Vol. 2, No. 1, 2011, p. 75。

⑥ Transforming Our World：the 2030 Agenda for Sustainable Development, available at http：//www.un.org/en/ga/search/view _ doc.asp? symbol = A/70/L. 1.

《追踪可持续发展目标7：能源进展报告》（Tracking SDG 7：The Energy Progress Report），目前全球仍有7.33亿人用不上电，24亿人仍在使用有害健康和环境的燃料做饭。按照目前的进展速度，到2030年将有6.7亿人用不上电，比2021年的预计多1000万人。[1]

2. 中东等能源生产地区恐怖主义的威胁并未消除。一方面，虽然2017年12月伊拉克政府宣布收复了"伊斯兰国"在伊控制的全部领土，但是"伊斯兰国"的残余势力并未彻底消灭，仍然对中东地区的油气生产构成威胁；另一方面，2019年9月沙特阿拉伯石油生产设施遭到了也门胡塞武装的无人机袭击，使沙特阿拉伯原油供应每日减少570万桶，这一数字约占沙特阿拉伯石油日产量的50%和全球石油日供应量的5%。可见，全球能源生产仍然面临多种多样的恐怖主义威胁。

3. 能源供应与使用的方式亟待改变。诚如有学者所言，全球能源体系在21世纪发生的第一重大变革是非常规石油与天然气开采量的爆发式增长。[2] 然而，应对气候变化已经成为全人类的共同挑战。况且，世界各国要想共同完成2℃的气候目标，改变能源供应与使用的方式、发展低碳技术尤为重要。遗憾的是，虽然有《联合国气候变化框架公约》等与气候变化相关的国际公约，但是没有一个国际机构在切实推动能源低碳政策的发展与落实。[3]

综上可见，近些年全球能源形势已经发生了重大变化，全球能源治理体系的变革已经悄然开始。

---

[1] 参见 Tracking SDG 7, The Energy Progress Report 2022, available at https：//trackingsdg7.esmap.org/。

[2] 参见吴磊、曹峰毓：《论世界能源体系的双重变革与中国的能源转型》，载《太平洋学报》2019年第3期，第37页。

[3] 参见杨玉峰、[英]尼尔·赫斯特：《全球能源治理改革与中国的参与》，清华大学出版社2017年版，第73页。

二、全球能源治理体系的主要缺陷

（一）全球能源治理体系的滞后性比较突出

目前全球能源治理体系缺乏包容性，滞后性较为明显。[①]

1. 国际能源署等传统的国际能源机构的法律制度较为陈旧。众所周知，目前全球能源治理体系的基本框架形成于 20 世纪 60—70 年代。例如，成立于 1960 年的石油输出国组织曾经是"最具影响力的石油生产国组织"[②]。然而，当今美国、俄罗斯和沙特阿拉伯已成为国际石油出口市场的三大巨头。因此，随着卡塔尔于 2019 年 1 月正式退出石油输出国组织[③]，石油输出国组织已风光不再，仅靠其成员国的"配额政策和价格政策已经不足以解决当前能源市场的震荡"[④]。又如，国际能源署"作为石油消费国应对能源危机的集体机制"[⑤]，诞生于 20 世纪 70 年代第一次石油危机期间。然而，国际能源署的成员国政策一直都比较保守。国际能源署的基本法律文件——《国际能源纲领协议》（Agreement on an International Energy Program）第 71 条第 1 款明确规定："此协议应对能够并愿意满足本纲领要求的经济合作与发展组织任何成员国开放加入。"可见，国际能源署把成员国的范围严格限定在

---

① 参见 David G. Victor and Linda Yueh, The New Energy Order：Managing Insecurities in the Twenty-first Century, Foreign Affairs, Vol. 89, No. 1, 2010, pp. 61-73。

② 杨泽伟：《国际能源秩序的变革：国际法的作用与中国的角色定位》，载《东方法学》2013 年第 4 期。

③ 参见"石油输出国组织"网站，https：//www.opec.org/opec_web/en/about_us/25.htm。

④ 杨玉峰、［英］尼尔·赫斯特：《全球能源治理改革与中国的参与》清华大学出版社 2017 年版，第 87 页。

⑤ William Martin and Evan Harrje, The International Energy Agency, in Jan Kallicki & David Goldwyn eds., Energy and Security：Toward a New Foreign Policy Strategy, The Johns Hopkins University Press 2005, p. 98.

经合组织的成员国，从而排除了发展中国家和计划经济的国家加入国际能源署的可能性。因此，我们不难断言：国际能源署"既不期望、也不认为有必要将其成员范围扩大到这些发达石油消费国以外"①。

综上可见，无论是石油输出国组织还是国际能源署，这些传统的国际能源机构的法律制度的确存在不少与当今国际能源格局不相适应的地方。

2. 包括中国在内的新兴经济体在全球能源治理体系中处于弱势地位。如上所述，当今的全球能源治理机制主要由美国和其他发达国家主导，既不包括也无法代表新兴经济体。例如，中国作为世界上最大的石油和天然气进口国，既不是国际能源署的成员国，也没有加入《能源宪章条约》。因此，包括中国在内的新兴经济体，在全球能源治理体系中的这种弱势地位，无疑削弱了目前全球能源治理体系的有效性。

（二）全球能源治理机构之间的协调性明显不足

目前全球能源治理体系缺乏一个权威性、专门性的全球能源协调机构。② 正如有学者所指出的："虽然国家间能源相互依存日益增强，但是全球能源治理体系仍缺乏一个中心权威来协调能源政策。"③ 当今全球能源治理体系的碎片化现象，④ 主要体现在以下

---

① 肖兴利：《国际能源机构能源安全法律制度研究》，中国政法大学出版社 2009 年版，第 65 页。

② 参见 Aleh Cherp, Jessica Jewell and Andreas Goldthau, Governing Global Energy: Systems, Transitions, Complexity, Global Policy, Vol. 2, No. 1, 2011, pp. 75-87; Navroz K. Dubash and Ann Florini, Mapping Global Governance, Global Policy, Vol. 2, 2011, p. 11。

③ Leonardo Baccini etc., Global Energy Governance: Trade, Infrastructure, and the Diffusion of International Organizations, International Interactions, April 2013, p. 1.

④ 参见 Navroz K. Dubash and Ann Florini, Mapping Global Governance, Global Policy, Vol. 2, 2011, pp. 6-18。

三个方面：

1. 以石油输出国组织为代表的能源生产国与以国际能源署为代表的能源消费国之间的对立仍然存在，双方合作的障碍并未完全消除。虽然国际能源论坛的成员国囊括了能源生产国和能源消费国，但是国际能源论坛在全球治理体系中的作用和影响仍然有限。因此，兼顾能源生产国和能源消费国共同利益的全球性能源治理组织尚未建立。

2. 能源问题虽然是联合国开发计划署、联合国粮食与农业组织、联合国《气候变化框架公约》、联合国可持续发展委员会等国际机构的重要议题，但显然不是上述国际机构的工作重心和主要任务。

3. 传统的能源治理主要是各个主权国家按照煤炭、石油、天然气、核能和可再生能源等能源治理的客体和类别来分别进行的。① 而且，现存的全球能源治理机制不但职能相互重叠，而且治理的对象也主要限于传统的化石能源。②

（三）全球能源治理规则的硬约束有待增强

一谈到"全球能源治理"，人们就会马上联想到"全球总督"（global governor）甚至"全球政府"（global government）——一个能够制定规则并能强制实施规则的国家机关。③ 然而，目前国际社会的现实是全球能源治理体系不但缺乏普遍性的国际法规则，而且有关规则是以软约束为主。

1. 与全球能源治理体系有关的多边条约较少，普遍性和影响力不足。如上所述，学者一般认为："《能源宪章条约》是目前能

---

① 参见 Navroz K. Dubash and Ann Florini, Mapping Global Governance, Global Policy, Vol. 2, 2011, p. 7。

② 参见 Navroz K. Dubash and Ann Florini, Mapping Global Governance, Global Policy, Vol. 2, 2011, p. 15。

③ 参见 Ann Florini, The Peculiar Politics of Energy, Ethics & International Affairs, Vol. 26, No. 3, 2012, p. 300。

源领域唯一的多边条约。"① 然而，迄今包括欧盟和欧洲原子能共同体在内，只有 53 个缔约方批准了该条约。② 这说明该条约在国际社会近 200 个国家中缺乏足够的认同。此外，目前只有 61 个国际仲裁案是以《能源宪章条约》为主要依据的。这也说明该条约的影响力比较有限。③ 又如，在能源消费领域发挥一定作用的国际能源署，目前也只有 30 个成员国。④

2. 全球能源治理新平台的相关决议仅具建议性质。例如，国际能源论坛主要是一个政府间的协调机构，其基本目标是"增进成员国对共同能源利益的理解和意识"⑤，因而其职能主要是为各成员国提供交换意见、建立高层联系的平台，而不是制定政策，更没有权利给成员国施加具有法律约束力的义务。又如，2015 年由《能源宪章条约》部长级会议通过的《国际能源宪章》（International Energy Charter）是对支持国际贸易和资源获取、增加能源领域国际投资的政治声明，也没有法律约束力。⑥

三、全球能源治理体系的完善

（一）加快全球能源治理体系的现代化进程

如上所述，当今的全球能源治理体系没有准确反映世界能源形

---

① 白中红：《〈能源宪章条约〉争端解决机制研究》，武汉大学出版社 2012 年版，第 13 页。
② 参见《能源宪章条约》网站，https：//www.energycharter.org/process/energy-charter-treaty-1994/energy-charter-treaty/。
③ 参见马妍：《全球能源治理变局：挑战与改革趋势》，载《现代国际关系》2016 年第 11 期。
④ 参见"国际能源署"网站，https：//www.iea.org/countries。
⑤ 参见"International Energy Forum Charter"，available at https：//www.ief.org/about-ief/ief-charter.aspx。
⑥ 参见《能源宪章条约》网站，https：//www.energycharter.org/process/international-energy-charter-2015/overview/。

势的变化，因而全球能源治理体系的现代化进程应当加速推进。诚如国际能源署前署长诺波尔·塔纳卡（Nobuo Tanaka）所言，国际能源署要想继续在全球能源治理体系中发挥关键作用，除了改革别无他途，因为研究表明从 2006 年到 2030 年全球能源需求增长的87% 来源于非经合组织国家，非经合组织国家在世界能源需求中的份额也将从 51% 增长到 62%。①

因此，就国际能源署的现代化进程来说，首先应该修改国际能源署的《国际能源纲领协议》，改变其成员国身份仅对经合组织国家开放的条约限制。其次，修改国际能源署特殊的表决程序②，提高其决策机制的效率。最后，国际能源署还应进一步加强与中国、印度等主要石油消费大国的联系。③ 值得注意的是，2015 年 9 月国际能源署法提赫·比罗尔（Fatih Birol）署长在访问中国时明确提出："中国和其他主要发展中国家不仅要成为国际能源署的合作伙伴，更要参与到国际能源署的工作中来"，"推动国际能源署的现代化，使其发展为真正的国际能源机构。"④ 有学者也认为，中国国家能源局油气司副司长被任命为国际能源署高级顾问并在国际能源署工作，是国际能源署的现代化进程中"具有标志性的重要一步"⑤。

（二）进一步加强国际能源机构之间的协调与合作

1. 继续挖掘国际能源论坛的协调作用。1991 年海湾战争结束

---

① 参见 Ann Florini, The International Energy Agency in Global Energy Governance, Global Policy, Vol. 2, 2011, p. 48。
② 参见肖兴利：《国际能源机构能源安全法律制度研究》，中国政法大学出版社 2009 年版，第 82～105 页。
③ 参见 Ann Florini, The International Energy Agency in Global Energy Governance, Global Policy, Vol. 2, 2011, p. 40。
④ 杨玉峰、[英]尼尔·赫斯特：《全球能源治理改革与中国的参与》清华大学出版社 2017 年版，第 28 页。
⑤ 杨玉峰、[英]尼尔·赫斯特：《全球能源治理改革与中国的参与》清华大学出版社 2017 年版，第 7 页。

后，国际能源署就逐渐与石油输出国组织开展合作，双方不但签署了一项合作的谅解备忘录，而且成立了联合国工作组并进行共享数据等方面的工作。① 有鉴于此，国际能源论坛作为政府间协调机构，自成立以来就已经促成了国际能源署与石油输出国组织间的多项合作项目，如建立联合石油倡议全球性数据库等。今后把这一数据库扩展到天然气、煤炭以及其他能源领域，应该是其发展的重要方向。因此，由国际能源论坛、国际能源署和石油输出国组织三个组织的秘书处开展联合行动，被认为是弥补当前全球能源治理体系协调性不足的一项务实方案。②

2. 充分发挥 G20 在能源领域的协调功能。一方面，G20 自从关注能源问题议题以来，达成了诸多共识，特别是 2014 年布里斯班峰会通过的《G20 能源合作原则》明确提出了"加强国际能源机构之间的协调，尽量最大程度减少各机构功能重复的现象"，具有较强的示范作用。另一方面，出席 G20 峰会的是国家元首、政府首脑以及诸如国际货币基金组织等国际组织的负责人，影响力较大。特别是在 G20 机制中，存在被一些学者称为"高权威性行为体"（high-status actors）③ 的国家，能够把有关全球能源治理议题纳入 G20 议程中。此外，G20 包括了世界主要石油消费国和生产国。2017 年，G20 国家占世界石油消费的比例为约 80%，占世界石油产量的比例为约 60%；G20 国家间石油互供，自给率为73.5%。④ 事实上，近年来 G20 在提高能源效率和开发新能源技术

---

① 参见 Ann Florini, The International Energy Agency in Global Energy Governance, Global Policy, Vol. 2, 2011, p. 46。

② 杨玉峰、［英］尼尔·赫斯特：《全球能源治理改革与中国的参与》清华大学出版社 2017 年版，第 86 页。

③ Richard W. Mansbach and John A. Vasquez, In Search of Theory: A New Paradigm for Global Politics, Columbia University Press, 1981, p. 96.

④ 参见王能全：《全球石油治理需要新思维》，载《财经》2019 年第 5 期。

等方面的能源治理作用较为突出。① 因此,可以设立 G20 能源问题常设工作组,以更好地发挥 G20 在能源领域的协调功能。

(三) 提高全球能源治理体系中国际法规则的普遍效力

1. 增强《能源宪章条约》成员国的普遍性。其实,《能源宪章条约》一直处于动态的发展过程中,它源于 1990 年荷兰首相鲁德·吕贝尔斯 (Ruud Lubbers) 的一项政治动议 (political initiative) 和 1991 年《欧洲能源宪章》。《能源宪章条约》体系还包括 1994 年《能源效率和相关环境问题议定书》、1998 年《能源宪章条约贸易条款修正案》、1999 年《政府间跨国管道运输示范协议》、2003 年《过境议定书(草案)》和 2007 年《东道国政府与项目投资者之间的跨国管道运输示范协议》。2009 年能源宪章开始推进现代化改革进程,并在 2010 年出炉了"能源宪章现代化政策的路线图"(the Road Map for the Modernization of the Energy Charter Process)。2012 年还通过了"能源宪章采取巩固、扩大和推广的政策"(the Energy Charter Policy on Consolidation,Expansion and Outreach)。② 鉴于《能源宪章条约》目前已经得到了欧亚大陆 50 多个国家的批准,成员国涵盖的地理范围广,进一步增强《能源宪章条约》成员国的普遍性、促进其向全世界参加国最多的国际能源多边条约发展,是其必然的趋势。

2. 推动《国际能源宪章》由政治宣言向国际条约转变。《国际能源宪章》的序言明确提出其"最终目标是扩大《能源宪章条约》和程序的地理范围"。因此,进一步推动《国际能源宪章》向有法律约束力的国际条约转变,既是《能源宪章条约》现代化的重要步骤,也是全球能源治理体系完善的必然要求。

---

① 参见刘宏松、项南月:《二十国集团与全球能源治理》,载《国际展望》2015 年第 6 期。

② 参见 The Energy Charter Process,available at https://www.energycharter.org/process/overview/。

3. 赋予全球能源治理新平台相关决议的约束力。尽管诸如国际能源论坛将自身定位为一个国际交流的平台，其有关决议仅具建议性质，然而，鉴于国际能源论坛等全球能源治理新平台成员国较大的普遍性，赋予其相关决议以法律约束力，无疑有助于进一步发挥此类平台在全球能源治理中的作用。

（四）充分发挥能源领域的行业协会的作用

能源领域的行业协会在全球能源治理体系中的作用也日益突出。[1] 因为全球能源治理体系目标的实现，能源领域行业协会之间的国际合作不可或缺。因此，重视诸如世界能源理事会、世界石油理事会、国际天然气联盟、世界能源协会、世界煤炭协会、国际水电协会、世界风能协会、世界核协会、世界核电营运者协会、国际能源经济协会等能源行业协会的作用，是完善全球能源治理体系的重要一环。

四、"一带一路"倡议背景下中国在全球能源治理体系变革中的作用

中国作为"全球第一大原油进口国""全球第一大天然气进口国""全球第二大石油消费国""全球第二大经济体"，在"一带一路"建设中进一步发挥中国在全球能源治理体系变革中的作用，责无旁贷。

（一）推动共建"一带一路"能源合作俱乐部

"一带一路"倡议提出十年来，取得了重要进展。在此基础

---

① 参见 Navroz K. Dubash and Ann Florini, Mapping Global Governance, Global Policy, Vol. 2, 2011, p. 12; Benjamin Sovacool etc., Energy Governance, Transnational Rules, and the Resource Curse: Exploring the Effectiveness of the Extractive Industries Transparency Initiative, World Development, Vol. 83, 2016, p. 179。

上，推动共建"一带一路"能源合作俱乐部，既有现实基础，也有法律保障，同时也是完善全球能源治理体系的重要步骤。

1. 共建"一带一路"能源合作俱乐部的现实基础。

（1）"一带一路"沿线不少国家能源资源丰富。据有学者分析，"一带一路"沿线区域油气剩余探明储量分别为1338亿吨、155万亿立方米，分别占世界剩余探明总储量的57%和78%，集中了俄罗斯、中亚及中东地区的重要油气资源国。[①]

（2）能源合作是"一带一路"建设的重要内容之一。中国在与"一带一路"沿线国家的双边贸易中，油气比重高、数额大。例如，中国-中亚天然气管道、中缅油气管道、中俄东线天然气管道[②]等中国陆上跨国油气管道，已连接中亚国家、俄罗斯、缅甸等油气资源国与过境国。此外，亚马尔液化天然气项目、中沙延布炼化基地等重大项目，也是中国与"一带一路"沿线国家能源合作的典范。

（3）现有的多双边能源合作机制，为共建"一带一路"能源合作俱乐部提供了组织基础。一方面，中国与"一带一路"沿线国家在联合国、G20、亚太经合组织、上海合作组织、金砖国家集团、澜沧江-湄公河合作、大湄公河次区域、中亚区域经济合作、中国-东盟、东盟与中日韩、东亚峰会、亚洲合作对话、中国-中东欧国家合作、中国-阿拉伯国家论坛、中国-海湾阿拉伯国家合作委员会等多边框架下开展了广泛的能源合作。另一方面，中国与"一带一路"沿线国家正在实施中国-东盟清洁能源能力建设计划，

---

① 参见张翼：《"一带一路"能源合作俱乐部呼之欲出》，载《光明日报》2017年6月5日，第1版。

② 2019年12月2日，中俄东线天然气管道投产通气。它是全球能源领域最大的投资项目，合同金额为4000亿美元。该管道起自俄罗斯东西伯利亚，由布拉戈维申斯克进入中国黑龙江黑河。其中，俄境内管道全长约3000公里，中国国境内段新建管道3371公里，利用已建管道1740公里；每年输气380亿立方米。参见杨进：《中俄东线天然气管道投产通气意义重大》，载《世界知识》2019年第24期。

推动建设中国-阿盟清洁能源中心和中国-中东欧能源项目对话与合作中心等。① 因此，中国与"一带一路"沿线国家可以在上述多双边能源合作机制的基础上，共建"一带一路"能源合作俱乐部。不言而喻，共建"一带一路"能源合作俱乐部，将推动中国与"一带一路"沿线国家的能源合作向更深更广发展。

此外，截至 2022 年 9 月底中国已累计同 149 个国家、32 个国际组织签署了 200 多份政府间共建"一带一路"合作文件。② 这不但说明国际社会对"一带一路"倡议的认可，而且为"一带一路"能源合作俱乐部的建立铺平了道路。

2. 共建"一带一路"能源合作俱乐部的法律保障。

（1）中国政府出台的有关"一带一路"法律文件，为共建"一带一路"能源合作俱乐部提供了法律原则和行动指南。2013 年以来，中国政府先后出台了《推动共建丝绸之路经济带和 21 世纪海上丝绸之路的愿景与行动》（2015 年 3 月 28 日）、《共建"一带一路"：理念、实践与中国的贡献》（2017 年 5 月 10 日）、《推动丝绸之路经济带和 21 世纪海上丝绸之路能源合作愿景与行动》（2017 年 5 月 16 日）和《共建"一带一路"倡议：进展、贡献与展望》（2019 年 4 月 22 日）等有关"一带一路"倡议的重要文件。上述法律文件，特别是《推动丝绸之路经济带和 21 世纪海上丝绸之路能源合作愿景与行动》，不但明确提出了共建"一带一路"能源合作俱乐部的法律原则，如坚持开放包容、坚持互利共赢等，而且指出了合作的重点领域，如加强能源产能合作、加强能源基础设施互联互通等。

（2）"一带一路"争端解决机制的设立，为呼之欲出的"一带一路"能源合作俱乐部提供了"牙齿"。2018 年最高人民法院设立

---

① 参见国家发展和改革委员会、国家能源局：《推动丝绸之路经济带和 21 世纪海上丝绸之路能源合作愿景与行动》（2017 年 5 月 16 日），载"中国一带一路"网，https：//www.yidaiyilu.gov.cn/zchj/qwfb/13745.htm。

② 参见《已同中国签订共建"一带一路"合作文件的国家一览》，载中国"一带一路"网，https：//www.yidaiyilu.gov.cn/xwzx/roll/77298.htm。

了"国际商事法庭",负责审理当事人之间的跨境商事纠纷案件。① "国际商事法庭"的设立,既是中国建立符合现代国际法的"一带一路"国际商事纠纷解决机制的有益尝试,也为"一带一路"能源合作俱乐部提供了解决争端的法律手段。

值得注意的是,2019年4月"一带一路"能源合作伙伴关系在北京正式成立,伙伴关系成员国共同对外发布了《"一带一路"能源合作伙伴关系合作原则与务实行动》。从某种意义上来说,这是推动共建"一带一路"能源合作俱乐部的重要一步。②

(二) 积极为全球能源治理体系提供更多的公共产品

毋庸讳言,中国是当今全球能源治理体系的新兴参与者和"跟跑者"。然而,早在2008年中国国家领导人就在国际能源会议上首次阐述了"互利合作、多元发展、协同保障"的"全球能源安全观"。2012年中国政府明确提出:"积极参与全球能源治理,加强与世界各国的沟通与合作……"③ 2017年中共十九大报告特别强调:"中国秉持'共商共建共享'的全球治理观……中国将继续发挥负责任大国作用,积极参与全球治理体系改革和建设,不断贡献中国智慧和力量。"④ 因此,共建"一带一路"能源合作俱乐

---

① 参见2018年1月中央全面深化改革领导小组审议通过的《关于建立"一带一路"国际商事争端解决机制和机构的意见》。

② 截至2020年1月,"一带一路"能源合作伙伴关系成员国总数已经达到30个,包括阿富汗、阿尔及利亚、阿塞拜疆、玻利维亚、柬埔寨、佛得角、乍得、中国、东帝汶、赤道几内亚、冈比亚、匈牙利、伊拉克、科威特、吉尔吉斯斯坦、老挝、马耳他、蒙古国、缅甸、尼泊尔、尼日尔、巴基斯坦、刚果(布)、塞尔维亚、苏丹、苏里南、塔吉克斯坦、汤加、土耳其及委内瑞拉。

③ 《中国的能源政策(2012)》白皮书,载中华人民共和国中央人民政府网,http://www.gov.cn/jrzg/2012-10/24/content_2250377.htm。

④ 习近平:《决胜全面建成小康社会、夺取新时代中国特色社会主义伟大胜利——在中国共产党第十九次全国代表大会上的报告》(2017年10月18日),人民出版社2017年版,第58~60页。

部，为更多国家和地区参与"一带一路"能源合作提供平台，积极为全球能源治理体系提供更多的公共产品，既是保障中国能源安全的需要，也是中国作为负责大国的重要体现。

1. 充分发挥"全球能源互联网发展合作组织"的作用。2016年3月，"全球能源互联网发展合作组织"（Global Energy Interconnection Development and Cooperation Organization）在中国北京正式成立。① 它是为落实全球能源互联网倡议、由中国在能源领域成立的首个国际性非政府组织，已成为中国参与全球能源治理和国际多边合作的重要平台。如今，全球能源互联网已成为中国推动"一带一路"建设和人类命运共同体建设的重要内容。2018年以来，"全球能源互联网发展合作组织"提出全球能源互联网"九横九纵"骨干网架和各大洲能源互联网构建思路，发布了《全球能源互联网骨干网架研究报告》《"一带一路"国家能源互联网研究报告》，以及各大洲区域能源互联网规划，为全球能源互联网建设提供了顶层设计和行动路线图。② 今后，"全球能源互联网发展合作组织"应继续在理念传播、战略规划、标准制定、资源支持和项目开发等领域继续发挥引领作用，为全球能源转型提供中国方案。

2. 分享新能源开发和利用的经验，共同构建绿色低碳的全球能源治理格局。一方面，中国应向世界展示其在新能源开发和利用方面的成就，③ 分享其在新能源开发和利用方面有关法律、政策的成功举措。根据统计，中国是目前世界上最大的可再生能源投资国，已经连续第七年全球领先，在2018年中占全球总投资的32%，

---

① 详见"全球能源互联网发展合作组织"网站，https：//www.geidco. org/overview/。

② 参见经济参考报：《全球能源互联网发展合作组织体现"中国活力"》，转引自"全球能源互联网发展合作组织"网站 https：//www. geidco. org/overview/。

③ 目前全球大约60%的太阳能电池产自中国。

投资规模达到912亿美元。① 事实上，中国在新能源开发和利用方面的成就和经验，已经逐步得到了国际社会的认可。例如，美国前副总统阿尔·戈尔表示，中国在可再生能源领域的投资和融资在全球领先，且已完成或超过了自身设定的可再生能源发展目标。《联合国气候变化框架公约》秘书处执行秘书帕特里夏·埃斯皮诺萨（Patricia Espinosa）也曾经明确指出："人们越来越认识到中国正在努力减少排放，使其成为清洁技术的领导者，真正能够与世界不同国家分享他们的良好经验。"② 另一方面，中国还应进一步加强与有关新能源国际机构以及"一带一路"沿线国家的合作，促进新能源知识产权制度的合理应用，消除贸易壁垒，降低新能源技术的利用成本，以实现绿色低碳的全球能源治理格局。

值得一提的是，2019年11月由中国国家电力投资集团下属上海电力与马耳他政府携手在黑山共建的新能源项目——黑山莫祖拉风电站正式投入运营。③这是中国与"一带一路"沿线国家开展能源合作、推进能源的绿色可持续发展的重要尝试和成果之一。此外，2019年12月由中国电力建设集团有限公司（中国电建）投资开发的澳大利亚塔斯马尼亚州牧牛山风电项目，举行首批风机并网发电仪式。④

3. "一带一路"能源合作俱乐部下设"天然气国际论坛"。由

---

① 参见 Global Trends in Renewable Energy Investment 2019, UN Environment Programme, 11 September 2019, available at https://www.unenvironment.org/resources/report/global-trends-renewable-energy-investment-2019。

② 黄惠康：《中国特色大国外交与国际法》，法律出版社2019年版，第278页。

③ 黑山莫祖拉风电站总装机容量为46兆瓦，于2017年11月开始施工。该风电站每年可提供超过1.12亿千瓦时的清洁电力，为黑山以清洁能源为基础的发展提供了可能性。

④ 牧牛山风电项目位于塔州中央高地，总投资约3.3亿澳元（约合15亿元人民币），项目总装机容量为148.4兆瓦，通过4公里220千伏输电线路与澳国家电网连接，投产后年均上网发电量约4.4亿度，可为超过6万个家庭提供优质清洁能源，并可创造数千个就业岗位。该项目说明中国与"一带一路"沿线国家开展新能源合作，大有可为。

于中国已成为世界上最大的天然气进口国，未来天然气的对外依存度还将继续攀升，因而中国可倡导发起成立"天然气国际论坛"，作为"一带一路"能源合作俱乐部的组成部分。成员可以包括重要的天然气生产国和天然气消费国以及相关的国际组织。"天然气国际论坛"可以就天然气数据收集与分享、市场预测、天然气管道运输安全以及争端解决等方面开展交流与合作。

此外，2016 年 11 月 26 日，中国国家级能源交易平台上海石油天然气交易中心正式投入运行。2018 年 3 月 26 日，以人民币计价的中国原油期货在上海期货交易所正式上市交易。上述举措，不但将对英国布伦特原油期货和美国西德克萨斯中间基原油期货形成竞争之势①，而且也是中国积极参与全球能源治理体系变革所迈出的重要步伐，有利于提升中国在油气价格领域的话语权。

五、结　论

（一）全球能源治理体系始终受到地缘政治的困扰

能源是关系到各国（地区）国计民生的国家安全问题。因此，全球能源治理体系始终受到地缘政治的困扰。②一方面，从历史上看，作为全球能源治理体系的重要组成部分的国际能源署，它的产生就是为了应对埃及和叙利亚等阿拉伯国家反对以色列的第四次中东战争所引发的第一次全球性的石油危机。另一方面，就现实情况而言，能源资源的竞争、对核不扩散制度的分歧、恐怖主义活动对能源基础设施的威胁等，③ 无不体现全球复杂的能源地缘政治的影响。此外，俄罗斯与土耳其两国重点能源合作项目"土耳其流"

---

① 《日本经济新闻》报道：《原油美元霸权被打开缺口》（2018 年 3 月 27 日）。转引自《参考消息》2018 年 3 月 28 日，第 14 版。

② 参见 Ann Florini and Benjamin Sovacool, Bridging the Gaps in Global Energy Governance, Global Governance, Vol. 17, No. 1, 2011, p. 59。

③ 参见 Ann Florini and Benjamin Sovacool, Bridging the Gaps in Global Energy Governance, Global Governance, Vol. 17, No. 1, 2011, p. 58。

天然气管道，既是乌克兰危机直接催生的结果，更折射了地缘政治的变化。而俄罗斯和欧洲国家合作的"北溪-2号"天然气管道项目，之所以一直遭到美国的强烈反对，不但是因为美国希望欧洲国家购买本国的天然气，而且也有美国与俄罗斯进行战略竞争博弈的考量。

（二）全球能源治理体系的变革是一个渐进的过程

如上所述，能源问题与主权国家的战略利益、国家安全利益密切相关。因此，在全球能源治理体系中，不但以石油输出国组织为代表的石油生产国和以国际能源署为代表的石油消费国之间存在对立，而且国际能源机构内部各成员国之间围绕该机构的性质、合作领域、决策机制、权利义务以及争端解决等制度因素也产生分歧。这种对立与分歧，既是造成目前各个国际能源组织在成员国的普遍性方面不如联合国体系的国际组织的原因，也是导致全球能源治理体系的变革比较缓慢的重要因素。因此，不难断言无论是《能源宪章条约》的现代化进程，还是共建"一带一路"能源合作俱乐部，都不可能一蹴而就。

（三）全球能源治理体系的变革应秉持"能源命运共同体"的理念

2017年，习近平在联合国日内瓦总部发表题为《共同构建人类命运共同体》的主旨演讲，提出了构建"人类命运共同体"的原则和努力方向。① "能源命运共同体"是"人类命运共同体"的重要组成部分。因此，秉持"能源命运共同体"的理念，是实现全球能源治理体系的目标和推动全球能源治理体系变革的根本要求。一方面，能源安全是一个全球性问题，全球能源治理体系的目标是保障安全、稳定和可持续的全球能源体系，协助各国政府实现

---

① 参见习近平：《共同构建人类命运共同体》（2017年1月18日习近平主席在联合国日内瓦总部的演讲），载习近平：《习近平谈治国理政》（第2卷），外文出版社2017年版，第546~547页。

能源可持续发展的综合目标。① 另一方面，"能源命运共同体"彰显了现代国际法的一种先进的价值追求，蕴含了民主、公平、正义等国际法价值，体现了全球能源共同安全观的核心思想。特别是"能源命运共同体"包含的重要原则——"共商、共建、共享"原则，既是现代国际法基本原则的新发展②，也是实现全球能源治理体系变革的重要指针。

---

① 参见杨玉峰、[英]尼尔·赫斯特:《全球能源治理改革与中国的参与》,清华大学出版社 2017 年版,第 74 页。

② 参见杨泽伟:《"一带一路"倡议与现代国际法的发展》,载《武大国际法评论》2019 年第 6 期。

第七章 "一带一路"能源合作伙伴关系：缘起、建构与挑战

自 2013 年"丝绸之路经济带"提出以来，"一带一路"建设已走过了十个年头，成果斐然。然而，随着"一带一路"建设的持续深入，以及国际环境的诸多变化，在一定程度上，原有的合作机制已难以适应新形势下"一带一路"向纵深发展的现实需要。故而，由功能主义向规范主义转变，由倡议发起向机制化建设迈进，已成为未来架构"一带一路"的重要发展方向。特别是 2019年第二届"一带一路"国际合作高峰论坛的召开，表明这种机制化建设的趋向愈发凸显。

毋庸讳言，能源合作是"一带一路"建设中最为重要的一环，其机制建设亦是"一带一路"机制化道路上不可分割的重要组成部分。特别是 2019 年 4 月 25 日，"一带一路"能源合作伙伴关系的正式成立,① 预示着"一带一路"能源合作机制的初步建成。然而，鉴于当前国际政治经济中能源本身的特殊性，特别是地缘政治的影响，"一带一路"能源合作伙伴关系能走多远，其在全球能源秩序重塑方面可发挥多大作用，以及大国和现存的国际能源机制对其或将产生何种影响都将带来诸多不确定性。是以，本章意在从"一带一路"能源合作伙伴关系架构的时代背景出发，分析其特点和意义，并指出在未来机制化建设中，其可能面临的

① 参见国家能源局：《"一带一路"能源合作伙伴关系在京成立》，载 http：//www.nea.gov.cn/2019-04/25/c_138008675.htm。

诸多挑战,进而提出相应的制度策略,以期促成"一带一路"能源合作行稳致远。

一、"一带一路"能源合作伙伴关系的缘起

"一带一路"能源合作伙伴关系的确立有着极其深刻的时代意蕴,这不仅体现在中国国内政治经济上出现的新变化,而且国际形势,特别是全球能源格局的剧烈振荡亦对其产生了不可小觑的影响。对此,可以从以下四个方面加以理解。

(一) 国内能源生产乏力,能源安全面临严峻挑战

自 1993 年中国成为石油净进口国以来,国内能源安全形势不仅没有得到改观,相反却有日益严峻之势。2016 年,国内原油生产进入拐点,跌破了 2 亿吨。① 尽管 2019 年,原油生产增速"由负转正",② 但仍徘徊在 1.91 亿吨。而原油进口则逐年攀升,2019年首度突破 5 亿吨。③ 同一时期,国内天然气生产则颇为振荡。自2017 年起,国内生产以每年 8% 以上的速率递增,到 2019 年已达到 1.8 千亿立方米。天然气进口也创历史新高的 9656 万吨。④ 而与此相反,煤炭产业却受国内能源结构调整的影响,自 2013 年达到 39.7 亿吨的历史峰值后,开始出现下降;尽管 2019 年原煤生产

---

① 国家统计局:《2016 年国民经济和社会发展统计公报》,载 http://www.stats.gov.cn/tjsj/zxfb/201702/t20170228_1467424.html。

② 国家统计局:《2019 年 12 月份能源生产情况》,载 http://www.stats.gov.cn/tjsj/zxfb/202001/t20200117_1723395.html。

③ 国家海关总署:《2019 年 12 月进口主要商品量值表》,载 http://www.customs.gov.cn/customs/302249/302274/302277/302276/2851365/index.html。

④ 国家海关总署:《2019 年 12 月进口主要商品量值表》,载 http://www.customs.gov.cn/customs/302249/302274/302277/302276/2851365/index.html。

略有回升，但也仅达到 38.5 亿万吨。① 煤炭进口却呈逐年增长趋势，2019 年比上一年又增长 6.3%。

不言而喻，近年来，尽管国内水电、包括风能、光伏在内的可再生能源、核电都有了大幅增长，但在整个能源结构中，它们仍处于非主体性能源的地位，到 2018 年，非化石能源仅占到全部能源消费的 14.3%。② 而这带来的一个结果是，中国必须从海外大量进口油气资源，才能满足当下国内经济建设和发展的迫切需要，以至于到 2019 年，中国不仅是世界上最大的能源进口国，而且其原油对外依存度突破 70% 的红线，③ 能源安全形势颇为严峻。故谋求多元化的能源进口战略，保障能源安全，降低供应风险，已成为中国当前最为紧迫的核心任务。

（二）气候变化《巴黎协定》对中国能源生产形成新的制度束缚

1990 年，联合国政府间气候变化专门委员会的报告指出，全球气候变暖已成为不争的事实。④ 而由此引发的极端天气、南北极冰川融化等灾难性后果严重威胁人类基本生存。⑤ 为此，联合国积

---

① 国家统计局：《2019 年国民经济运行总体平稳，发展主要预期目标较好实现》，载 http://www.stats.gov.cn/tjsj/zxfb/202001/t20200117_1723383.html。

② 生态环境部：《中国应对气候变化的政策与行动 2019 年度报告》，2019 年，第 14 页。

③ 钱兴坤、刘朝全、姜学峰等：《全球石油市场艰难平衡，发展风险加大——2019 年国内外油气行业发展概述及 2020 年展望》，载《国际石油经济》2020 年第 1 期。

④ 参见 J. T. Houghton, G. J. Jenkins & J. J. Ephraums ed., Climate Change: The IPCC Scientific Assessment, Cambridge University Press 1990, p. xi。

⑤ 参见 Katherine Richardson, Will Steffen & Diana Liverman, Climate Change: Global Risks, Challenges and Decisions, Cambridge University Press 2011, pp. 117-119。

极应对气候变化，于 1992 年通过《联合国气候变化框架公约》、1997 年通过《京都议定书》。① 更为重要的是，2015 年在法国召开的《联合国气候变化框架公约》第 21 次缔约方会议上，通过了气候变化《巴黎协定》，正式将所有国家纳入温室气体减排的行列中。② 2018 年，第 24 次缔约方会议上又通过了《巴黎协定》实施细则，为各国履行《巴黎协定》铺平了法律道路。③

对中国而言，2016 年国家主席习近平向时任联合国秘书长潘基文正式递交了《巴黎协定》批准书，这意味着中国将承担《巴黎协定》项下的法律义务，与国际社会共同致力于全球温室气体减排。然而，我们也应清醒地认识到，在温室气体减排方面，中国将比其他国家承受更大的挑战和压力。这是因为，人类对化石燃料的使用而产生的温室气体排放是全球气候变暖的主因，其中，煤炭燃烧产生的排放最多。而由于自然禀赋的影响，中国的能源结构是以煤为主；即使到 2019 年，煤炭消费仍占到了 57.7%。④ 因此，减少温室气体排放则意味着中国必须减少煤炭生产，能源结构将不得不面临一次重大调整；无疑，在这一过程中，国内经济则极有可

---

① 参见 Daniel Bodansky, The United Nations Framework Convention on Climate Change, Yale Journal of International Law, Vol. 18, 1993, pp. 451-558. Duncan French, 1997 Kyoto Protocol to the 1992 UN Framework Convention on Climate Change, Journal of Environmental Law, Vol. 10, No. 2, 1998, pp. 270-239. Clare Breidenich, The Kyoto Protocol to the United Nations Framework Convention on Climate Change, American Journal of International Law, Vol. 92, 1998, pp. 315-331. Matthias Lievens & Ammeleen Kenis, Social Constructivism and Beyond on the Double Bind between Politics and Science, Ethics, Policy & Environment, Vol. 21, No. 1, 2018, pp. 81-95。参见 [英] 吉登斯著：《气候变化的政治》，曹荣湘译，社会科学文献出版社 2009 年版，第 208 页；吕江：《气候变化立法的制度变迁史：世界与中国》，载《江苏大学学报（社科版）》，2014 年第 4 期。

② 参见吕江：《〈巴黎协定〉：新的制度安排、不确定性及中国选择》，载《国际观察》2016 年第 3 期。

③ 参见吕江：《卡托维兹一揽子计划：美国之后的气候安排、法律挑战与中国应对》，载《东北亚论坛》2019 年第 5 期。

④ 国家统计局：《2019 年国民经济和社会发展统计公报》，载 http：// www. stats. gov. cn/tjsj/zxfb/202002/t20200228_1728913. html。

能深受影响，而对民众生活产生诸多不利。①

（三）全球兴起了新一轮能源革命热潮，原有国际治理机制日趋式微

进入 21 世纪后，能源革命迎来了新一轮的全球热潮。这主要体现在欧洲可再生能源革命和美国页岩革命。在 2009 年，欧盟出台了《2009 年可再生能源指令》，要求在 2020 年前，所有欧盟成员国达到可再生能源占能源消费总量的 20%，即 20-20-20 目标。② 为此，欧盟在本地区启动了碳排放交易机制。③ 各成员国也积极响应，纷纷在国内出台了相应的制度规范，以期强化对可再生能源的利用。例如英国于 2009 年发布《低碳转型计划》，④ 德国则出台了《可再生能源法》。⑤ 这些法律制度有力地推动了欧盟及其成员国在本地区形成一个颇具规模的可再生能源市场。最终，英国成为全球最大的海上风力发电国，⑥ 德国的可再生能源发电则占到了全部发电量的 36% 以上。⑦ 在欧洲地区，一场声势浩大的可再生能源革

---

① 2017 年国内的"煤改气"行动成为影响民众冬季取暖生活的主要因素。"气荒"问题到 2018 年仍时有发生。参见西安市临潼区人民政府：《关于启动天然气应急保供相关措施的紧急通知》，载 http：//www. lintong. gov. cn/zfwj/show/73392. html。

② EU Directive 2009/28/EC.

③ 参见 A. Denny Ellerman, Frank J. Convery & Christian De Perthuis, Pricing Carbon：The European Union Emissions Trading Scheme, Cambridge University Press 2008, pp. 1-8. George Daskalakis, Temporal Restrictions on Emissions Trading and the Implications for the Carbon Futures Markets：Lessons from the EU Emissions Trading Scheme, Energy Policy, Vol. 115, 2018, pp. 88-91。

④ 参见 UK DECC, The UK Low Carbon Transition Plan, London, pp. 3-15。

⑤ 参见 Elke Bruns, Dörte Ohlhorst, Bernd Wenzel & Johann Köppel, Renewable Energies in Germany's Electricity Market, Springer 2011, pp. 57-62。

⑥ 参见 Global Wind Energy Council, Global Wind Report 2018, Brussels 2019, p. 29。

⑦ 参见顾钢：《德国可再生能源供电创历史新高》，载《科技日报》2018 年 8 月 8 日，第 2 版。

命正如火如荼地展开。

与此同时，在大西洋彼岸，美国则形成了另一类能源革命，即页岩革命。页岩资源是一种深埋于地面 6000 米以下蕴藏于页岩中的油气。由于其开采难度大，被列入了非常规油气范畴。1998 年，美国一家中型油气商米歇尔公司成功利用水力压裂技术，开采出具有商业价值的页岩气，进而开启了美国的页岩革命。① 2009 年，美国天然气产量一跃成为全球第一，② 2014 年，其又成为全球最大的石油生产国，③ 据美国能源信息署的数据，2020 年，美国从原油进口国转变为净出口国，一改自 20 世纪 60 年代起的能源被动格局，重新实现了梦想多年的能源独立。④

但是，随着欧美能源革命的展开，国际社会中原有的能源治理机制却开始出现不同程度的弱化或分离。这表现在：首先，欧佩克组织控制原油定价权的能力被进一步削弱。自 2008 年金融危机之后，尽管国际风云变幻，影响全球政治经济的事件层出不穷，但国际油价却始终徘徊在一个相对较低的价位。以沙特为首的欧佩克组织也曾希冀通过较低的油价，将美国页岩革命扼杀在摇篮中，但美国仍通过操纵汇率的方式，使其化作了泡影。⑤ 到今天，欧佩克唯有与俄罗斯联手，或可对油价产生些许影响，但随着美国油气出口逐年增加，欧佩克对全球油价的影响必将更为羸弱。不过，令欧佩

---

① 参见 Diana Davids Hinton, The Seventeen-Year Overnight Wonder: George Mitchell and Unlocking the Barnett Shale, The Journal of American History, Vol. 99, No. 1, 2012, pp. 229-235。参见吕江：《规则的背后：对美国页岩革命的制度反思》，载《美国研究》2016 年第 2 期，第 95~108 页。

② 参见 BP, BP Statistical Review of World Energy 2010, BP Company, 2010, p. 5。

③ 参见 BP, BP Statistical Review of World Energy 2015, BP Company 2015, p. 3。

④ 参见 US EIA, Annual Energy Outlook 2019, EIA 2019, p. 12。

⑤ 由于页岩油气属于非常规油气资源，其开采成本一般大于传统油气资源的开采。因此，在较低的价格优势下，开采页岩油气将无利可图。参见邓正红著：《页岩战略：美联储在行动》，石油工业出版社 2017 年版，第 11 页。

克更为尴尬的是,2019年卡塔尔正式退出欧佩克。① 此外,美国国会也再次启动《禁止石油出口与进口卡特尔法》的议案,如若该法案最终获得通过,那将意味着欧佩克极可能受其影响,而被迫解散。② 这些对欧佩克组织而言,无疑都是雪上加霜。

其次,能源宪章条约组织亦面临较为窘迫的困境。以《能源宪章条约》(Energy Charter Treaty, ECT)为基础建立起来的能源宪章条约组织,是目前世界上拥有较为完备规则体系的能源组织,其主要涉及与能源贸易和投资相关的规则制度。③ 然而,其不足在于美国和其他主要油气生产国一直未加入该条约,而且俄罗斯最终也选择了退出该组织。④ 尽管进入21世纪之后,该组织意欲通过《国际能源宪章宣言》,扩大其影响;但不容回避的现实是,其过于对投资者保护的规则体系或是一柄双刃剑,如2017年,依据《能源宪章条约》,多名外国投资者对西班牙提起仲裁,抗议其对可再生能源补贴的取消。⑤ 这无疑使其他国家对《能源宪章条约》组织能否会有力支持可再生能源良性发展产生了诸多质疑。

再次,国际能源署改革势在必行。在1973—1974年石油禁运背景下,建立在能源进口国基础上的国际能源署应运而生。该组织最具特色的是其"紧急石油分享计划",即在某成员国石油短缺7%以上时,经机构理事会的决议,可通过成员国间的协议分享石

① 参见 Julia Kollewe, Qatar Pulls Out of OPEC to Focus on Gas Production, The Guardian, 2018-12-03。

② 李倩:《美酝酿立法对抗欧佩克》,载《中国能源报》2018年7月30日,第5版。

③ 参见 Thomas W. Wälde, International Investment Under the 1994 Energy Charter Treaty, in Thomas W. Wälde ed., The Energy Charter Treaty: An East-West Gateway for Investment and Trade, Kluwer Law International 1996, pp. 251-320。

④ 参见能源宪章组织官网, available at https://energycharter.org/who-we-are/members-observers/countries/russian-federation/。

⑤ 参见 Daniel Gabaldon-Estevan, Elisa Penalvo-Lopez & David Alfonso Solar, The Spanish Turn against Renewable Energy Development, Sustainability, Vol. 10, No. 4, 2018, pp. 1208-1224。

油库存，限制原油消耗或向市场抛售，以保障成员国的能源安全。① 不过，近年来国际能源署的这一作用日渐式微，一方面，由于各国原油进口日趋多元化，OPEC 再难以发挥其原有作用;② 另一方面，国际能源格局亦发生了重大变化，成员国对石油的需求趋于饱和，或转为能源生产国。③ 该"紧急石油分享计划"可发挥作用的空间变得越来越狭小。④

（四）"一带一路"倡议为架构能源合作机制带来新的契机

2013 年，在哈萨克斯坦纳扎尔巴耶夫大学演讲时，国家主席习近平正式提出建设"丝绸之路经济带"的号召；同年在出访东南亚国家时，在印尼国会又提出建设"21 世纪海上丝绸之路"的倡议。至此，在对外关系上，特别是与亚非等国建立更为紧密的经济往来，成为"丝绸之路经济带"和"21 世纪海上丝绸之路"，即"一带一路"倡议的主要诉求。毋庸置疑，在"一带一路"沿线国家中包括了中东、中亚和非洲等富有油气资源的国家。故而，加强能源合作成为"一带一路"建设中的应有之义。

不过，与之前中国与这些国家开展的合作相比，"一带一路"

---

① 参见 Richard Scott, The history of the International Energy Agency, 1974-1994: IEA, the first 20 years, OECD/IEA 1994, pp. 71-113。肖兴利著：《国际能源机构能源安全法律制度研究》，中国政法大学出版社 2009 年版，第 103~154 页。

② 参见 Mohamed Ramady & Wael Mahdi, OPEC in a Shale Oil World: Where to Next? Springer 2015, pp. 79-82。

③ 参见 Thijs Van de Graaf, Obsolete or Resurgent? The International Energy Agency in a Changing Global Landscape, Energy Policy, Vol. 48, 2012, pp. 231-241。

④ 参见 Thijs Van de Graaf & Dries Lesage, The International Energy Agency after 35 Years: Reform Needs and Institutional Adaptability, Review of International Organizations, Vol. 4, 2009, pp. 293-317. Harald Heubaum & Frank Biermann, Integrating Global Energy and Climate Governance: The Changing Role of the International Energy Agency, Energy Policy, Vol. 87, 2015, pp. 229-239。

能源合作更为凸显。这表现在，第一，前者主要是建立在能源贸易基础上的。换言之，是一种建立在油气进口之上的单向合作模式。而后者则不仅仅体现在能源贸易领域，而且更多地强调能源投资的作用，成为一种双向的能源合作模式。第二，后者不仅包括了油气等传统能源方面的合作，而且也将新能源和可再生能源领域的投资纳入了"一带一路"能源合作的重要领域。① 这就为双方开展多层次、全方位的能源交往开拓了新的合作空间。第三，第三方市场合作成为"一带一路"能源合作的新亮点。尽管"一带一路"倡议是面向亚非国家的，但随着"一带一路"建设的深入，包括发达国家在内的越来越多的非"一带一路"沿线国家纷纷表示愿意加入其中。显然，加强与第三方的市场合作是进一步扩大"一带一路"能源合作的重要举措，② 这不仅能为"一带一路"沿线国家带来更多的资金、技术，而且亦可通过利益分享的方式，使更多国家获益。

二、"一带一路"能源合作伙伴关系的建构

如上所述，为应对更为严峻的国内能源供应安全的现实挑战，开启具有中国意义上的能源生产和消费革命，以及参与全球能源治理，构建新的国际能源秩序，无疑都离不开相关机制的建设和架构，而"一带一路"能源合作的现实发展则恰恰又为此种机制建设带来了重要的契机和空间。是故，"一带一路"能源合作伙伴关系的机制建构即被提上了日程。从其建构的整个过程来看，大致经历了准备、提出、确立和创设四个阶段。

（一）"一带一路"能源合作机制的准备

"一带一路"能源合作机制建构最早可追溯到 2013 年国家主

---

① 参见 Wei Shen & Marcus Power, Africa and the Export of China's Clean Energy Revolution, Third World Quarterly, Vol. 38, No. 3, 2017, pp. 678-697。

② 自 2015 年 6 月起，中国已与法国、日本、意大利、新加坡、瑞士等国相继签订了加强第三方市场合作的联合声明或谅解备忘录。

席习近平在哈萨克斯坦纳扎尔巴耶夫大学提出"共建丝绸之路经济带"的演讲中。在该演讲中，他指出，可以用创新的合作模式，共同建设"丝绸之路经济带"……要本着求同存异原则，协商制定推进区域合作的规划和措施，在政策和法律上为区域经济融合"开绿灯"。各方应该就贸易和投资便利化问题进行探讨并作出适当安排。①

2015 年 3 月，国家发展改革委、外交部、商务部联合发布了《推动共建丝绸之路经济带和 21 世纪海上丝绸之路的愿景与行动》（以下简称《"一带一路"愿景与行动》）。该文件成为"一带一路"建设的重要指导性文件。在其第五部分的合作机制部分中，提出了"一带一路"建设可兹利用的三个机制，即双边联合工作机制、多边合作机制以及论坛机制。② 2017 年 5 月，第一届"一带一路"国际合作高峰论坛在北京召开。国家主席习近平再次强调了能源合作机制建设的重要意义。他深刻指出，要抓住新一轮能源结构调整和能源技术变革趋势，建设全球能源互联网，实现绿色低碳发展……我们也要促进政策、规则、标准三位一体的联通，为互联互通提供机制保障。③ 由此可见，无论是"丝绸之路经济带"倡议的提出，还是《"一带一路"愿景与行动》对合作机制的规划，以及再到高峰论坛上针对能源互联网提出的具体机制建设要求，都为进一步开展"一带一路"能源合作机制建构提供了重要的思想和制度上的准备工作。

（二）"一带一路"能源合作机制建构的提出

2017 年 5 月，在第一届"一带一路"国际合作高峰论坛召开

---

① 参见习近平：《弘扬人民友谊，共创美好未来——在纳扎尔巴耶夫大学的演讲》，载《人民日报》2013 年 9 月 8 日，第 3 版。

② 参见国家发展改革委、外交部和商务部：《推动共建丝绸之路经济带和 21 世纪海上丝绸之路的愿景与行动》，载《人民日报》2015 年 3 月 29 日，第 4 版。

③ 参见习近平：《携手推进"一带一路"建设——在"一带一路"国际合作高峰论坛开幕式上演讲》，载《人民日报》2017 年 5 月 15 日，第 3 版。

之际，关于开展"一带一路"能源合作机制建设的具体实践也悄然启动。就在同一月，国家发展改革委、国家能源局共同发布了《推动丝绸之路经济带和 21 世纪海上丝绸之路能源合作愿景与行动》。该文件第一次有针对性地提出了"一带一路"能源合作机制建构的具体方案。①

在强调能源之于人类社会的重大意义，以及加强"一带一路"建设，促进各国能源务实合作的现实需要后，文件指出，全球能源治理新机制正在逐步形成，未来"一带一路"能源合作旨在共同打造开放包容、普惠共享的能源利益共同体、责任共同体和命运共同体。为此，一方面，中国将继续加强"一带一路"原有的三种合作机制，积极参与包括联合国在内的 15 个多边框架下的能源合作，以及与国际能源署等 6 个能源国际组织开展合作。但另一方面，更为重要的是，文件第一次提出了共建"一带一路"能源合作俱乐部的提议。尽管文件中尚未指明"一带一路"能源合作俱乐部将如何建设，但前者的正式提出已表明中国在"一带一路"能源合作的机制建设方面将具体进入实践行动中。

（三）"一带一路"能源合作伙伴关系名称的确立

2017 年，"一带一路"能源合作新理念和具体构想提出后，有关机制建构就进入一个颇为紧密的实施过程。2018 年 10 月 18 日，由国家能源局、江苏省人民政府和国际可再生能源署联合主办的第一届"一带一路"能源部长会议暨第三届国际能源变革论坛在苏州召开。此次会议邀请到包括土耳其、阿尔及利亚、阿塞拜疆、巴基斯坦等 29 个国家和经济体、7 个国际组织的代表以及 53 家中外知名企业。会议就加强能源投资便利化、促进能源大宗商品贸易畅

---

① 参见国家发展改革委和国家能源局：《推动丝绸之路经济带和 21 世纪海上丝绸之路能源合作愿景与行动》，载《中国电力报》2017 年 5 月 15 日，第 3 版。

通，以及未来能源等议题进行了广泛交流。①

国家主席习近平为此次会议发来贺信。他指出，能源合作是共建"一带一路"的重点领域。我们愿同各国在共建"一带一路"框架内加强能源领域合作，为推动共同发展创造有利条件，共同促进全球能源可持续发展，维护全球能源安全。希望与会嘉宾就深化能源国际合作和促进全球能源变革等重大问题深入交流、凝聚共识，推动建立"一带一路"能源合作伙伴关系，为推动构建人类命运共同体作出积极贡献。②

会议期间，中国与17个国家共同发布了《建立"一带一路"能源合作伙伴关系部长联合宣言》（以下简称《联合宣言》）。③其具体内容共分为五部分，第一，强调了当前国际能源形势正处于深刻变革中，开展能源国际合作是解决能源问题、应对气候变化和可持续发展的必由之路；第二，指出作为一个开放性的国际合作平台，"一带一路"为能源合作带来了契机和动能；第三，提出建立"'一带一路'能源合作伙伴关系"，将其打造为推动能源互利合作的合作平台；第四，同意将遵循"共商、共建、共享"的原则，实现参与合作的国家在能源领域的共同发展、共同繁荣；第五，决定在此原则和务实协商的基础上，于2019年正式成立"'一带一路'能源合作伙伴关系"。④无疑，无论从习近平的贺信，还是《联合宣言》都可看出，"一带一路"能源合作机制将名称最终确

① 国家能源局：《"一带一路"能源部长会议和国际能源变革论坛圆满闭幕》，载 http：//www. nea. gov. cn/2018-10/19/c_137544317. htm。

② 国务院：《习近平向"一带一路"能源部长会议和国际能源变革论坛致贺信》，载 http：//www. gov. cn/xinwen/2018-10/18/content_5332014. htm。

③ 这17个国家分别为：阿尔及利亚、阿塞拜疆、阿富汗、玻利维亚、赤道几内亚、伊拉克、科威特、老挝、马耳他、缅甸、尼泊尔、尼日尔、苏丹、塔吉克斯坦、土耳其、委内瑞拉。参见中国"一带一路"网：《中国与17国发布建立"一带一路"能源合作伙伴关系部长联合宣言》，载 https：//www. yidaiyilu. gov. cn/xwzx/roll/69156. htm。

④ "一带一路"能源合作伙伴关系官网：《建立一带一路能源合作伙伴关系部长联合宣言》，载 https：//bremc. obor. nea. gov. cn/content? flag = 21&lang = zh_CN。

定为"一带一路"能源合作伙伴关系。

(四)"一带一路"能源合作伙伴关系的创设

2019 年 3 月 19 日和 4 月 10 日,按照《联合宣言》的安排,"一带一路"能源合作伙伴关系的筹备组分别召开了两次磋商会议,最终商定于 4 月 25 日在北京举办"一带一路"能源合作伙伴关系成立仪式。① 这一天,来自 30 个国家和 5 个观察员国的能源部长、驻华代表、能源主管部门的高级代表出席了仪式。② 会议宣布"一带一路"能源合作伙伴关系正式成立,并共同发布了《"一带一路"能源合作伙伴关系合作原则和务实行动》。

《"一带一路"能源合作伙伴关系合作原则和务实行动》(以下简称《合作原则和务实行动》) 涵盖了三个方面的内容,即目标、合作原则和务实行动。③ 具体而言,目标包括了为能源合作提供政策支持、形成开放稳定的全球能源市场、加强能源科技创新合作、促进清洁能源和能效合作,以及开展能力建设和人才培训合作。形成的六大合作原则是开放包容、互利互赢、市场运作、能源安全、可持续发展和社会责任。在务实行动方面提出,每两年举办一次"一带一路"能源部长会议,开展人员培训和能力建设项目,推动政府间政策交流与合作意向沟通,搭建合作与技术交流平台,以及根据需要联络其他国际组织。至此,"一带一路"能源合作机制初

---

① 参见共建"一带一路"能源伙伴关系网:《"一带一路"能源合作伙伴关系第一次磋商会在北京举行》,载 http://obor. nea. gov. cn/detail/7846. html;参见共建"一带一路"能源伙伴关系网:《"一带一路"能源合作伙伴关系第二次磋商会在北京举行》,载 https://bremc. obor. nea. gov. cn/showOneNews? nd=14。

② 这 30 个成员国包括阿富汗、阿尔及利亚、阿塞拜疆、玻利维亚、柬埔寨、佛得角、乍得、中国、东帝汶、赤道几内亚、冈比亚、匈牙利、伊拉克、科威特、吉尔吉斯斯坦、老挝、马耳他、蒙古、缅甸、尼泊尔、尼日尔、巴基斯坦、刚果(布)、塞尔维亚、苏丹、苏里南、塔吉克斯坦、汤加、土耳其及委内瑞拉。

③ 参见国家能源局:《"一带一路"能源合作伙伴关系合作原则和务实行动》,载 http://www. nea. gov. cn/2019-04/25/c_138008739. htm。

步形成，"一带一路"能源合作伙伴关系正式进入全球能源治理大家庭中。

三、"一带一路"能源合作伙伴关系的建构意义

毫无疑问，作为"一带一路"能源合作的机制建设，"一带一路"能源合作伙伴关系的建立，不仅反映了"一带一路"能源合作的进一步深化，更是中国对全球能源秩序改革提出的重大方案。对此，可从如下四个方面加以理解。

（一）"一带一路"能源合作伙伴关系的建立实现了"一带一路"能源合作从功能主义向规范主义的转向

从能源合作的自身演变来看，功能主义一直是传统上中国在能源领域开展对外合作的主要模式和路径。这一模式和路径的形成有其客观必然性。一方面，自中华人民共和国成立以来，中国的能源合作经历了一个从无到有，从能源出口到能源进口的身份转换；以及从经验不足到积极参与能源合作的过程。① 这种历史现实决定了在能源合作之初，中国必然是从功能主义出发的，即谋求那些最能实现中国能源诉求的方法和路径。特别是 1993 年，成为石油净进口国后，在对外能源合作方面，中国基本上是全方位的，无论是发展中国家，还是发达国家；无论是区域性的能源组织，还是国际性的；从能源贸易到能源并购，再到能源投资，中国积

---

① 参见 Kim Woodard, The International Energy Relations of China, Stanford University Press 1980, pp. 242-261. Monique Taylor, The Chinese State, Oil and Energy Security, Palgrave macmillan 2014, pp. 70-148。亦可参见 ［美］迈克尔·伊科诺米迪斯、［美］谢西娜著：《能源：中国发展的瓶颈》，陈卫东、孟凡奇译，石油工业出版社 2016 年版，第 8~9 页。国家发展改革委宏观经济研究院能源研究所著：《伟大的飞跃：中国能源发展 40 年》，人民出版社 2018 年版，第 253~300 页。

极寻求多元化的能源合作,而这种格局在"一带一路"建设之初亦是如此。①

另一方面,中国采取功能主义的路径亦是受全球能源治理规则的客观现实所决定的。"一带一路"倡议提出之前,全球能源治理规则的建构者主要集中在石油输出国组织、国际能源署和能源宪章条约组织。② 它们为全球建立起一套有关能源贸易和投资的规则体系。③ 然而,在这一规则体系建立之时,在全球能源治理格局中,中国不仅没有足够的影响力,而且自身的地位也是以出口国身份出现的。这与当前中国作为全球最大能源消费国的影响力和地位是截

---

① 参见高世宪、朱跃中等著:《依托"一带一路"深化国际能源合作》,中国经济出版社 2016 年版,第 1~15 页。

② 参见 Rene G. Ortiz, The World Energy Outlook in the 1980s and the Role of OPEC, in Ragaei El Mallakh ed. , OPEC: Twenty Years and Beyond, Westview Press 2016, pp. 1-16. Bassam Fattouh & Anupama Sen, The Past, Present and Future Role of OPEC, in Thijs Van de Graaf, Benjamin K. Sovacool, Arunabha Ghosh, Florian Kern & Michael T. Klare ed. , The Palgrave Handbook of the International Political Economy of Energy, Palgrave macmillan 2016, pp. 73-94. Tarcisio Gazzini, Energy Charter Treaty: Achievements, Challenges and Perspectives, in Eric De Brabandere & Tarcisio Gazzini ed. , Foreign Investment in the Energy Sector: Balancing Private and Public Interests, Brill Nijhoff 2014, pp. 105-129。

③ 参见 Sijbren de Jong & Jan Wouters, Institutional Actors in International Energy Law, in Kim Talus ed. , Research Handbook on International Energy Law, Edward Elgar 2014, pp. 18-43. Andrei V. Belyi, International Energy Law, Institutions and Geopolitics, in Kim Talus ed. , Research Handbook on International Energy Law, Edward Elgar 2014, pp. 624-650. Thijs Van de Graaf & Fariborz Zelli, Actors, Institutions and Frames in Global Energy Politics, in Thijs Van de Graaf, Benjamin K. Sovacool, Arunabha Ghosh, Florian Kern & Michael T. Klare ed. , The Palgrave Handbook of the International Political Economy of Energy, Palgrave macmillan 2016, pp. 47-72. Eric De Brabandere, The Settlement of Investment Disputes in the Energy Sector, in Eric De Brabandere & Tarcisio Gazzini ed. , Foreign Investment in the Energy Sector: Balancing Private and Public Interests, Brill Nijhoff 2014, pp. 130-168。

然相反的。因此，原有的全球能源治理规则既没有彰显出中国应有的话语权，也未能反映中国在全球能源治理中的基本诉求。故而，在无法完全利用原有能源治理规则的客观现实面前，中国只能选择功能主义的态度和立场。

此外，更重要的是，在"一带一路"倡议被提出之时，中国对外能源合作急需适应在新形势下出现的新变化，而依循传统的功能主义模式则不仅有利于积累相关经验，也具有较大的灵活性，有助于"一带一路"前期能源合作工作的顺利展开。而且，实践也充分证明在"一带一路"建设之初，中国采取这一模式开展能源合作是成功的。① 然而，随着"一带一路"建设的铺开，功能主义显然已无法再继续推动能源合作的进一步拓展。这是因为，首先，随着能源合作的深化，一些深层次的问题逐渐暴露出来且具有某种共性，如若继续采取功能主义模式，不仅解决成本会加大，而且难以保证公平性。相反，建立在规范主义基础上的能源机制将有助于形成解决争端、深化合作的常态化保障。其次，那些希望加入"一带一路"能源合作的国家，较难甚至无法通过功能主义的模式知悉自己在"一带一路"下可能获得的收益，而规范主义的机制建设将有助于降低合作展开的不确定性，促成其他国家加入"一带一路"能源合作中，扩大"一带一路"共建的范围。再者，具有规范属性的机制建设比功能主义体现了更高的透明度，可以防范和扼制一些国家对"一带一路"能源合作的种种非议。

（二）"一带一路"能源合作伙伴关系是对全球能源秩序变革的贡献与创新

"一带一路"能源合作伙伴关系的建立对全球能源秩序变革起到了重要的推动作用。它不仅体现在对中国对外能源合作的机制创新上，而且亦是对全球能源治理的突破与贡献。对此，可从以下

---

① 参见吕江：《"一带一路"能源合作（2013-2018）的制度建构：实践创新、现实挑战与中国选择》，载《中国人口·资源与环境》2019年第6期。

三个维度来加以认识。

1. "一带一路"能源合作伙伴关系是"一带一路"合作机制的深化和拓展。2015年，国家发展改革委、外交部和商务部出台的《"一带一路"愿景与行动》中提出的"一带一路"合作机制是建立在双边、多边以及论坛的三种合作机制下。从"一带一路"建设的前期发展来看，这三种合作机制都如期地发挥了它们各自应有的作用，且可以肯定的是，随着"一带一路"共建的深入，这三种合作机制仍将继续发挥其作用。而从性质上讲，"一带一路"能源合作伙伴关系的建立不仅是"一带一路"合作机制的有益补充，更是"一带一路"合作机制的进一步深化和拓展。这是因为，前三种合作机制更多地是建立在功能主义的基础之上，更多地强调"一带一路"合作的灵活性和多样性。而后者的建立则强化了"一带一路"合作中的规范性和体系性，有助于弥补双边、多边以及论坛机制的不足，并为共建"一带一路"走向深化合作和继续推进，奠定更为坚实的互信基础。

2. "一带一路"能源合作伙伴关系是中国对外能源合作的新突破和新范式。在"一带一路"能源合作伙伴关系机制出现之前，中国的对外能源合作尚未参与到任何一个广泛的区域或全球性的能源治理机制中。① 进入21世纪左右，国内外学者也曾提出建立东北亚能源共同体的设想，② 甚至在实践中，期冀在上海合作组织框架下建立能源俱乐部。③ 但这些设想终归由于政治互信不足或在具

---

① 需要强调的是，此处所指的区域或全球性的能源治理机制是狭义层面上的，是指那些以规则为导向的区域或全球性质的能源治理机构，而不是泛指具有论坛性质或不具约束力的区域或全球性的能源治理组织。

② 参见杨泽伟：《"东北亚能源共同体"法律框架初探》，载《法学》2006年第4期。M. Hirata, Proposal for the Asian Pacific Energy Community, International Journal of Global Energy Issues, Vol. 7, 1995, pp. 191-204。

③ 参见 Galiia A. Movkebaeva, Energy Cooperation among Kazakhstan, Russia, and China within the Shanghai Cooperation Organization, Russian Politics and Law, Vol. 51, No. 1, 2013, pp. 80-87。

体制度安排上存在抵牾而未能完全实现。即便如此，在"一带一路"倡议提出之初，受前期能源治理的固化思维影响，在《推动丝绸之路经济带和 21 世纪海上丝绸之路能源合作愿景与行动》中提出的能源合作机制设想仍是以建立"一带一路"能源俱乐部为目标。

而"一带一路"能源合作伙伴关系的提出，显然突破了原有思维，意在构建起一个全新的能源治理范式。这一方面是由于原有的设想和架构已无法涵盖更为广阔的"一带一路"倡议下的能源合作；另一方面，亦是因为无论从理念上，还是从实践中，"一带一路"倡议下的能源合作都出现了许多新的发展和变化，不再是单纯地建立在能源进口国或区域层面上的能源治理，从而需要新的治理理念和范式来反映这一诉求。更重要的是，"俱乐部"的能源合作形式带有封闭特色，而"一带一路"能源合作伙伴关系体现的则是一个开放、包容的能源合作理念；相比之下，后者是一种能源合作理念的更高机制。[1]

3. "一带一路"能源合作伙伴关系是构建新型国际能源秩序的有益尝试。在旧的国际能源秩序中，能源合作基本上是从能源供需角度出发，形成了生产与消费两个不同的能源合作秩序，例如石油输出国组织和国际能源署。尽管能源宪章条约组织是一个包括能源生产与消费国的组织，但其制度规则仍是偏于能源消费国方面的。而其他类型的能源合作组织远未达到像前三者那样的制度安排和影响力。[2] 但不可否认的是，此种国际能源秩序已与国际能源发展的时代潮流出现了不同程度的落差，甚至在一些方面阻碍了全球

---

[1] 从推进"一带一路"建设工作领导小组办公室于 2019 年 4 月发布的《共建"一带一路"倡议：进展、贡献与展望》的报告中亦可看出，"一带一路"倡议从总体而言是不支持建立一种俱乐部形式的合作机制。参见推进"一带一路"建设工作领导组办公室：《共建"一带一路"倡议：进展、贡献与展望 2019》，外文出版社 2019 年版，第 2 页。

[2] 参见中国国际经济交流中心课题组著：《加强能源国际合作研究》，中国经济出版社 2018 年版，第 203 页。

能源治理的良好运行。①

而"一带一路"能源合作伙伴关系的建立正是旨在构建起一种新型的国际能源秩序。这一合作机制，不仅包括了能源生产国和消费国，而且在制度安排上亦是双向发展的，既照顾到能源生产国寻求出口的合作意愿，同时又从基础设施建设和新能源投资的角度，实现了能源消费国直接或通过第三方市场合作开展能源项目建设的可能性。

（三）"一带一路"能源合作伙伴关系建立起了新型的能源合作制度规则

在传统国际能源法领域，有关国际能源合作并没有建立起一套完整的规则体系。它们或是建立在能源生产国的制度安排上，或是建立在能源进口国的需求上。虽然能源宪章条约组织曾试图整合国际能源合作的制度规则，但最终建立起来的却更多地是借鉴国际投资法的基本理念，形成的一个围绕国际能源投资的法律规则。② 因此，在某种意义上，一个将能源出口国与进口国统一起来的规则体系尚付之阙如。

在其建立的宣言中，"一带一路"能源合作伙伴关系曾明确指出，将遵循"共商、共建、共享"的原则，促进各参与合作国家在能源领域的共同发展、共同繁荣。不言而喻，这为全球能源合作

---

① 参见 Thorsten Benner and Ricardo Soares de Oliveira & Frederic Kalinke, The Good/Band Nexus in Global Energy Governance, in Andreas Goldthau & Jan Martin Witte ed., Global Energy Governance: The New Rules of the Game, Global Public Policy Institute 2010, pp. 287-314。参见杨玉峰、［英］尼尔·赫斯特主编：《全球能源治理改革与中国的参与》，清华大学出版社 2017 年版，第 71-97 页。杨泽伟：《国际能源秩序的变革：国际法的作用与中国的角色定位》，载《东方法学》2013 年第 4 期。

② 参见 Stephan W. Schill, Foreign Investment in the Energy Sector: Lessons for International Investment Law, in Eric De Brabandere & Tarcisio Gazzini ed., Foreign Investment in the Energy Sector: Balancing Private and Public Interests, Brill Nijhoff 2014, pp. 259-282。

开启起了一种新型的能源合作制度规则。因为这一原则的建立至少在能源合作的两个方面形成了新的突破，一是，其可将能源生产国和进口国的诉求都纳入制度规则中，通过共商的方式，反映其各自的利益诉求，并在此基础上共同着力于全球能源治理，进而实现双赢乃至全球能源进步。二是，该原则没有将能源合作仅仅局限在能源投资领域，而是面向能源合作的各个方面。因此，在未来，与能源合作的贸易、金融以及知识产权等方面都可开展富有成效的合作，而这势必促成全球能源治理走向一个更加完善的规则体系。

四、"一带一路"能源合作伙伴关系面临的挑战

"一带一路"能源合作伙伴关系的正式建立，预示着"一带一路"能源合作进入一个全新的发展阶段，这既是"一带一路"机制化建设的必然结果，亦是全球能源治理范式转变的根本诉求。然而，前者并不能摆脱现实环境的影响；在未来，一些不确定因素仍存在着对其形成新的约束和挑战的可能性。

（一）"一带一路"能源合作伙伴关系的机制延展问题

从《联合宣言》以及《合作原则和务实行动》来看，"一带一路"能源合作伙伴关系首先是一个"国际能源合作的平台"。同时，亦是"一带一路"建设的五大支持机制之一。① 然而目前，"一带一路"能源合作伙伴关系仅仅建立起了纲领性文件，亦即确立了组织的宗旨、原则和开展的活动。显然，这与一个严格意义上的国际组织，或者说一个完备的机制平台还相去甚远。未来，"一

---

① "一带一路"建设的五大支持机制包括中欧班列运输联合工作组、海丝港口合作宁波倡议、"一带一路"能源合作伙伴关系、"一带一路"税收征管合作机制、"一带一路"绿色发展国际联盟。参见"一带一路"国际合作高峰论坛咨询委员会：《共建"一带一路"：建设更美好的世界》，2019年，第21页。

带一路"能源合作伙伴关系的机制延展无疑将是其进一步发展的关键所在。

一方面，尚须加快程序性功能的完善。从《合作原则和务实行动》可以看出，"一带一路"能源合作伙伴关系旨在开展的行动，不仅包括召开"一带一路"能源部长会议，还有进行能力建设、人员培训、政策沟通以及平台合作等事项。但所有这些事项均未规定具体运行程序。是以，亟待尽快建立起一套有效的程序规则，因为只有在程序规则完善的前提下，务实行动才能形成常态化的发展，能源合作才能不断走向深化。这正如剑桥大学的约翰斯通和波尔斯所言，"程序问题可能是枯燥乏味的；然而，如果要避免混乱，就必须在那些旨在推动实质内容的法律领域内处理好这些问题"。① 另一方面，也亟待细化具体合作的规则建设。无论是《联合宣言》，还是《合作原则和务实行动》都明确提出加强能源贸易、能源投资以及能源技术转化等方面的合作。但如何具体开展这些方面的合作，显然无法在这两份纲领性文件中体现出来。故而，就须进一步完善规则建设，引导"一带一路"的能源贸易、能源投资以及技术转化走向具体实践操作。

此外，"一带一路"能源合作伙伴关系的相关文件中更加突出保护生态环境、应对气候变化、可持续发展以及社会责任。这就要求在机制建设方面，"一带一路"能源合作伙伴关系不仅要积极关注能源领域的现实建设，而且应更多地将这些与能源相关的议题纳入到能源合作的规则建设中。无疑，这些内容都是其未来机制建设的紧迫任务。

(二)"一带一路"能源合作伙伴关系的碎片化问题

"一带一路"能源合作伙伴关系的碎片化问题，主要是针对在

---

① Angus Johnston & Edward Powles, The Kings of the World and Their Dukes' Dilemma: Globalisation, Jurisdiction and the Rule of Law, in Piet Jan Slot & Mielle Bulterman ed., Globalisation and Jurisdiction, Kluwer Law International 2004, p. 30.

"一带一路"能源合作伙伴关系成立之前，中国开展能源合作的其他机制而言的。换言之，"一带一路"能源合作伙伴关系在未来需要审慎考虑它与其他能源合作机制之间的关系。之所以要考虑这一问题，是因为其可能造成"一带一路"能源合作的碎片化，从而不利于"一带一路"能源合作伙伴关系正常功能的发挥。

目前，中国在中非合作论坛、中阿合作论坛、上海合作组织等机制平台下都有着广泛的能源合作议题。① 同时，也存在着像以中国为核心成立起来的全球能源互联网发展合作组织等机构。② 显而易见，这些合作论坛和组织机构都在能源合作领域发挥着各自功能，是开展"一带一路"能源合作的有效途径和渠道。但随着"一带一路"能源合作伙伴关系的建立，如何确定与它们之间的关系，如何将分散的、碎片化的能源合作凝聚或整合成更具实效性的能源务实行动，无疑将是前者必须考虑的现实问题。

从目前的发展来看，要加强中国的国际能源合作，"一带一路"能源合作伙伴关系就需放在一个更高的规则层面。但将这些

---

① 参见外交部：《中非合作论坛——北京行动计划（2019-2021）》，载 https：//www.fmprc.gov.cn/zfltfh2018/chn/hyqk/t1592247.htm。中阿合作论坛：《中国和阿拉伯国家合作共建"一带一路"行动宣言》，载 http：//www.cascf.org/chn/zagx/gjydyl/t1577010.htm。参见 Yitzhak Shichor，Vision，Revision and Supervision：The Politics of China's OBOR and AIIB and Their Implications for the Middle East，in Anoushiravan Ehteshami & Niv Horesh ed.，China's Presence in the Middle East：The Implications of the One Belt，One Road Initiative，Routledge 2018，pp. 46-53. James M. Dorsey，Chinese Investments in the Arab Maelstrom，in Alessandro Arduino & Xue Gong ed.，Securing the Belt and Road Initiative：Risk Assessment，Private Security and Special Insurances Along the New Wave of Chinese Outbound Investments，Palgrave macmillan 2018，pp. 235-254. Galiia A. Movkebaeva，Energy Cooperation Among Kazakhstan，Russia，and China Within the Shanghai Cooperation Organization，Russian Politics and Law，Vol. 51，No. 1，2013，pp. 80-87. Thrassy N. Marketos，China's Energy Geopolitics：The Shanghai Cooperation Organization and Central Asia，Routledge 2009，pp. 103-121。

② 参见舟丹：《全球能源互联网发展合作组织正式成立》，载《中外能源》2016 年第 4 期。

合作平台都纳入该机制之下，既不可能，也不现实；相反，过于强制性的整合可能会适得其反。这就要求"一带一路"能源合作伙伴关系，一方面要尽快完善其制度建设，通过制度优势不断吸引其他国家积极加入；另一方面，也应通过平台建设，为分散性、碎片化的能源合作论坛或机构提供一个相互交流和沟通的场所，这不仅会促成中国与非洲、西亚和中亚等国家合作的积极开展，同时亦可为这些国家或地区之间的合作创造一个有力的第三方平台。

（三）"一带一路"能源合作伙伴关系与现有国际能源治理模式的冲突

尽管如上文所言，现有的国际能源治理模式存在着诸多挑战，但不可否认的是，它们的存在势必会形成一种制度"黏性"，从而对"一带一路"能源合作伙伴关系的发展带来制度上的竞争和抵牾。关于此种冲突，后者并不是没有意识到，在《合作原则和务实行动》中的最后部分曾指出，"一带一路"能源合作伙伴关系将"根据工作需要与相关国际组织建立适当的合作关系"。

可见，这一规定是从协调与现有国际能源治理模式的冲突入手的。一方面，"一带一路"能源合作伙伴关系希冀更多的国家加入，那么就必须考虑到一些国家已是现有国际能源组织或机构的成员，可能会受到这些组织或机构相关文件的限制。另一方面，在开展活动时，倘若不顾及相关组织和机构在原有区域或领域的治理规则，则可能会引发成员方的国际责任问题。因此，在与相关国际组织的合作关系上，协调与现有国际能源治理模式的冲突是极其必要的。

显然，《合作原则与务实行动》中的这一规定尚显不足。尽管"根据工作需要"一语赋予了"一带一路"能源合作伙伴关系更大的灵活性和自由度，但同时也带来了不确定性。因为其他国际能源治理组织或机构无法从中获知，当发生冲突时，前者将采取何种有效措施加以应对。那么在此种情况下，这些组织和机构极可能先行采取措施，以期占据一个更为有利的竞争地位。而这带来的结果是"一带一路"能源合作伙伴关系可能会处于一个较为被动的局面。

是以，在未来的机制建设中，关于在什么样的标准下，与哪些国际组织，如何建立，以及建立何种合作关系，就需要进一步出台相关规则加以规范，从而避免不必要的冲突发生。

（四）大国与利害关系国对"一带一路"能源合作伙伴关系的影响

在"一带一路"能源合作伙伴关系的建设中，大国与利害关系国对其的影响将是挥之不去的。从目前的成员国来看，尚没有大国加入这一机制中。而在利害关系国方面，除阿塞拜疆、伊拉克、科威特和委内瑞拉外，也无其他重要的能源出口国或进口国加入。从大国角度而言，一方面，美国等西方国家可能存在着对这一组织出现的消极抵触。因为其无疑会对美国领导下的全球能源体制和欧洲主导的能源宪章组织产生一定的冲击和消解。① 另一方面，俄罗斯曾因深受加入能源宪章组织的被动，② 因此保持一个独立能源输出国地位始终是其较为谨慎的选择。就利害关系国来看，像沙特等国不仅受到石油输出国组织自身的限制，而且美国对其决策也有着重大影响；中亚和非洲的能源输出国则更多地处于观望中。

因此，"一带一路"能源合作伙伴关系如要发挥其影响力，大国或利害关系国参与其中是必不可少的。此外，由于国际能源运转的高度政治敏感性，也决定了在任何行动或制度安排上，大国或利

---

① 参见 Calvin McKnight, The Energy and Natural Resources Act: Updating the U. S. Energy Strategy for the New Age of LNG, Houston Journal of International Law, Vol. 40, 2017, pp. 361-408. Michèle Knodt, Franziska Müller & Nadine Piefer, Understanding EU-Emerging Powers Energy Governance: From Competition towards Cooperation? in Michèle Knodt, Nadine Piefer & Franziska Müller ed., Challenges of European External Energy Governance with Emerging Powers, Ashgate 2015, pp. 340-342。

② 参见 Natasha A. Georgiou, Energy Regulation in International Trade: Legal Challenges in EU-Russia Energy Relations from an Investment Protection Perspective, in Giovanna Adinolfi, Freya Baetens, Jose Caiado, Angela Lupone & Anna G. Micara ed., International Economic Law: Contemporary Issues, Springer 2017, pp. 153-155。

害关系国都会对"一带一路"能源合作伙伴关系产生影响。故而，在一定程度上，如何稳妥处理它们之间的关系就具有重大而现实意义。

五、"一带一路"能源合作伙伴关系的制度抉择

"一带一路"能源合作伙伴关系的建立既是对全球能源治理范式的革新，又是从解决中国现实问题出发的。尽管为应对上述挑战，采取的方式方法须根据不同的语境，按照不同的策略规划，谋篇布局；但在进行决策时，至少应把握三个基本行动准则，才能确保"一带一路"能源合作伙伴关系沿着正确的方向发展。

（一）应设计高质量发展的能源制度安排，促发中国的能源生产与消费革命

2019 年 4 月，习近平在第二届"一带一路"国际合作高峰论坛的主旨演讲中提出，在未来的"一带一路"建设中应注重高质量发展。① 不言而喻，这既是"一带一路"建设的深化体现，也是中国提升自身国际合作的能力要求。而在能源合作领域，这种高质量发展的要求则应表现为，通过设计合理的制度安排，助力中国能源生产与消费革命的实现。可以肯定，在此种能源革命中，国内能源建设显然是居于基础和根本地位的，但如果没有良好的国际能源合作，那么前者仍会受阻或推迟。这是因为在能源建设中，国际能源合作起到的是保障作用，其为中国能源革命的实现提供着不可或缺的外围环境。换言之，"一带一路"能源合作伙伴关系为中国能源革命得以实现，提供着重要的公共产品，而此种公共产品的质量将直接关系到国内能源革命的成功与否。是故，前者的高质量发展将取决于其是否能进一步提升中国能源合作的多元化，是否能经

---

① 习近平：《齐心开创，共建"一带一路"美好未来——在第二届"一带一路"国际合作高峰论坛开幕式上的主旨演讲》，载《人民日报》2019年 4 月 27 日，第 3 版。

由能源基础设施建设降低能源进口的成本。

(二)应构建起新的规则体系,重塑国际能源新秩序

一个良好的国际能源秩序是全球能源有效运转的基本保证。然而,随着全球能源发展的情境变化,原有的国际能源规则体系已无法完全适应新形势下国际能源治理的诸多诉求。因此,"一带一路"能源合作伙伴关系应致力于建立起新的规则体系,重塑国际能源新秩序。

这种新的规则体系应是一种结构上的变化。一方面,"一带一路"能源合作伙伴关系不应被简单地理解为是对原有国际能源秩序的补充;相反,它应是一种打破了包括美国在内的西方国家对全球能源治理的事实垄断,是对全球能源权力的重新配置,一定程度上反映了中国能源话语权的提升。另一方面,"一带一路"能源合作伙伴关系从机制建构方面支撑了全球能源流动的新方向,将原来由中东向东西方扩散的能源平衡布局转变为以东亚为主、欧洲次之的能源流向。这种流向上的变化使得"一带一路"能源合作伙伴关系成为国际能源体制结构上变化的重要一环。

因此,正如国际政治经济学家斯特兰奇所言,"结构性权力是形成和决定全球各种政治经济结构的权力,其他国家及其政治机构、经济企业……都不得不在这些结构中活动"。① 故而,"一带一路"能源合作伙伴关系肩负着适应全球能源新格局,保障国际能源安全的重要使命。其在未来的全球能源规则设计中,应更多地着眼于从全球能源秩序的结构改变,实现全球能源权力的合理配置。

(三)应在"一带一路"能源合作伙伴关系下加强能源金融制度建设

从能源治理角度来看,能源规则体系的安排有两种模式,一种

---

① [英]斯特兰奇:《国家与市场》,杨宇光等译,上海人民出版社2006年版,第21页。

是建立在能源实体基础上的制度安排，例如对能源贸易、能源投资等实体能源制定相关规则，实现全球能源流动的有序性。另一种则是建立在能源货币金融上的制度安排。例如，对能源计价、结算的货币规定，能源期货、期权等能源衍生品的规则架构。国际能源治理的发展历程表明，能源金融居于一个更高层次的能源治理结构。尽管其仍须以实体能源为基础，但却可以通过货币金融制度规则的调整，起到改变能源流向的作用。当前石油美元、布伦特和西德克萨斯轻质原油期货价格等能源货币、金融衍生品，都对全球能源供需关系有着重大而不可忽视的影响。①

因此，倘若未来"一带一路"能源合作伙伴关系期冀成长为全球能源治理中的翘楚，就必须时刻关注能源金融的制度建设。②应经由循序渐进的方式，逐渐打破石油美元垄断的计价和结算货币体系，确立起人民币在能源金融中应有的国际地位，从而实现全球能源货币支持的多元化。同时，亦应强化对上海原油期货的制度支持，形成具有全球影响力的原油期货价格，以确保国际油价的公平合理。而且，随着全球应对气候变化的深入，未来的"一带一路"能源合作伙伴关系也应积极关注碳金融的制度建设，以期掌控其未来全球话语权。

---

① 参见［美］斯泰尔、［美］利坦著：《金融国策：美国对外政策中的金融武器》，黄金老、刘伟、曾超译，东北财经大学出版社 2008 年版，第 12~16 页。

② 参见吕江：《"一带一路"能源金融的制度建构：国家属性、实践挑战与应对策略》，载《马克思主义与现实》2019 年第 2 期。

第八章 "一带一路"与后疫情时代国际能源秩序重塑：全球挑战、治理反思与中国选择

当前，尽管抗击新冠肺炎疫情的全球行动仍在行进中，但关于后疫情时代世界秩序重构的讨论却已甚嚣尘上。① 然而，无论国内外学界的观点如何迥异，一个基本的事实是，它们大多围绕着中国与世界秩序的变与不变而展开。② 无疑，此种讨论在能源领域中亦

---

① 参见 Aarshi Tirkey ed., Uncharted Territory: Emerging World Order Post COVID-19, ORF and Global Policy Journal, 2020, pp. 6-9; also Francis Fukuyama, The Pandemic and Political Order: It Takes a State, Foreign Affairs, Vol. 99, No. 4, 2020, pp. 26-32. Mehdi Sanaei, The World Order in the Post-Coronavirus Era, Russia in Global Affairs, Vol. 18, No. 2, 2020, pp. 54-59. Mathew J. Burrows & Peter Engelke, What World Post-COVID-19? Three Scenarios, Atlantic Council, 2020, pp. 7-28。

② 参见 Peter A. Petri & Michael Plummer, China could Help Stop the Freefall in Global Economic Cooperation, available at https://www.brookings.edu/blog/order-from-chaos/2020/07/16/china-could-help-stop-the-freefall-in-global-economic-cooperation/; See also Robert D. Blackwill & Thomas Wright, Why COVID-19 Presents a World Reordering Moment, available at https://nationalinterest.org/feature/why-covid-19-presents-world-reordering-moment-164496. Andres Ortega, The US-China Race and the Fate of Transatlantic Relations Part II: Bridging Differing Geopolitical Views, Washington DC: CSIS, 2020, pp. 2-12. Sridhar Krishnan, A Post-COVID-19 World Order: Continuity or Break? available at https://moderndiplomacy.eu/2020/04/16/a-post-covid-19-world-order-continuity-or-break/。

是如此。① 2020 年 3 月全球油价的剧烈震荡再次向世人表明，在应对包括新冠肺炎疫情等诸多新挑战时，现有国际能源治理机制已无法完全胜任，全球能源秩序规则的变革与重塑已是必然。是以，作为世界上最大的能源进口国，中国不仅不应置身于事外，而且应更积极地参与其中，通过"一带一路"能源合作，与其他国家一道革除弊制，投身于构建新兴全球能源治理机制的行动中。本章旨在梳理新冠肺炎疫情下国际能源秩序面临的诸多挑战，分析全球能源失序的制度根源，进而指出中国开展"一带一路"能源合作、重塑国际能源新秩序的重大而深远的意义。

一、后疫情时代国际能源秩序的全球挑战

不言而喻，作为一场突发性国际事件，新冠肺炎疫情的暴发与延宕在一定程度上终结了自"9·11"事件之后的世界秩序。② 之所以这样说，是因为此种挑战是全方位的且不可逆转的。国际能源领域完全映射了这一点，其所带来的冲击更为深刻，影响更为剧烈。

（一）全球能源震荡，传统能源安全观被打破

自 1973—1974 年石油输出国组织针对西方发起石油禁运以来，全球能源供需基本上处于一个供方为主的格局之下。尽管全球油价

---

① 参见 Marc-Antoine Eyl-Mazzega, Energy, Climate and the COVID-19 Shocks: Double or Quits, Paris 2020, p. 4. See also Kevin JianJun Tu, COVID-19 Pandemic's Impacts on China's Energy Sector: A Preliminary Analysis, Center on Global Energy Policy 2020, p. 28。

② 参见 Robert D. Blackwill & Thomas Wright, The End of World Order and American Foreign Policy, the Council on Foreign Relations 2020, p. 22。

也曾出现过几次大幅下跌,① 但总体上油价高企一直左右着国际能源市场。故而,从那时起,对能源安全的理论预设均建立在供应短缺的能源安全观上。然而,2020 年的全球油价暴跌打破了这一理论预设。

第一,此次能源震荡是由供应过剩而非短缺所引发的。从 2020 年全球油价暴跌所形成的能源震荡可以看出,它不是油气出口国采取减产、禁运等措施造成的,相反,却是以沙特为首的石油输出国组织无法与以俄罗斯为首的非石油输出国组织产油国达成新的减产协议,结果造成沙特采取"自杀性报复措施",单方面扩大油气产出而带来的恶性结果。不言而喻,传统能源安全观主要是建立在能源供应短缺的理论预设前提下,其采取的基本策略和机制建设也均是围绕能源供应中断而展开的;认为只有在供应不足或中断时,才会出现能源安全问题;而当能源供应过剩时,无须建立相关制度或机制来加以解决,仅通过市场就足矣。② 然而,此次油价暴跌却从相反角度证明了这种认识是片面的。因为油价暴跌同样也会造成严重的全球能源安全问题,而意欲通过国际油气市场自行解决,不仅不现实,亦不可取。

---

① 参见 James D. Hamilton, Historical Oil Shocks, in Randall E. Parker & Robert Whaples ed. , Routledge Handbook of Major Events in Economic History, Routledge 2013, pp. 239-265. John Baffes, M. Ayhan Kose, Franziska Ohnsorge & Marc Stocker, The Great Plunge in Oil Prices: Causes, Consequences, and Polciy Responses, World Bank 2015, pp. 4-7. Fadhil J. Al-Chalabi, The World Oil Price Collapse of 1986: Causes and Implications for the Future of OPEC, in Wilfrid L. Kohl ed. , After the Oil Price Collapse: OPEC, the United States, and the World Oil Market, The Johns Hopkins University Press 1991, pp. 1-27。

② 需要强调的是,能源供应过剩带来的油价下跌对产油国肯定是不利的,因此,产油国极力强调需求安全。但从这一角度而言,对国际社会的整体影响不大。然而另一方面,油价下跌会造成油气投资减少,进而会形成新的供应中断,则往往是更多学者考虑的现实问题,或言之,这种需求安全仍是以供应中断为目标的。参见 Tatiana Romanova, Energy Demand: Security for Suppliers? in Hugh Dyer & Maria Julia Trombetta ed. , International Handbook of Energy Security, Edward Elgar 2013, pp. 239-257。

第二,2020 年油价暴跌是一次供需双向的梗阻结果,集中暴露出能源安全中的新情况、新问题。就油价暴跌而言,对国际能源领域来说,并非第一次。因此,即使缺乏在传统能源安全观下有效应对油价暴跌的有效策略,但过往经验仍在一定程度上可帮助解决这一问题。例如可通过石油输出国组织、国际能源署等国际能源组织,在协商的基础上,利用减产、增加库存等手段加以解决。然而,2020 年的油价暴跌远非这么简单,因为它是一次供需双向的梗阻结果。或言之,它一方面表现为沙特与俄罗斯之间原油出口的"价格战";另一方面,则深受 2020 年初新冠肺炎疫情的影响,其使包括中国在内的油气进口国的进口,由于隔离措施而受阻。①故而,在国际油气领域尚没有一次是由于供需两个方向同时受阻而造成油价暴跌。很显然,这种情况在传统能源安全观下是从未预见到的情势。

第三,油价暴跌后重返高油价或将成为历史,传统能源安全观面临新的挑战而亟待重塑。虽然说从短期来看,2020 年油价暴跌是一次突发性的能源安全事件,然而如果从长远角度来看,此次油价暴跌又是一次预料之中的事。之所以这样认为,是因为全球能源形势已发生重大变革。一方面,能源过剩的苗头在 21 世纪的第二个十年已开始显现。② 这不仅体现在美国通过水力压裂技术实现页岩革命,使全球天然气出现井喷效应;③ 而且在中东、地中海、拉美、北海等多地又发现了众多大型油气蕴藏。这正如阿吉莱拉

---

① 甚至在一定意义上,疫情所造成的需求中断问题比供应过剩更为严重。因为随着疫情在全球的肆虐,各国经济普遍呈现低迷走势,油气需求自然也会随之下滑。参见 Agnieszka Ason & Michal Meidan, Force Majeure Notices from Chinese LNG Buyers: Prelude to a Renegotiation? The Oxford Institute for Energy Studies 2020, p. 2。

② 参见 Thijs van de Graaf & Michael Bradshaw, Stranded Wealth: Rethinking the Politics of Oil in an Age of Abundance, International Affairs, Vol. 94, No. 6, 2018, pp. 1309-1328。

③ 参见 [美] 祖克曼:《页岩革命》,艾博译,中国人民大学出版社 2014 年版,第 2~4 页;[美] 查尔斯·R. 莫瑞斯著:《东山再起:美国的新经济繁荣》,潘吉译,浙江大学出版社 2017 年版,第 47~66 页。

（Roberto F. Aguilera） 和拉德茨基（Marian Radetzki） 在其合著的《油价真相》一书中所预测的，亦即未来 "可开采的石油资源仍然充裕，而且即使最边际的资源，其供应成本也将远低于 21 世纪第一个 10 年中期以来的价格水平"。① 另一方面，为保障本国能源安全和应对全球气候变暖的现实需要，发展可再生能源成为大多数国家多元化能源战略的首选。这在一定程度上缓解了各国对化石能源的过分依赖。因此，那种建立在以化石能源供应为主的传统能源安全观下的预测与应对，显然已无法适应新的全球能源形势，亟待新的能源安全观出台。

（二） 能源危机下没有真正的赢家

2020 年油价暴跌是一次典型的能源危机。如果说 20 世纪 70 年代，在石油禁运中还能明显看到受益国家的话；那么当前，在全球化日趋成熟的今天，对出口国和进口国而言，能源危机影响的界线正在变得越来越模糊，且消极方面占据了更大的现实空间。无疑，此次油价暴跌则再次充分凸显了这一点。

一方面，对于能源出口国而言，油价暴跌的负面影响尤为剧烈。在此次油价暴跌中，受伤害最深的恐是美国。众所周知，凭借着页岩革命，美国一举成为世界上最大的油气生产国。② 然而，尽管水力压裂技术可以使页岩油气开采呈现商业化规模，但其成本仍远远高于常规油气的开采成本。故而，只有油价保持在 45 美元以上，美国油气商才会盈利。2015 年时，沙特曾试图压低油价，联合俄罗斯打压美国页岩油气开采，但美国通过加大信贷力度和汇率影响，使前者未能达到目的。③ 不过，此次油价暴跌，美国就再没

---

① ［加］罗伯托·F. 阿吉莱拉、［瑞典］马里安·拉德茨基著：《油价真相》，常毓文、梁涛译，石油工业出版社 2017 年版，第 52 页。

② 参见 BP, Statistical Review of World Energy 2020, London 2020, p. 16.

③ 参见 Alberto Behar & Robert A. Ritz, OPEC vs US Shale: Analyzing the Shift to a Market-Shale Strategy, Energy Economics, Vol. 63, 2017, pp. 185-198。参见邓正红著：《页岩战略：美联储在行动》，石油工业出版社 2017 年版，第 11 页。

有那么幸运了，一是页岩油气商已进入还贷期，高额的负债本身就是一次严峻考验；① 二是油价暴跌使得页岩油气开采无利润可言；相反，开采越多，亏损越大；三是受新冠肺炎疫情的影响，美国油气出口受到限制，能源贸易面临萎缩。② 而这带来的结果则是美国大批页岩油气商纷纷破产，页岩开采进入一个"严冬"。③

对沙特而言亦是如此。虽然从表面上看，其敢于挑起这场价格战，一定会对油价暴跌有所防范；然而这却是一个无奈之举。一则，近年来，沙特一直深受财政匮乏的困扰，为解决这一问题，2018 年沙特阿美石油公司积极谋求上市就是一典型明证。二则，沙特挑起这场价格战，意在使俄罗斯等非石油输出国组织产油国重新回到谈判桌前，以达成新的减产协议；其所期许的仅是拉低油价，达成战略意图即停止这场价格战。因此，油价暴跌亦非沙特所乐见的。三则，尽管沙特在所有产油国中，开采成本最低，但仍架不住油价暴跌对其油气市场的冲击，更何况新冠肺炎疫情加剧了这一现实。

此外，对于价格战的另一方俄罗斯而言，其拒绝沙特的提议，并不是不希望通过减产协议提高油价，而是旨在获得更多的谈判主动权。这从其之后在一个月内与沙特为首的石油输出国组织重新达成新的减产协议即可窥见一斑。④ 因为在油价暴跌的情况下，与沙特相比，俄罗斯的开采成本更大，损失也将更多。

另一方面，对于能源进口国，亦未能真正从油价暴跌中获益。理论上看，油价暴跌对于能源进口国是件好事，使其可用更低价格获得更多油气。然而，情况却远非如此。作为全球最大的原油进口国，中国同时亦是全球重要的能源生产国，油价暴跌无疑也会使中

---

① 参见王林：《美页岩商或迎新一轮破产潮》，载《中国能源报》2020 年 1 月 13 日，第 6 版。

② 参见 David L. Goldwyn & Andrea Clabough, What's at Stake for Energy in the 2020 Election, Atlantic Council 2020, p. 4。

③ 参见李丽旻：《美国页岩企业交出 5 年来"最烂"季报》，载《中国能源报》2020 年 8 月 10 日，第 6 版。

④ 参见王林：《"欧佩克+"新减产协议反响平平》，载《中国能源报》2020 年 4 月 13 日，第 6 版。

国油气生产受到影响。因为中国油气开采成本基本在 45 美元以上，比沙特、俄罗斯要高得多，而与美国页岩开采成本近似。且从能源安全角度来看，中国又不能因油价暴跌放弃国内开采，而完全依赖进口油气。近年来，中国原油对外依存度不断攀升，已超到 70% 的临界点，能源安全形势严峻。① 故而，国内的油气开采只能在亏损的状况下继续作业，能源企业面临着生死考验。此外，对于另一油气进口区域欧盟而言，亦是如此。自 2008 年金融危机后，欧盟经济始终处于低迷状况，对油气需求不足，再加上新冠肺炎疫情的暴发，使得即便有充沛的油气进口，经济上的不提振却降低了本地区的需求。

（三）石油美元难以维系，全球金融风险凸显

1973 年石油禁运后，美国为保障本国能源安全，在与沙特缔结"不可动摇协议"之后，在石油贸易领域建立起了石油美元回流机制。② 这一机制不仅一定程度上缓解了布雷顿森林体系崩溃后，国际金融领域的混乱局面；而且对国际石油市场形成了新的权力制衡。③ 然而，2020 年的油价暴跌却日益暴露出石油美元回流机制存在的诸多问题。

第一，石油美元没能及时挽救此次油价暴跌。2014 年，沙特曾一度放任油价暴跌，旨在将高成本的美国页岩油气挤出市场。④ 但始料不及的是，通过美元汇率调整以及对页岩油气商的信贷支持，美国最终使这一企图化为泡影。不过，石油美元却未能及时阻止此次油价暴跌。究其原因，一方面，此次油价暴跌来势凶猛，瞬

---

① 这一数值超过了美国历史上的最高值。参见查全衡：《有必要适度增加我国原油产量》，载《中国能源报》2020 年 9 月 7 日，第 4 版。

② 参见 Steven Emerson, The American House of Saud: The Secret Petrodollar Connection, New York 1985, pp. 41-57。

③ 参见 David E. Spiro, The Hidden Hand of American Hegemony: Petrodollar Recycling and International Markets, Ithaca, Cornell University Press 1999, pp. 1-18。

④ 参见 James M. Griffin, The Saudi 2014 Gambit: A Counterfactual Analysis, Mineral Economics, Vol. 31, 2018, pp. 253-261。

间成型,石油美元难以在短时间内发挥作用;另一方面,新冠肺炎疫情与油价暴跌形成了双重灾难性事件,故通过调整美元汇率发挥作用的机制空间被大大压缩。

第二,石油美元对全球能源市场的影响正在减弱。70年代形成的石油美元回流机制之所以能对全球能源市场形成重要影响,是因为当时作为全球最大的原油进口国,美国可通过石油美元方式促成国际能源市场的正向循环。① 而2009年页岩革命后,国内油气充沛,美国进口原油持续降低,从而削弱了石油美元的重要性。但更重要的是,全球能源结构发生了重大改变,从以往单一依赖化石能源的经济发展模式转向了多元化的能源供给模式,特别是可再生能源在各国能源消费结构中的比例提升,在一定程度上使石油美元回流机制发挥作用的空间被削减。

第三,美国对能源出口国的制裁,使全球能源金融风险加剧。尽管2009年美国页岩革命后,国内油气出现井喷;但不容忽视的是,其开采成本仍高于传统油气开采。因此,油价下跌对美国页岩油气商势必仍是一种重要威胁。而解决的主要办法就是减少国际原油市场上的原油数量,形成一个较为稳定的高油价。对此,除通过美元汇率和信贷等国内金融手段外,对能源出口国采取制裁亦是美国最重要的一种战略工具。特朗普上台后,撕毁伊核协议,② 对俄罗斯"北溪二号"天然气项目建设的阻挠,对委内瑞拉的经济制裁,都在一定范围内限制了能源出口国的油气出口。③ 而制裁造成其他能源进口国不能进口,也使各国开始考虑脱离美国主导的货币支付系统,从而造成全球金融系统混乱,加剧了国际能源金融的市场风险。

---

① 参见 William Glenn Gray, Learning to "Recycle": Petrodollars and the West, 1973-75, in Elisabetta Bini, Giuliano Garavini & Federico Romero ed., Oil shock: the 1973 crisis and its economic legacy, London 2016, pp. 172-197。

② 参见冯保国:《美国退出伊核协议引发世界原油市场再平衡难题》,载《中国石油报》2018年7月10日,第2版。

③ 参见仲蕊:《美国制裁委内瑞拉升级》,载《中国能源报》2020年6月15日,第6版。

二、对后疫情时代能源失序的治理反思

由是观之，2020年油价暴跌对国际能源安全的传统秩序形成了严重冲击，或言之，其深刻反映了全球能源供需失调后对世界各国带来的破坏性影响，并进而引发国际能源秩序进入一个极度混乱的无序状态，治理赤字跃然纸上。对此可从以下三个方面看出。

（一）国际能源治理机制的碎片化无法应对突发事件的应急需求

从一个较为宽泛的视角来看，在国际能源领域中并不缺乏相应的治理机制。而其所存在的问题是治理的体系化不足。显然，2020年油价暴跌再次暴露了这一窘况，在这种碎片化的国际能源治理机制下，当具有全球性影响的多项突发性事件表现出不同于以往的"事件叠加"时，现有的能源治理机制则往往会捉襟见肘，无计可施。

1. 国际能源治理机制缺乏围绕能源安全新问题的应对之策。在国际能源治理方面，石油输出国组织、国际能源署和能源宪章组织是目前最具影响力的三个重要的国际能源组织。然而，当2020年油价暴跌时，它们的表现均差强人意。就能源宪章组织而言，它是一个包括能源生产国与进口国的政府间组织，但在能源治理方面，它主要涉及的是能源投资而不是严格意义上的能源安全问题。① 尽管其拥有较为完备的能源争端解决机制，但其解决的主要

---

① 参见 Rafael Leal-Arcas ed., Commentary on the Energy Charter Treaty, Cheltenham, Edward Elgar 2018, p. 1. Andrei Konoplyanik & Thomas Wälde, Energy Charter Treaty and Its Role in International Energy, Journal of Energy & Natural Resource Law, Vol. 24, No. 4, 2006, pp. 523-558. Julia Dore, Negotiating the Energy Charter Treaty, in Thomas W. Walde ed., The Energy Charter Treaty: An East-West Gateway for Investment and Trade, Kluwer Law 1996, pp. 137-155。参见马迅著：《〈能源宪章条约〉投资规则研究》，武汉大学出版社 2012 年版，第 4~11 页。

是私人或投资国与东道国之间的能源投资争端。① 换言之,面对2020年油价暴跌时,能源宪章组织最多只能就因疫情影响而涉及有关能源投资或贸易中的"不可抗力"争议;但对于从宏观角度解决能源安全的稳定性或突发性问题,则完全不在其治理范围。

就国际能源署而言,其主要是一个由能源进口国组成的国际能源组织,功能在于通过紧急分享协议解决石油供应中断造成的能源安全问题。② 由此可知,当面临的问题不是石油供应中断,而是过剩时,国际能源署缺少一个积极有效的应对机制。故而,在2020年油价暴跌时,国际能源署仅是提出建议,而没有可采取的有效手段。

在三个国际能源组织中,最有可能对能源供应产生影响的是石油输出国组织(欧佩克)。因为其不仅包括了以沙特为首的世界上重要的能源出口国,而且自2016年12月起,也与俄罗斯等非欧佩克产油国形成了"欧佩克+"的原油供应模式。③ 但始料不及的是,当沙特自己把油价暴跌的导火索点燃之后,石油输出国组织却

① 参见 Thomas Roe & Matthew Happold, Settlement of Investment Disputes under the Energy Charter Treaty, Cambridge University Press 2011, pp. 1-26. Thomas Wälde, Investment Arbitration under the Energy Charter Treaty-from Dispute Settlement to Treaty Implementation, Arbitration International, Vol. 12, No. 4, 1996, pp. 429-466. Kaj Hobér, Investment Arbitration and the Energy Charter Treaty, Journal of International Dispute Settlement, Vol. 1, No. 1, 2010, pp. 153-190。参见白中红著:《〈能源宪章条约〉争端解决机制研究》,武汉大学出版社2012年版,第40~42页;张正怡等著:《能源类国际投资争端案例集:能源宪章条约争端解决机制20年》,法律出版社2016年版,前言。

② 参见 Craig S. Bamberger, The History of the International Energy Agency, 1974-2004:It's the First 30 Years, Paris 2004, pp. 171-182。亦可参见肖兴利著:《国际能源机构能源安全法律制度研究》,中国政法大学出版社2009年版,第108~154页。

③ 参见 Sahel Al Rousan, Rashid Sbia & Bedri Kamil Onur Tas, A Dynamic Network Analysis of the World Oil Market:Analysis of OPEC and Non-OPEC Members, Energy Economics, Vol. 75, 2018, pp. 28-41。

没有能力将其限制在一个可控的范围之内。这是因为一方面,从历史角度来看,历次油价暴跌中,石油输出国组织都不存在利用自身机制实现止损的有效手段,相反更多地是通过市场的自发行为解决。① 另一方面,在 2020 年油价暴跌后,石油输出国组织也采取了积极的应对措施。首先,沙特利用其 G20 轮值国的优势,召开了 G20 能源部长会议,但会议并未能就油价暴跌提出相关建议。其次,沙特再次积极寻求与俄罗斯等非石油输出国组织产油国达成新的减产协议。然而,最终尽管"欧佩克+"的模式继续延续下去了,但油价暴跌的余波未消,2020 年 4 月下旬,作为国际油价的重要标杆,美国西德克萨斯轻质原油期货价格一度跌为负值,国际原油市场为此一片哗然。

2. 国际能源治理机制均面临着迫切的改革要求。无论是能源宪章组织、国际能源署,还是石油输出国组织均成立于 20 世纪 90 年代之前,在经历了数十年的发展之后,不仅在对外的能源应对方面,而且在其内部的治理结构方面,均无法再适应 21 世纪新的国际能源形势的现实需求。

首先,国际能源署在应对能源供应安全方面,面临着重新调整的现实需要。不可否认,其建立之初,在防范能源供应中断,确保能源安全方面确实发挥过重要的作用。这从应对 1990 年海湾战争、卡特琳娜飓风、利比亚内战等突发事件对国际能源市场的冲击上均可窥见一斑。② 然而,晚近随着各国在能源供应保障措施方面的不断完善,原油供应中断的恶性影响被大幅降低;石油紧急分享机制也淡出人们视线。如何适应新的全球能源供应安全形势,亟待国际

---

① 参见 John H. Lichtblau, The Future of the World Oil Market, in Wilfrid L. Kohl ed. , After the Oil Price Collapse: OPEC, the United States, and the World Oil Market, John Hopkins University Press 1991, pp. 198-206。

② 参见 Ann Florini, The International Energy Agency in Global Energy Governance, Global Policy, Vol. 2, Special Issue, 2011, pp. 41-42。

能源署作出新选择。①

其次,就能源宪章组织而言,其优势在于将能源出口国与进口国联合在一个机制之下,并通过完备的法律形式解决国际能源争端。然而,近些年来一方面随着俄罗斯、意大利等国的退出,其影响力大幅下降;② 另一方面,依《能源宪章条约》对西班牙可再生能源提起的争端解决,也开始让人们怀疑其正在成为全球可再生能源发展的桎梏。③ 是以,2019 年 9 月能源宪章组织开启了"《能源宪章条约》现代化"的谈判议程,正式启动了其改革之路。④

最后,在国际能源治理领域最具影响力的石油输出国组织或面临比其他国际能源组织更大的改革压力。回顾其走过的五十年历程,石油输出国组织已成为国际社会不容小觑的一股政治力量。然而,进入 21 世纪后,其不仅对外挑战屡屡失败,而且内部也纷争不断。⑤ 这从沙特未能成功打压美国页岩革命,卡塔尔和厄瓜多尔纷纷退出石油输出国组织,国际社会对减少化石能源达成共识都可

---

① 参见 Harald Heubaum & Frank Biermann, Integrating Global Energy and Climate Governance:The Changing Role of the International Energy Agency, Energy Policy, Vol. 87, 2015, pp. 229-239. Thijs Van de Graaf, Obsolete or Resurgent? The International Energy Agency in a Changing Global Landscape, Energy Policy, Vol. 48, 2012, pp. 233-241. Thijs Van de Graaf & Dries Lesage, The International Energy Agency after 35 Years:Reform Needs and Institutional Adaptability, Review of International Organization, Vol. 4, 2009, pp. 293-317。

② 参见 Iuliana-Gabriela Iacob & Ramona-Elisabeta Cirlig, The Energy Charter Treaty and Settlement of Disputes-Current Challenges, Juridical Tribune, Vol. 6, No. 1, 2016, pp. 71-83。

③ 参见 Daniel Gabaldon-Estevan, Elisa Penalvo-Lopez & David Alfonso Solar, The Spanish Turn against Renewable Energy Development, Sustainability, Vol. 10, No. 4, 2018, pp. 1208-1224。

④ 参见 Energy Charter Secretariat, Decision of the Energy Charter Conference, available at https://www.energycharter.org/fileadmin/Documents Media/CCDECS/2019/CCDEC201908.pdf。

⑤ 参见 Christopher Hanewald, The Death of OPEC? The Displacement of Saudi Arabia as the World's Swing Producer and the Futility of an Output Freeze, Indiana Journal of Global Legal Studies, Vol. 24, No. 1, 2017, pp. 277-308。

以得见。①

3. 一些重要的能源大国和新兴能源国家未被纳入全球能源治理体系中。当前，全球能源治理体系之所以不能发挥其积极功能，很大程度上也与国际上重要的能源大国和新兴能源国家没有被纳入这些体系有着密切关联。例如，中国是世界上最大的能源进口国和生产国，但中国却没有加入这三大国际能源组织。而尽管美国是国际能源署的缔约国，但却与石油输出国组织和国际能源宪章组织缺乏必要的联系，特别是美国页岩革命后，其充沛的油气资源已对国际能源市场产生新的冲击，但却没有相应制度来加以规范。

此外，进入 21 世纪后，一些新兴能源国家纷纷涌现，例如以色列在其近海发现了大规模的油气资源，从一个油气较为贫瘠的国家一跃成为可进行能源出口的国家，而其却没有加入任何一个国际能源组织。② 拉美的圭亚那亦在其近海发现了大规模油气资源，③而其也不是任何国际能源组织成员。这些新兴能源国家无疑会对未来全球能源市场产生实质影响，但却均未被纳入到国际能源治理体系中，从而必然会加剧前者的不稳定性。

（二）国际能源治理赤字难以适应新时代能源转型的长远诉求

在 21 世纪的第二个十年之际，能源领域最大的变化乃在于各国纷纷专注于能源转型，而国际能源治理却远未跟上这一节奏。就

---

① 参见 Thijs Van de Graaf, Is OPEC Dead? Oil Exporters, the Paris Agreement and the Transition to a Post-Carbon World, Energy Research & Social Science, Vol. 23, 2017, pp. 182-188. Julia Kollewe, Qatar Pulls Out of OPEC to Focus on Gas Production, The Guardian, 2018-12-03, 参见陈商：《厄瓜多尔正式退出欧佩克》，载《中国能源报》2020 年 1 月 13 日，第 5 版。

② 参见 Elai Rettig, Limits to Cooperation：Why Israel does not Want to Become a Member of the International Energy Agency, Israel Affairs, Vol. 22, No. 2, 2016, pp. 512-527。

③ 参见王林：《圭亚那跻身产油国行列》，载《中国能源报》2020 年 1 月 6 日，第 6 版。

这种行动上的迟缓而言，其具体表现在如下两个方面。

1. 国际能源治理机制未对能源结构变化作出积极回应。自工业革命以来，能源领域经历了三次重大的结构调整，第一次是以英国工业革命为起点，实现了从柴薪向煤炭的转变，开启了有机能源向无机能源的转变历程。① 第二次则以美德为引领，它们实现了从煤炭向石油的转变，进一步拓展了无机能源的领域。② 而第三次转型则是目前，一方面，天然气异军突起，使得无机能源结构再次优化；③ 另一方面，则是可再生能源的勃兴，有机能源又回到人类能源利用的视线内。④ 最终，全球能源结构形成一个有机与无机能源共存的动态发展。然而，现有的国际能源治理机制却仍仅是围绕着第二次能源革命中形成的结构形态展开，完全没有意识到无机能源结构自身的变化，以及可再生能源给国际社会带来的新情况和新形势。

2. 国际能源治理机制缺乏对能源技术创新的应对策略。第三次能源转型或革命所带来的结构变化，很大程度上与能源技术革命相关联。或言之，它不是建立在能源利用种类的拓展上，而更多地是对原有能源的高效利用。这表现在三个领域。第一，水力压裂技术是实现美国页岩革命的关键技术。页岩油气是一种非常规油气资源，早在19世纪时就已被发现。⑤ 但由于其蕴藏的地质结构复杂，极难开采。直到1998年美国中型油气商米歇尔公司利用水力压裂

---

① 参见 E. A. Wrigley, Energy and the English Industrial Revolution, Cambridge University Press 2010, pp. 36-46。

② 参见［加］瓦科拉夫·斯米尔著：《能源转型：数据、历史与未来》，高峰、江艾欣、李宏达译，科学出版社2018年版，第179~185页。

③ 参见 Jonathan Stern & Adi Imsirovic, A Comparative History of Oil and Gas Markets and Prices: is 2020 Just an Extreme Cyclical Event or an Acceleration of the Energy Transition, The Oxford Institute for Energy Studies 2020, p. 17。

④ ［美］里夫金著：《第三次工业革命：新经济模式如何 改变世界》，张体伟、孙豫宁译，中信出版社2012年版，第27~68页。

⑤ 参见 David A. Waples, The Natural Gas Industry in Appalachia: A History from the Discovery to the Tapping of the Marcellus Shale, 2nd ed., McFarland & Company Inc. Publishers 2012, p. 12。

技术成功将其"商业化地"开采出来，才使美国一跃成为全球最大的油气生产国。①

第二，低碳技术的突破造就了可再生能源革命。1973—1974年石油禁运后，发达国家将目光投向可再生能源发展，但一直未能开花结果。② 直到 21 世纪，随着风能、光伏等技术上的突破，可再生能源才悄然勃兴。③ 此外，一种名为碳捕获与封存的技术，能有效解决碳排放问题，这意味着这种技术一旦商业化，那么就可在不忽视应对气候变化的前提下，实现对化石能源的零碳利用。④

第三，能源互联网的加速建设。进入 21 世纪后，随着技术上的突破，远距离、跨国的能源互联成为可能。⑤ 一方面，油气管线跨国建设方兴未艾；⑥ 另一方面，特高压、智能电网等技术的突破使远距离输电成为可能。⑦ 然而，目前的国际能源治理机制却没有对这些新兴技术给予应有的回应，或者说在实际行动方面仍固守于旧有能源技术，未能实现针对新能源技术的制度设计和体制安排。

①　参见吕江：《规则的背后：对美国页岩革命的制度反思》，载《美国研究》2016 年第 2 期，第 95~108 页。

②　参见 Gian Andrea Pagnoni & Stephen Roche, The Renaissance of Renewable Energy, Cambridge University Press, 2015; pp. 245-246; Allan R. Hoffman, The U.S. Government & Renewable Energy, Pan Stanford Publishing 2016, pp. 19-46。

③　参见［美］克拉克、［美］库克著：《绿色工业革命》，金安君、林清富译，中国电力出版社 2015 年版，第 91~118 页。

④　参见 King Abdullah Petroleum Studies and Research Center, Carbon Capture and Storage: Technologies, Policies, Economics, and Implementation Strategies, CRC Press 2011, pp. 44-56。

⑤　参见刘振亚著：《全球能源互联网》，中国电力出版社 2015 年版，第 204~207 页。

⑥　参见李平等著：《"一带一路"战略：互联互通、共同发展：能源基础设施建设与亚太地区能源市场一体化》，中国社会科学出版社 2015 年版，第 14~17 页。

⑦　参见史丹等：《国家间电力互联互通理论与现状分析》，中国社会科学出版社 2018 年版，第 37~44 页。

(三) 西方治理范式的衰落与中国转向

除了以上两个直接与能源相关联的能源治理赤字外,从宏观角度讲,当前西方治理范式衰落与中国模式转向,也将在未来成为重塑国际能源治理机制的重要背景。这种西方治理范式衰落和中国转向,具体表现在:

一方面,美国正在从规则的建立者转变为规则的破坏者,而中国正成为规则的维护者和建设者。自 2008 年金融危机以来,受民粹主义影响,美国正放弃自己原有的优势,即以规则为基础的秩序建构;相反,却通过美国优先、退出国际组织、贸易战等以权力为导向的行为来破坏战后七十多年以来建立的国际规则体系。而此次新冠肺炎疫情的应对进一步凸显了美国的治理失败与中国模式的成功。

另一方面,美国正不断规避其作为世界大国的责任,而中国却在成为新兴的大国领袖。无疑,一种以美国为代表的后冷战时代的世界秩序正在走向终结。这亦如美国外交关系委员会和布鲁金斯学会的两位研究员布莱克威尔 (Robert D. Blackwill) 和怀特 (Thomas Wright) 所说,缺乏对向技术、经济和环境等领域的新兴问题作出积极回应,是后冷战时代世界秩序终结的主要原因。[1] 新冠肺炎疫情的暴发是美国第一次在全球问题上失去领导地位,亦是以美国为首的西方正在失去其主宰世界的"道德"权威。[2] 而中国的"世界大同"文化和治理模式却彰显出无可比拟的优势。例如,国外学者调研发现,无论是采取民主制还是集中制的国家,在应对疫情效果上差别不大,但令人惊奇的是,那些深受中国文化影

---

[1] 参见 Robert D. Blackwill & Thomas Wright, The End of World Order and American Foreign Policy, the Council on Foreign Relations 2020, p. 8。

[2] 参见 Samir Saran, Order at the Gates: Globalisation, Techphobia and the World Order, in Aarshi Tirkey ed. , Uncharted Territory: Emerging World Order Post Covid-19, Observer Research Foundation 2020, pp. 12-14。

响颇深的东亚或东南亚国家在应对效果上却远超欧美。① 又如，中国与英美等国在疫苗使用的立场上不同，其积极承诺将疫苗作为公共产品，使非洲等贫困国家受益。② 可以说，建立在中国传统文化"世界大同"基础上的人类命运共同体的理念正逐渐深入人心。③

三、重塑全球能源秩序的"一带一路"选择

如上所述，2020 年油价暴跌不仅暴露了在新冠肺炎疫情叠加下，现有国际能源组织在应对方面的窘迫现状，而且从另一个侧面也揭示出当前国际治理秩序正在经历一次从西方向东方转向的重要过程。在这样一种百年未有之大变局下，我们认为"一带一路"或能担当起重塑全球能源秩序的重任。这不仅是由当前中国在国际能源市场的重要地位和"一带一路"机制建设所决定的，同时亦是解决当前国际能源治理赤字所迫切需要的。具体而言：

（一）从权力结构来看，中国具备了影响国际能源市场的影响力

英国国际关系学者斯特兰奇（Susan Strange）认为，一国在国际社会中的主要影响力来自结构性权力，而生产结构是其中重要的一环。④ 显然，当前中国在生产结构方面已具备了影响国际能源市场的影响力。首先，在新冠肺炎疫情暴发之前，中国已超越美国，

① 参见 Bhruva Jaishankar, What does COVID-19 Tell Us about Democracy vs Authoritarianism? in Aarshi Tirkey ed. , Uncharted Territory: Emerging World Order Post COVID-19, Observer Research Foundation 2020, pp. 25-26。

② 参见 Mathew J. Burrows & Peter Engelke, What World Post-COVID-19? Three Scenarios, Atlantic Council 2020, p. 14.

③ 参见 Nadege Rolland ed. , An Emerging China-Centric Order: China's Vision for a New World Order in Practice, The National Bureau of Asian Research 2020, pp. 121-128。

④ 参见 ［英］斯特兰奇著：《国家与市场：第 2 版》，杨宇光等译，上海人民出版社 2006 年版，第 20~30 页。

成为是全球最大的能源生产与消费国。① 特别是在油气进口方面，自 2017 年起，中国成为全球最大原油进口国，② 2018 年又一跃超越日本，成为全球最大的天然气进口国。③ 全球能源贸易重心东移已是不争的事实。

其次，新冠肺炎疫情的暴发进一步凸显中国对全球油气市场的影响。从时间序列来看，它表现在三个前后相继的阶段。第一阶段，当新冠肺炎疫情于 2020 年初在中国暴发后，国际社会普遍担忧全球原油受其影响而出现需求下滑。哥伦比亚大学全球能源政策研究机构的哈尔夫（Antoine Halff）甚至不无悲观地指出，“当中国打个喷嚏时，世界都会感冒。新冠肺炎疫情将导致世界石油需求的心搏骤停”。④

第二阶段，则是沙特与俄罗斯开启石油价格战，全球油价暴跌后中国对国际油气市场的稳定作用日益显现。在价格战打响之初，有学者认为，即使在全球油价暴跌的情况下，中国的进口不会超过 2019 年，因为新冠肺炎疫情将在很大程度上限制中国对能源的需求；因此，任何期望中国将出手拯救石油市场的预期都将是错误的。⑤ 然而，事实是 2020 年第一季度，尽管进口放缓，但原油和天然气同比仍增长了 5% 和 1.8%。前七个月，中国原油和天然气

---

① 参见 IEA, World Energy Outlook 2010 Executive Summary, Paris：IEA, 2010，p. 4。参见国务院新闻办公室：《中国的能源政策（2012）》，人民出版社 2012 年版，第 1 页。

② 参见田春荣：《2017 年中国石油进出口状况分析》，载《国际石油经济》2018 年第 3 期，第 10～20 页。

③ 参见刘朝全、姜学峰：《油气秩序重构，行业整体回暖——2018 年国内外油气行业发展概述与 2019 年展望》，载《国际石油经济》2019 年第 1 期。

④ Antoine Halff, When China Sneezes：OPEC's Struggle to Counter the Oil Demand Impact of Coronavirus, Center on Global Energy Policy of Columbia University 2020, p. 13.

⑤ 参见 Michal Meidan, China's Rocky Road to Recovery, Oxford Institute for Energy Studies 2020, pp. 2-10.

进口更增加了 12.1% 和 1.9%。① 可见，即使在新冠肺炎疫情这样严峻形势下，中国对国际能源市场的平衡运行仍起着"压舱石"的作用。

第三个阶段，国际油价企稳回升，中国拉动全球经济复苏。从表面上看，全球油价止跌的直接诱因是 2020 年 4 月石油输出国组织与俄罗斯等国达成新的减产协议。但不得不承认的是，倘若没有中国克服新冠肺炎疫情，恢复国内经济建设，促进油气进口，即使有这样一份减产协议亦于事无补。2020 年中国原油进口 5.42 亿吨，同比增长了 7.4%，有力拉动了全球油价稳健回升。②

最后，全球油气定价权的中国因素在不断提升。1973—1974年的石油禁运促成以美国为首的西方国家开始积极考虑高油价带来的安全风险；故而，期货等具备预警、规避风险的金融手段应运而生。③ 因此，在一定意义上，可以说当前产油国对国际油价的控制已远不如从前。④ 对于中国而言，在能源金融方面，我们是后来者。但近年随着中国对油气需求的攀升，加强此方面建设已是应有之义。2018 年，上海国际能源交易中心成立，开始原油期货交易就可窥见一斑。⑤ 此外，中国在涉外油气规则上的变化也将对国际

---

① 参见《2020 年前 7 个月我国进口油气量增价跌》，载《中国能源报》2020 年 8 月 17 日，第 13 版。

② 参见刘朝全、姜学峰、戴学权、吴谋远、陈蕊：《疫情促变局，转型谋发展——2020 年国内外油气行业发展概述及 2021 年展望》，载《国际石油经济》2021 年第 1 期。

③ 参见林伯强、黄光晓编著：《能源金融》，清华大学出版社 2014 年版，第 14~15 页。

④ 参见 Salvatore Carollo, Understanding Oil Prices: A Guide to What Drives the Price of Oil in Today's Markets, Wiley 2012, pp. 29-44。

⑤ 也有国外学者认为，上海原油期货市场的出现并不是中国在油气定价权方面的开始，而早在此之前，中国业已形成了一定的原油定价权能。参见 Michal Meidan & Adi Imsirovic, The Shanghai Oil Futures Contract and the Oil Demand Shock, Oxford Institute for Energy Studies 2020, p. 8。

油气市场产生较强辐射。[1]

(二) 从组织架构来看，"一带一路" 能源合作伙伴关系已建立

美国能源专家奥德姆（Howard T. Odum）曾指出："一国的能源消耗量是衡量其全球影响力的重要指标。"[2] 无疑，中国已具备左右全球能源市场的影响力。这不仅是由于国际油气供应商都必须审慎考虑中国在油气方面的诉求，进而对国际油价形成隐性影响；而且近年来在可再生能源方面的有力投资，也促使中国成为不可替代的潜在领导者。[3] 是以，在此种能源语境下，"一带一路" 能源合作伙伴关系的建立就形成了必不可少的组织架构。

自 2013 年，国家主席习近平提出 "一带一路" 倡议以来，加强国际能源合作成为中国与 "一带一路" 沿线国家开展合作的重要方向。2014 年，习近平在中央财经领导小组第六次会议上，正式提出 "能源生产和消费革命" 理念，要求务实推进 "一带一路" 能源合作，加大中亚、中东、美洲、非洲等油气的合作力度。2015 年，国家发改委、外交部、商务部联合发布了《推动共建丝绸之路经济带和 21 世纪海上丝绸之路的愿景与行动》，将 "一带一路" 能源合作纳入到规范性文件中。2017 年，习近平在第一届 "一带一路" 国际合作高峰论坛的演讲中再次深刻指出，"一带一路" 建设要抓住新一轮能源结构调整和能源技术变革趋势，建设全球能源互联网，实现绿色低碳发展。与此同时，国家发改委、能源局正式出台了《推动丝绸之路经济带和 21 世纪海上丝绸之路能源合作愿

---

[1] 参见 Agnieszka Ason & Michal Meidan, Force Majeure Notices from Chinese LNG Buyers: Prelude to a Renegotiation? Oxford Institute for Energy Studies 2020, pp. 2-9。

[2] ［美］奥德姆等著：《繁荣地走向衰退——人类在能源危机笼罩下的行为选择》，严茂超等译，中信出版社 2002 年版，第 22 页。

[3] 参见 Kevin Jianjun Tu, COVID-19 Pandemic's Impacts on China's Energy Sector: A Preliminary Analysis, the Center on Global Energy Policy at Columbia University 2020, p. 28。

景与行动》，提出共建"一带一路"能源俱乐部的设想。

2018 年 10 月，国家能源局在第一届"一带一路"能源部长会议上，与参会的 11 个国家共同发布了《建立"一带一路"能源合作伙伴关系部长联合宣言》，正式将建立"一带一路"能源合作伙伴关系提上日程。在经过多次磋商后，2019 年 4 月 25 日，包括中国在内的 30 个国家，① 在北京正式发布《"一带一路"能源合作伙伴关系合作原则和务实行动》，宣布"一带一路"能源合作伙伴关系正式成立。截止到 2020 年 12 月，"一带一路"能源合作伙伴关系已如期召开了两届合作论坛，制度建设亦日臻成熟。至此，"一带一路"能源合作伙伴关系的建立不仅成为"一带一路"建设的五大支持机制之一，② 而且也为未来中国参与国际能源合作，掌控能源话语权提供了重要的组织架构和制度安排。

（三）从利益博弈来看，存在相关国家或损及中国核心利益的消极影响

前述权力结构和组织架构都是从正面阐释了中国具备重塑国际能源秩序的担当和影响力。此外，从消极的一面我们亦应看到，当前国际能源领域暗潮涌动，倘若中国不积极参与到全球能源治理中，架构起公平合理的国际能源秩序；那么，就不排除其他国家或组织填补这一罅隙，这或恐对中国国家核心利益产生不利影响。这种认识来源于以下两个方面。

———————

① 这 30 个成员国包括了阿富汗、阿尔及利亚、阿塞拜疆、玻利维亚、柬埔寨、佛得角、乍得、中国、东帝汶、赤道几内亚、冈比亚、匈牙利、伊拉克、科威特、吉尔吉斯斯坦、老挝、马耳他、蒙古、缅甸、尼泊尔、尼日尔、巴基斯坦、刚果（布）、塞尔维亚、苏丹、苏里南、塔吉克斯坦、汤加、土耳其及委内瑞拉。

② "一带一路"建设的五大支持机制包括中欧班列运输联合工作组、海丝港口合作宁波倡议、"一带一路"能源合作伙伴关系、"一带一路"税收征管合作机制、"一带一路"绿色发展国际联盟。参见"一带一路"国际合作高峰论坛咨询委员会：《共建"一带一路"：建设更美好的世界》，2019 年，第 21 页。

一方面，新的产油国联盟在酝酿中，高油价始终会对中国存在不利影响。当前，全球的原油生产市场基本上由三股力量控制，一是以沙特为首的石油输出国组织（欧佩克组织），另一个是以俄罗斯为首的非欧佩克产油国，还有一个则是美国，由于页岩革命，其原油产量已跃居全球第一。2020 年当沙特与俄罗斯的价格战打响之际，为了达成新的减产协议，双方都将关键因素指向美国;[1] 而也正是美国的出面，最终促使墨西哥同意接受指定的减产份额，达成了新的减产协议。[2]

毋庸讳言，尽管受国内竞争法限制，美国没有参与到全球减产协议中;但仍达到了隐性联合的作用。从而可预见，在后 2020 年的世界秩序中，确保能源供应的全球机制仍是国家竞争的核心领域。[3] 这就不排除受后者的驱使，在未来形成新产油国联盟的可能性（不管是那种有正式协议的，还是一种隐形合作）。故而鉴于中国原油进口依存度突破 70% 的红线，倘若产油国之间达成默契，那么高油价肯定对中国是极端不利的。

另一方面，包括制裁在内的大国单边行为或影响未来中国能源合作。晚近，特别是 2008 年金融危机后，全球经济低迷，而传统上通过国际安排、科技创新等经济刺激手段均收效欠佳。[4] 因此，为维护本国经济利益，实施制裁、长臂管辖等一系列单边行为就成为某些大国的首选。特别是美国自特朗普以来，以实施制裁为主的单边行动愈演愈烈。即使美国现任总统拜登的对外政策中，这种利

---

① 参见王林:《美国介入油价战成大概率事件》，载《中国能源报》2020 年 3 月 30 日，第 5 版。

② 参见王林:《全球减产仍难拯救油价》，载《中国能源报》2020 年 4 月 20 日，第 5 版。

③ 参见 Robert D. Blackwill & Thomas Wright, The End of World Order and American Foreign Policy, the Council on Foreign Relations 2020, p. 14。

④ 参见［澳］达斯著:《大停滞？全球经济的潜在危机与机遇》，王志欣、王海译，机械工业出版社 2016 年版，第 74~95 页;［英］简世勋著:《货币放水的尽头:还有什么能拯救停滞的经济》，胡永健译，机械工业出版社 2016 年版，第 16~23 页。

用制裁为主的手段也并没有减弱。这就对未来中国能源合作产生了极为不利的影响,其具体表现在:

第一,通过制裁方式,保持高油价,抑或加大中国油气进口成本。近年来,美国实施的制裁中,有相当一部分是打着其他旗号,而对产油国实施的制裁。例如,美国通过撕毁伊核协议,对伊朗实施制裁;① 通过反对执政的马杜罗,对委内瑞拉实施制裁;② 通过克里米亚问题,对俄罗斯实施制裁。③ 这种针对产油国的制裁极大地限制了这些国家的油气出口,使国际油价保持在高位上。④ 这样,一方面,它迫使中国等油气进口国付出更多的石油美元;另一方面,高油价又极好地保护了美国页岩油气生产商的利益。

第二,不排除美国对非产油国实施制裁,而阻挠中国开展能源合作的可能性。当前最典型的例子是美国对俄罗斯"北溪二号"油气管线建设的第三方制裁。⑤ 尽管在这一项目中没有涉及中企,但这却充分表明美国完全有能力,通过对非产油国实施制裁,而阻挠中国企业开展能源合作的可能性。例如,其完全可以通过对能源过境国施加压力或经济制裁等方式,阻断油气通道;或者以技术出口为名,限制第三国与中国开展清洁能源产品或高新技术服务等。

第三,直接针对中国油气公司进行的制裁。2020 年,受一系列事件的影响,美国对中国企业和个人的制裁不断升级,并在一定程度上波及能源领域。具体表现在,一方面,凡是与被制裁国开展

---

① 参见尚艳丽、王恒亮、曾彦榕、张剑和王莹:《美国重启对伊朗制裁及其相关影响分析》,载《国际石油经济》2018 年第 6 期。

② 参见仲蕊:《美国制裁委内瑞拉升级》,载《中国能源报》2020 年 6 月 15 日,第 6 版。

③ 参见盛海燕:《乌克兰危机下西方与俄罗斯的制裁战及其影响》,载《西伯利亚研究》2014 年第 5 期。

④ 参见唐伟:《美国加码制裁伊朗,强力搅动国际油价》,载《中国能源报》2019 年 5 月 20 日,第 5 版。又见徐洪峰、王海燕:《乌克兰危机背景下美欧对俄罗斯的能源制裁》,载《美国研究》2015 年第 3 期。

⑤ 参见童珊、苟利武:《"北溪-2"管道建设与俄美欧能源博弈》,载《现代国际关系》2020 年第 5 期。

能源合作的中方企业,亦纳入美国制裁范围。另一方面,美国已开始有意限制中国油气公司在美国的正常商事和金融活动。此外,美国制裁行为对其他国家也带来极坏的示范效应。例如乌克兰不是积极通过法律途径,妥善解决中国企业在乌投资争端,却通过对中国企业施加制裁的方式,力图迫使前者放弃诉讼或仲裁。

四、"一带一路"能源合作上的中国行动

毫无疑问,没有合作,就没有抗疫的胜利,亦不会有经济的迅速复苏。① 而与之相反的保守主义和民粹思潮,不仅不利于全球化的发展方向,而且亦会产生诸多负面影响。是以,经由"一带一路"能源合作,重塑国际能源新秩序,已是后疫情时代中国必须作出的重大选择。故而,可在如下三个领域加强制度建设。

(一) 积极开展"一带一路"能源供需平衡的机制构建

2020 年油价暴跌对传统能源安全观形成了严峻挑战;故而,运用全新的国际能源安全观,构建起适应未来国际社会所须的能源供需平衡机制已是势在必行的紧迫任务。为此,应在"一带一路"之下,着手于三方面的制度考量。

1. 促成"一带一路"能源应急机制的出台。鉴于中国在全球能源进口方面的影响力,特别是在对外能源合作方面,已建立起"一带一路"能源合作伙伴关系这一现实,未来应在该组织推动下,积极促成《"一带一路"能源应急协定》的出台,从而在制度方面,为全球能源供需正常运行提供重要的应对和保障措施。②

2. 加强与"欧佩克+"联盟的沟通。尽管"欧佩克+"联盟在

---

① 参见 Mathew J. Burrows & Peter Engelke, What World Post-Covid-19? Three Scenarios, Atlantic Council 2020, p. 11。

② 参见吕江:《"一带一路"倡议与全球能源供需平衡机制的构建》,载《马克思主义与现实》2021 年第 1 期。

全球油气市场中的地位有所下降，但不可否认，其仍是国际能源供需平衡中的重要一环。尤其是 2020 年，联盟中的沙特和俄罗斯仍是中国油气进口的前两位，这一趋势恐短期内难以改变。是以，加强与"欧佩克+"联盟之间的沟通与合作，与联盟成员国之间形成良性互动的能源合作关系，不仅有助于保障中国能源供应安全，而且亦可积极防范国际油气领域出现的突发性事件，共同维护全球能源供应的正常秩序。

3. 妥善解决中美能源合作问题。当前，中美能源合作存在着诸多不确定性。首先，如何解决中美经贸第一阶段协议执行及其后续发展。无疑，能源贸易在该协议中起到了重要的再平衡作用，实现中美经贸关系正常化离不开对此的具体规划。其次，中美在能源技术，特别是新能源技术方面将如何开展合作，尤其是当前在技术领域的纷争会不会进一步波及能源技术合作。最后，美国对中国以及对相关能源出口国的制裁是否会影响到"一带一路"能源合作。无疑，以上不确定性的解决有待于时间的证明，但无论怎样，加强中美之间能源合作，对两国而言仍是利大于弊，且有助于维护国际能源市场的平稳运行。

（二）建立起新型的国际能源金融体系

2020 年 4 月，全球油价暴跌，中国银行的金融产品"原油宝"出现了穿仓巨亏。这一事件再一次暴露了在虚拟能源下，中国制度保障方面的不足。① 是以，加强能源金融等虚拟能源建设，构建起全新的国际能源金融体系，将是未来中国开展国际能源合作不可或缺的重要一环。故而，或可在如下四个方面开展相关制度建设。

1. 稳步发展国内原油期货市场和天然气交易中心，形成国际油气定价的新机制。无论是布伦特原油期货，还是西德克萨斯轻质原油期货的历史发展都充分表明能源金融在发现价格、规避风险方面的重要作用。一直以来，中国缺少自己的原油期货市场，这与当

---

① 参见 Llia Bouchouev, The Rise of Retail and the Fall of WTI, The Oxford Institute for Energy Studies 2020, pp. 6-7。

前中国能源进口大国的地位是极不相称的。是以，2018年上海国际原油期货市场的建立，不仅有助于形成国际原油期货的中国价格，而且亦会促进亚洲地区原油市场的繁荣。① 未来，应充分利用上海原油期货市场，扩大人民币在国际原油交易中的比例，适时发挥能源金融的杠杆作用，促进国内油企的国际化运作。

此外，随着能源结构调整，中国对天然气需求亦呈现井喷之势。然而，中国进口天然气却一直存在溢价问题，这与天然气进口价格与国际原油价格相挂钩不无关系。② 2018年起，中国已先后成立上海、重庆和深圳三家规模较大的天然气交易市场。③ 未来，如何通过创建天然气人民币，改变进口溢价，实现中国定价机制，都将是国内天然气交易中心的工作重点。④

2. 鼓励石油美元在中国的积极投资。自1973—1974年石油禁运后，由于美元成为国际原油交易的计价和结算货币，在产油国，特别是中东国家积累了大量美元；将这些石油美元投资于美国和西欧，成为解决贸易失衡的重要手段。而当前中国不仅在国际能源领域，而且在整个国际贸易投资领域都已居于较核心的地位，这种国际贸易投资的转向无疑为吸引石油美元来中国提供了一定的物质基础。故未来，一方面应利用国内自由贸易试验区（港）的制度优势，鼓励产油国投资于中国实体经济；另一方面，也应加强中国金融机构的国际化运作，积极吸收石油美元，投资于"一带一路"建设中。

3. 形成多元化的油气支付结算体系。虽然石油美元回流机制，

---

① 参见李玲：《上市两周年，中国原油期货答出高分》，载《中国能源报》2020年4月6日，第2版。

② 参见 Jonathan Stern, International Gas pricing in Europe and Asia: A Crisis of Fundamentals, Energy Policy, Vol. 64, 2014, pp. 43-48。

③ 参见李玲：《油气交易中心建设任重道远》，载《中国能源报》2020年12月7日，第13版。

④ 参见 Jonathan Stern & Adi Imsirovic, A Comparative History of Oil and Gas Markets and Prices: Is 2020 just an Extreme Cyclical Event or an Acceleration of the Energy Transition, The Oxford Institute for Energy Studies 2020, p. 16。

一定程度上化解了布雷顿森林体系崩溃后的货币锚问题，并保障了美国的能源和金融安全，但多年的实践使这一机制的弊端逐渐暴露出来。首先，单一的货币支付结算使美国必须长期保持贸易逆差，才能保证这一机制的平衡运转。因此，一旦美国经济出现动荡，必然会波及整个国际油气市场。其次，除了贸易以外，产油国的石油美元更多地存入了欧美投资银行，由于缺少必要的监管措施，往往造成投资不当，形成金融风险。20世纪80年代拉美金融危机就与此不无关系。① 最后，石油美元给美国带来了一种不对称的权力，其可通过控制美元发行，影响正常的国际油气价格，或发起对他国的金融制裁。

因此，改变石油美元这种单一的支付结算体系，将有助于保障国际油气市场平衡、减少国际摩擦与冲突。是以，未来中国应形成多元化的油气支付结算体系，一方面，应利用中国在国际能源生产结构中的影响地位，扩大人民币在国际能源计价和结算中的使用量；另一方面，亦可加大本币互换模式，减少美元在油气领域的活跃度。此外，从根本上，应构建起多元化的货币结算系统，阻断美国金融制裁，保障国际贸易的正常运转。

（三）提升能源国内大循环的治理能力

从短期来看，新冠肺炎疫情下国际油价暴跌给中国带来一定的利益，不过，这并没有改变中国原油对外依存度居高不下的现实。而要从根本上解决这一问题，就需要在"十四五"期间，努力提升能源国内大循环，降低或摆脱对国际原油的过度依赖。

1. 强化市场在油气资源配置中的决定性作用。党的十九大报告中强调，在未来的发展建设中，应使市场在资源配置中起决定性作用。基于此，国家在油气领域不仅通过负面清单的方式不断放开外商投资准入和自贸试验区外商准入条件，而且在民营企业改革发

---

① 参见〔澳〕罗斯·巴克利、〔美〕道格拉斯·阿纳著：《从危机到危机：全球金融体系及其规制之失败》，高祥等译，中国政法大学出版社2016年版，第24~38页。

展意见中也提出支持民营企业进入油气领域。2020 年在《中共中央国务院关于新时代加快完善社会主义市场经济体制的意见》中再次强调了完善要素市场化配置为重点的指导思想。当前，油气勘探招标、管网分离都在如火如荼地展开，但同时也存在着原有油气区块未能及时勘探，却无法再次进入市场的问题。① 故而，未来的政策激励仍在于破除旧体制下的诸多弊端，充分释放能源领域的市场活力。

2. 支持新能源产业发展，加速能源转型。新冠肺炎疫情下油价暴跌可能会影响到向新能源和可再生能源的转型。但我们应清醒地认识到，加强可再生能源发展，不仅是一个经济问题、环境问题，更是一个战略性问题，倘若不改变旧的以原油为主的国际能源秩序，就不能彻底改变石油美元对中国的负面影响。惟有加快可再生能源建设，形成多元化的能源生产与消费结构，才能从根本上摆脱美国对中国经济发展的桎梏。同时，中国亦是全球最大的页岩气储量国，通过制度安排，积极开采国内油气无疑是保障国内能源安全的关键所在。2020 年，国家主席习近平在联合国第 75 届大会上正式宣布了中国的碳峰值、碳中和目标，而这些目标的实现也有待于新能源和可再生能源的大力推动。因此，支持新能源产业发展，加速能源转型应成为未来一段时期国家的中心任务。

---

① 参见张抗:《强化矿权区块管理，促进油气体制改革》，载《中国能源报》2020 年 11 月 2 日，第 4 版。

第九章 "一带一路"高质量发展背景下中国油气管道过境的法律制度

　　"一带一路"倡议提出至今已十个年头。作为一项中国版的全球化战略,能源国际合作始终是"一带一路"的重要合作内容。准确认识和评估"一带一路"沿线区域的能源空间和地缘范围,顺应国际能源治理的市场竞争化、环境外部化和合作多边化趋势,逐步建立健全区域能源管道运输合作机制,将沿线区域油气管道合作纳于国际法律规制之下方是题中之义。

一、中国油气管道过境的国际合作

(一)"一带一路"背景下的中国能源安全观

　　1. "一带一路"倡议背景下的油气管道合作。"一带一路"建设以"政策沟通、设施联通、贸易畅通、资金融通、民心相通"为主要内容,主要关注四个方面,即基础设施建设、产业整合、金融机构和区域管理。能源合作是"一带一路"建设的切入点和突破口,① 一般也涉及这四个方面,其中,油气管道合作是基础设施建设的优先推进项目。

　　(1)能源交通基础设施建设是"一带一路"建设的基石。

---

① 参见庞昌伟:《能源合作:"丝绸之路经济带"战略的突破口》,载《新疆师范大学学报(哲学社会科学版)》2014年第2期,第11~13页;赵华胜:《"丝绸之路经济带"的关注点及切入点》,载《新疆师范大学学报(哲学社会科学版)》2014年第3期。

2015 年国家发展改革委、外交部、商务部联合发布的《推动共建丝绸之路经济带和 21 世纪海上丝绸之路的愿景与行动》提出将"基础设施互联互通作为'一带一路'建设的优先领域",强调应"加强能源基础设施互联互通合作,共同维护输油、输气管道等运输通道安全,推进跨境电力与输电通道建设,积极开展区域电网升级改造合作"①。"一带一路"将大力拓展陆上集装箱贸易,增加地区在生产、交通、港口、公路、光缆、机场、能源基建和价值链层面上的共同利益。这些均与能源合作有直接或者间接的关系。而业已开展的中亚能源合作为"一带一路"建设奠定了坚实基础,也为进一步开展合作开辟了道路。在利用和完善现有本地交通基础设施的基础上,提升和扩大"一带一路"通道的运载能力、运行速度、运行效率和运载内容,提升基础设施的互联、互通水平,这将通过庞大、复杂的公路、铁路运输线路和能源管道网络设施建设完成,② 并使得中国与其他亚欧国家建立起更为紧密的经济联系③。

(2)油气管道建设与合作是"一带一路"基础设施建设的前站。"一带一路"优先推进基础设施建设,包括与能源相关的基础设施建设,不仅包括油气管道、炼油厂、输电走廊、太阳能板等能源设施的建设,还涉及公路、铁路、港口等交通网络的建设。其中,油气管道建设与合作将成为推进"一带一路"基础设施建设的前站。一是目前中国与俄罗斯、中亚的石油天然气管道运行良好,这为发展沿线地区能源加工业和扩展能源运输通道奠定了良好

---

① 国家发展改革委、外交部、商务部:《推动共建丝绸之路经济带和 21 世纪海上丝绸之路的愿景与行动》(2015 年 3 月 28 日)之"合作重点"。

② 参见 Pepe Escobar, The New China-Europe Connection: How China's New Silk Road Strategy will Change the Face of the World, 23 December 2014, available at http://energypost. eu/new-china-europe-connection-chinas-new-silk-road-strategy-will-change-face-world/。

③ 参见 E. Downs, Mission Mostly Accomplished: China's Energy Trade and Investment Along the Silk Road Economic Belt, China Brief, Vol. 15, 2015, p. 2。

的基础；二是中国的油气资源进口量的88%依赖海运，[①] 能源供应风险仍很严峻，油气管道合作空间有待提升。通过"一带一路"能源基础设施的互联互通合作，加强与俄罗斯、中亚、西亚的联系，一方面提高我国能源安全水平，将能源进口从过度依赖海上通道逐步转向海陆并存的多元化供应系统；另一方面提升过境运输能力，促进西部地区沿线节点城市建设进出口能源储运加工基地，进而形成新的产业基地和经济增长点。

2. "一带一路"倡议背景下中国能源安全观的转变。作为世界第二大石油消费国，中国未来几十年的石油需求仍将迅速增长。随着国际能源局势的急剧变化和中国经济的快速发展，中国的能源安全形势日趋严峻，中国需要通过能源进口来源多样、能源生产替代和节能技术来确保能源供应安全。"一带一路"倡议的提出，体现了中国能源安全观念的转变，即能源合作领域多元化和海陆通道统筹化。

（1）能源合作领域多元化。"一带一路"的能源合作强调"形成能源资源合作上下游一体化产业链"，按照"优势互补、互利共赢的原则，促进沿线国家在新能源、新材料和现代信息技术等新兴产业领域的深入合作"，并在"一带一路"的规划中树立将中国打造为亚太最大的能源中转国的目标。这意味着"一带一路"倡议下中国的能源安全不仅关注能源供应的稳定性，还着力搭建区域能源合作平台，加快实现能源进出口多元化。通过与能源合作国建立直接对等的能源贸易关系，开拓更为广泛的能源贸易渠道，同更多的新兴能源生产国建立贸易合作关系，开启更多的新兴能源贸易方式，构建亚太区域一体化能源消费市场，创造一个更高效更融合的能源网络，打造亚太地区集传统能源、新能源以及能源高科技为一体的工业体系。

（2）能源通道海陆统筹化。"一带一路"包括海陆两条主线，其沿线区域国家的能源经济状况不尽相同。丝绸之路经济带沿线所

[①]　参见毛汉英：《中国与俄罗斯及中亚五国能源合作前景展望》，载《地理科学进展》2013年第10期。

经过的国家多为能源富集区,如俄罗斯、中亚五国、阿塞拜疆,以及巴基斯坦、伊朗、中东和西亚地区。这些国家和地区大多以能源出口产业为能源经济支撑,但易受地缘政治影响而导致能源价格波动较大。海上丝绸之路所经过国家的能源经济状况更为复杂,其中包括马来西亚、印度尼西亚和文莱在内的东南亚等国,其油气资源丰富但缺乏良好的配套工业体系;东亚地区的韩国和日本本身能源资源匮乏,因而有很高对能源进口的需求且作为发达国家其拥有较为发达的能源技术。"一带一路"的海陆统筹发展要求结合沿线各国的能源经济特点采取与之契合的合作方式。针对能源资源富但缺乏开发技术的国家,应加快能源管网的建设和能源开发投资项目的合作;与能源技术先进且消费需求高的国家,应增加能源技术交流合作,引进传统能源炼化和新能源开发等高新技术,大力发展清洁能源,推进可持续发展。通过海陆统筹发展将能源生产国、过境国和消费国相互连接起来,加快能源经济的融合,促进区域能源经济一体化进程。

(二)"一带一路"沿线区域跨国油气管道建设与合作现状

中国目前是全球最大的原油进口国、排名第二的液化天然气进口国。2017 年中国的油、气对外依存度分别达 67.4%、39.8%,[1]且需求量还将持续攀升。目前,中国石油进口的前五大来源国分别是俄罗斯、沙特、安哥拉、伊朗和阿曼;[2] 中国的天然气进口主要来源于澳大利亚、卡塔尔,东南亚的马来西亚、印度尼西亚以及中

---

① 参见中国石油经济技术研究院:《2017 年国内外油气行业发展报告》,http://news.cnpc.com.cn/system/2018/01/17/001675468.shtml。

② 2017 年,中国从俄罗斯、沙特、安哥拉、伊朗和阿曼进口的石油(原油)数量分别为 5980 万吨、5218 万吨、5043 万吨、3115 万吨、3100 万吨,https://baijiahao.baidu.com/s?id=1600155555345888636&wfr=spider&for=pc。

亚的哈萨克斯坦等国。① 值得注意的是，受页岩革命的影响，美国目前油气产能暴增，出口能力加速扩张。2017 年，中国从美国进口的原油占美国原油总出口量的 20%，从美国进口的液化天然气总量占美国天然气出口总量的 15%，分别位列该排行的第二和第三。② 虽然当前中美双方的油气投资合作尚处初步阶段，但发展空间广阔。目前，中国四大跨国油气管道输送格局已基本形成，"一带一路"沿线主要国家的油气管网系统已粗具规模。

1. 中国四大跨国油气管道输送格局已基本形成。目前，中国西北、东北和西南方向的陆上跨境油气管道和东部海上油气通道共同构成中国油气进口战略通道。

（1）西北方向：主要由中哈原油管道和中亚天然气 A、B、C、D 线组成。

第一，中哈（中国-哈萨克斯坦）原油管道。该管道一期和二期已分别于 2005 年和 2009 年建成投运，是我国第一条跨国原油进口管道，全长 2834 公里，西起里海阿特劳，途经阿克纠宾，东至中哈边界阿拉山口。目前的输油能力为 2000 万吨/年，近五年实际平均年输量为 1200 万吨，实现了由哈萨克斯坦西部到我国新疆的全线贯通。

第二，中亚（中国-中亚）天然气管道。该管道由 A、B、C、D 四条线路组成，其中 A、B、C 线已分别于 2009 年、2010 年和 2014 年建成投运，全长约 1 万公里，A、B、C 三条管道的线路走向完全一致，西起土库曼斯坦，途经乌兹别克斯坦和哈萨克斯坦，

---

① 国家发改委数据显示，2017 年我国共计进口天然气 955.47 亿立方米，进口管道天然气 3043 万吨，主要来源于土库曼斯坦、乌兹别克斯坦等；进口液化天然气 3813 万吨，主要来源于澳大利亚、卡塔尔等。http://www.chyxx.com/industry/201804/626694.html。

② 位列美国原油出口前五位的国家分别是加拿大（29%）、中国（20%）、英国（9%）、荷兰（8%）、韩国（5%）；位列美国液化天然气出口前五位的国家分别是墨西哥（20%）、韩国（18%）、中国（15%）、日本（8%）、约旦（5%）。参见周伊敏、王永中：《中美石油贸易投资的状况、潜力和对策》，http://www.sohu.com/a/233182649_729263。

至中国新疆的霍尔果斯入境后与西气东输二线管道相连,是全球最长的天然气管道。目前的总输气能力是 550 亿立方米/年,2014 年的实际输气量为 300 亿立方米左右。中亚天然气管道 D 线走向与 A、B、C 线有所不同,以土库曼斯坦为起点,经乌兹别克斯坦、塔吉克斯坦、吉尔吉斯斯坦,最后到达中国新疆。D 线设计输气能力为 300 亿立方米,目前在建,2020 年 1 月 D 线工程 1 号隧道项目已顺利贯通。A、B、C、D 四条管道均实现满负荷输量后,中国从中亚地区接受的天然气将达到 850 亿立方米/年,约占我国当前国内天然气产量的 60%左右。

(2)东北方向:主要由中俄原油管道、中俄东线天然气管道和中俄西线天然管道组成。

第一,中俄原油管道。该管道一线和二线已分别于 2011 年和 2018 年正式建成投运。一线全程 1030 公里,起自俄罗斯远东管道斯科沃罗季诺分输站,止于我国大庆末站,设计年输油量 1500 万吨;二线起自我国漠河首站,止于大庆末站,与一线并行铺设,全长约 940 公里,二线设计年输油能力 1500 万吨,二线建成后每年从东北通道进口的俄罗斯原油可提升至 3000 万吨。

第二,中俄东线天然气管道。中俄东线天然气管道项目于 2015 年开工建设,经俄远东地区至中国黑龙江省黑河市入境,设计年输气量 380 亿立方米,2019 年 12 月,中俄东线天然气管道正式投产通气,是我国目前口径最大、压力最高的长距离天然气输送管道。

第三,中俄西线天然气管道。中俄西线天然气管道拟穿越阿尔泰山从中国新疆入境,该项目的合作协议尚在商谈之中,若能最终达成协议并按期投产,未来十年内,中俄天然气贸易量将超过 700 亿立方米。

(3)西南方向:主要由中国-缅甸原油管道和天然气管道组成。

第一,中缅原油管道。该管道于 2015 年投产运行,全长 2402 公里,管道起点位于缅甸西海岸皎漂港东南方的微型小岛马德岛,从云南瑞丽 58 号界碑处进入中国,延伸到贵州安顺后北上在重庆长寿收尾,设计输送能力为 2200 万吨/年,相当于 2017 年中国原油进口总量 4.2 亿吨的 1/18 左右。该项目可使原油运输不经过马六甲海峡，从西南地区输送到中国。

第二，中缅天然气管道。该管道于 2013 年正式投运，和中缅原油管道一样均起于缅甸西海岸皎漂港，并肩延伸至云南瑞丽进入中国，至贵州安顺分道南下在广西南宁结束，年输气能力为 120 亿立方米，相当于 2017 年中国天然气进口总量的 15%。

（4）东部海上油气通道。中国海上能源通道主要是从非洲①、中东②、东南亚③通过海上运输将能源送至东部沿海一带。由于中国地处东亚，海上能源通道线路单一且航距漫长，目前中国石油进口量中 70% 以上来自中东和非洲等地，绝大部分石油仍需通过海上运输，在其他新航线未开辟的情况下，苏伊士运河-印度洋-马六甲海峡-南海是东部海上油气输送的必经之路。

综上可见，目前我国陆上西北、东北和西南三大方向的跨境油气管道全面建成投运且达到高峰输量后，通过陆上原油管道向中国的输油量可达到 7200 万吨~9200 万吨/年，占全国年消费量的 20% 左右；通过陆上天然气管道向中国的输气量可达 1650 亿立方米，占全国年消费量的 60% 左右。从以上数据可知，进口原油主要还是依靠海上通道，进口天然气的陆路运输通道已占优势，预计这种格局还将在未来保持较长一段时期。

2. 以俄罗斯为中心辐射欧亚的油气管道。作为重要的油气资源国，俄罗斯原油大多通过管道出口，大部分俄罗斯原油出口到欧洲国家，主要是德国、荷兰、白俄罗斯和波兰；一小部分俄罗斯原油出口到亚太地区，中国和日本在俄罗斯出口总额中所占份额持续

---

① 非洲航线分为两条。一条是由北非地区出发，从地中海起航，经过苏伊士运河和红海，穿过曼德海峡，再过亚丁湾，入阿拉伯海，渡过印度洋，由马六甲海峡进入南海；另一条由西非地区出发，经过好望角，入印度洋，从马六甲海峡进入南海。参见张明明：《论中国海上油气通道安全》，载《当代世界》2015 年第 3 期。

② 中东航线从波斯湾出发，穿过霍尔木兹海峡，经阿拉伯海进入印度洋，再从马六甲海峡抵达中国南海地区，最终经台湾海峡到达中国。

③ 东南亚航线经马六甲海峡和台湾海峡到中国。

增长。俄罗斯主要输油管道有德鲁兹巴石油管道（Druzhba）①，波罗的海管道系统（BTS）②，里海财团管道（Caspian Pipeline Consortium，CPC）③。俄罗斯出口天然气主要通过输气管道运往欧洲，其中大部分天然气运往德国、土耳其、意大利、白俄罗斯和乌克兰，剩余的天然气大部分通过液化天然气形式出口到亚洲。俄罗斯主要输气管道有国家天然气管道④，亚马尔-欧洲输气管道⑤，蓝溪管道⑥和北溪管道⑦。

---

① 又称"友谊"石油管道，总长 2500 英里，于 1964 年建成，是世界上最大的原油管道工程之一。输送起点位于俄罗斯萨马拉州，在白俄罗斯形成北部和南部支线。管线分为南北两线，年输油能力合计 1.2 亿吨，约占俄罗斯出口原油的 40%。

② 包括波罗的海 1 号和 2 号管道系统，总长 1350 英里，分别于 2001 年和 2012 年完工。该管道东起雅罗斯拉夫尔，西到波罗的海港口，2 号系统将"友谊"石油管道同俄波罗的海沿岸港口相连，使俄罗斯石油出口可以主要通过本国港口实现。年输油规模 6500 万吨，约占俄罗斯出口原油的 20%。

③ 该管道于 2001 年投产，全长 1511 千米，连接哈萨克斯坦的田吉兹油田和俄罗斯的新罗西斯克港，通过黑海出口原油。年输油能力 2000 万吨~3500 万吨。

④ 又称"兄弟"天然气管道，总长 4451 公里，是苏联时期建成的经乌克兰通往欧洲的主要天然气管道，该管道起于俄罗斯西部的纳德姆气田，经乌克兰至斯洛伐克后分为两条支线，一条输往捷克、德国、法国、瑞士等国家；另一条输往奥地利、意大利、匈牙利等多个欧洲国家。年输气能力为 240 亿立方米。约占俄罗斯出口天然气的 10%。

⑤ 亚马尔-欧洲天然气管道全长约 2000 公里，经输气管道，主要输气到德国和其他欧洲国家。管道于 1999 年投运，设计年输气能力 330 亿立方米，2010 年实际输送能力达到 657 亿立方米。该管道的建设优化了俄罗斯天然气的出口流向，提高了向欧洲供气的灵活性。

⑥ 蓝溪天然气管道是穿越黑海海底连接俄罗斯和土耳其的输气管道，全长 1213 公里，于 2002 年投运，2010 年达到 160 亿立方米，供气时间为 25年，满足土耳其国内 80% 的天然气需求。

⑦ 北溪海底输气管道是世界第一个跨海直接连接西欧大陆和俄罗斯的管道工程，双线敷设，单管道长 1224 公里，东起俄罗斯维堡，最终抵达德国。共分两条线路，第一条于 2011 年运营，年供气能力 275 亿立方米，第二条于 2012 年完工，管道系统年输气能力提高至 550 亿立方米，可满足欧洲 10% 的天然气需求。该管道使俄罗斯减少对乌克兰、波兰等输气过境国的依赖，主要为德国、丹麦、荷兰、比利时、法国和英国输送天然气。

3. 中亚-里海地区东西向油气运输管线呈现博弈状态。里海地区油气资源丰富。然而，因里海的法律性质未定，① 中亚-里海地区处于管线博弈状态，管线能源运输以西向为主，里海地区国家天然气资源潜力超过石油资源，但大多没有自己的天然气出口，中亚地区93%左右的天然气出口方向和出口管道由俄罗斯控制。其中，西向石油出口管道有四条，即巴库-杰伊汉-第比利斯石油管道（BTC），巴库-苏普萨石油管道（Baku-Supsa），巴库-新罗西斯克石油管道（Baku-Novorossiysk）和里海财团管道。西向天然气管道包括中亚-中心管道（CAC）和南高加索天然气管道（SCP）。上述管线中，巴库-杰伊汉-第比利斯石油管道由美国主导，巴库-新罗西斯克石油管道和里海财团管道则由俄罗斯掌控，南高加索天然气管线和巴库-杰伊汉-第比利斯石油管道路线基本相同。此外，近年来向东修建的中哈原油管道和中亚天然气管道等，一定程度上改变了里海地区完全向西的油气运输方向，基本形成中亚-里海地区东西向油气运输走廊。

4. 中东油气管道受周边局势和地缘政治力量角逐的影响较大。中东地区是全球油气资源最丰富的地区，但大多经过霍尔木兹海峡运输。资源富集而通道有限使得该地区极易受到周边战乱局势和美俄等大国地缘战略角逐的影响。目前，中东地区主要的油运输管道

---

① 里海地处欧亚大陆结合处，水域面积近40万平方公里，岸线长度超过7000公里。苏联解体后，里海沿岸国由苏联和伊朗变成了俄罗斯、阿塞拜疆、哈萨克斯坦、土库曼斯坦和伊朗。在过去的二十年间，这五国围绕里海是"海"还是"湖"以及如何分享里海资源等问题产生严重分歧。其中，俄罗斯和伊朗主张里海是"湖"，意在通过共有和均分获得更大范围的管辖水域和更多的生物与非生物资源；阿塞拜疆和哈萨克斯坦认为里海是"海"并主张适用《联合国海洋法公约》，意图以此在沿岸大陆架划界和海洋资源划分中谋得更多利益；土库曼斯坦的主张则多次发生摇摆和变化。2018年8月12日，上述五国在哈萨克斯坦签署了《里海法律地位公约》（Convention on the Legal Status of the Caspian Sea），按照该公约，里海拥有"特殊的法律地位"，里海水面主要区域将由相关各国共同利用，海底和地下资源，则由相邻国家在国际法的基础上根据彼此间达成的协议来进行划分。该公约被视为新条件下各国之间合作的开端。

有阿联酋境内的输油管线,沙特阿拉伯境内的东西向管线和伊拉克境内的输油管线。主要的天然气运输管道有伊朗天然气支线网络和沙特阿拉伯天然气管道。

通过上述对"一带一路"沿线区域油气管道现状的梳理可以发现,管线分布与油气资源储量和生产密不可分,管道建设呈现由资源产地向消费地发散的趋势。推进跨境油气管网建设与合作,完善区域能源基础设施建设网络是形成一体化消费市场的前提,且对维护地区安全和经济发展意义重大。

(三)"一带一路"之能源空间与地缘范围分析

"一带一路"所辐射的沿线区域范围广泛,涉及包括中国在内的 65 个沿线国家和地区。结合当前管道分布现状和沿线区域国家的油气资源禀赋,对"一带一路"下的油气管道发展格局和合作方向应分清主次,以点带面,谋篇布局。

1. 中国是"一带一路"能源通道的驱动点。中国是"一带一路"倡议的发起者,在"一带一路"下的"油路"布局与合作上要负担起驱动和引导的责任。

之所以说"驱动",是源于中国稳定的经济发展预期,以及由此产生的巨大且有潜力的国内油气消费市场。2017 年,中国的油气进口量持续上升,包括原油、成品油、液化石油气和其他产品在内的石油净进口量达到 4. 188 亿吨,比 2016 年上升 10. 7%。2017年中国原油进口量为 4. 2 亿吨,超过美国成为全球最大的原油进口国。[1] 如果没有中国市场的巨大需求和支撑,"油路"未来的建设便会失去驱动力。因此,中国应在"一带一路"能源通道的建设和合作中承担驱动和引擎力量。

之所以说"引导",是因为中国在"油路"建设上还应扮演"设计者"的角色,研究提出油气通道建设与合作的顶层设计方案。"一带一路"能源合作机制的实现倚赖于各国能源互补的客观

---

[1] 参见田春荣:《2017 年中国石油进出口状况分析》,载《国际石油经济》2018 年第 3 期,第 10 页。

需求，并迫使各国从合作的角度来考量和寻求能源安全问题的解决，以此实现能源合作互利的结果。① 要实现这种合作互利就要使合作各方产生相互间的制约关系：一是通过规则产生互信和制约；二是中断已存在的能源合作关系将给各方带来损害。② 尤其是当前，南海作为中国油气供给体系中最为关键也最为薄弱的环节在"一路"建设中发挥着核心作用。南海海域既是中国和东盟相关国家的"战略敏感区"，也是美国的"战略利益和觊觎区"。因此，"一带一路"的能源通道建设要重视规则导向和顶层设计，走向"合作共赢"的"非零和博弈"能源合作关系。

2. 俄罗斯是"一带一路"能源通道的着力点。中俄双方在油气合作领域的巨大互补性和合作空间，注定了俄罗斯必将成为"一带一路"油气合作的"着力点"。在推动建设"一带一路"能源通道的过程中，俄罗斯有能力也有愿望发挥至关重要的作用。

自 20 世纪 50 年代，俄罗斯油气管道输送行业高速发展，如今已建成世界上最发达的油气管网之一。截至 2016 年底，俄罗斯油气管道总里程超过 25×10^4 km，其中天然气管道 17.8×10^4 km，原油管道 5.4×10^4 km，成品油管道 1.7×10^4 km，分别占世界相应管道总里程的 14%、14%、7%。俄罗斯油气资源丰富，油气勘探程度低，是所有大国中唯一在主要的自然资源方面能够自给自足的国家。多年来，俄罗斯始终是世界主要的能源生产和出口大国，连续多年石油开采及出口居世界前两位。2017 年俄罗斯石油产量（含凝析气）同比下降 0.3%，总额为 5.46 亿吨，出口石油 2.57 亿吨，同比增长 1%，③ 其中对中国出口约 0.59 亿吨，占其出口总量的

---

① 参见［美］詹姆斯·德·代元主编：《国际关系理论批判》，秦治来译，浙江人民出版社 2000 年版，第 68 页。

② 参见［美］罗伯特·基欧汉：《霸权之后：世界政治经济中的合作与纷争》，苏长和、信强、何耀译，上海人民出版社 2006 年版，第 4、79 页。

③ 参见中华人民共和国商务部网站，http://www.mofcom.gov.cn/article/tongjiziliao/fuwzn/oymytj/201801/20180102697358.shtml。

22%,占中国原油进口总量的 14.24%;① 2017 年俄罗斯天然气产量同比增长 8.7%,总额为 6040 亿立米,② 对独联体以外国家的出口增长 8.4%,达到 1944 亿立方米,其中四分之三出口到欧洲国家,对中国出口液化天然气 5.94 亿立方米,占中国液化天然气进口总量的 1.12%。③ 因此,从能源管道数量、油气资源储量及出口能力来看,俄罗斯有稳定地为中国大量提供石油、天然气和煤炭等化石能源的能力。

从经济结构和政治利益角度来看,俄罗斯经济结构相对单一,高度依赖石油工业,油气收入占经济总量的 60% 以上,为抵抗西方制裁和低油价竞争,在国际力量对比上与美国抗衡,俄罗斯有愿望加大与中国和中亚国家在能源领域的合作,进而成为"一带一路"能源通道建设的重要力量。2014 年以来,中国与俄罗斯过去 20 来年"不给力"的油气合作开始加速,中俄不仅签了 3000 万吨/年的长期供应协议,多年来"屡谈不拢"的中俄东线天然气管道"意外"突破并迅速签署协议,中俄西线天然气管道建设项目的谈判也有了实质性进展,有"冰上丝绸之路"之称的亚马尔液化天然气项目于 2017 年底正式投产,未来中俄能源合作将进一步加强地缘优势和能源供需合作。由于俄罗斯和中亚国家在历史上的特殊关系,中亚地区是俄罗斯能源出口多元化战略中重要的一环。加强在中亚能源市场的存在不仅可以给俄罗斯带来巨大的经济利益,还在俄罗斯进一步实施能源外交战略中占据重要力量。因此,不论是地缘上,还是资源、市场上,乃至国家关系上,中、俄之间的油气合作潜能将可以为"一带一路"能源通道建设提供很好的

---

① 2017 年,中国原油进口前五大来源国是俄罗斯、沙特阿拉阿伯、安哥拉、伊朗和阿曼,进口份额分别占比 14.24%、12.43%、11.11%、8.78% 和 7.42%,其中俄罗斯和沙特阿拉伯的增幅最快,分别为 24.98% 和 28.90%,http://www.china-nengyuan.com/news/122979.html。

② 参见中华人民共和国商务部网站,http://www.mofcom.gov.cn/article/tongjiziliao/fuwzn/oymytj/201802/20180202709064.shtml。

③ 参见中国新能源网,http://www.china-nengyuan.com/news/126673.html。

助力。

3. 中亚地区是"一带一路"能源通道的支撑点。中亚地区包含中亚五国（土库曼斯坦、吉尔吉斯斯坦、乌兹别克斯坦、塔吉克斯坦、哈萨克斯坦）和阿塞拜疆。中亚地区既有的油气管道合作基础和该地区的未来合作潜力，使得该地带成为"一带一路"能源通道的支撑点。

中亚地区油气资源丰富，未来油气合作潜力巨大。中亚油气资源储量仅次于中东和俄罗斯，居世界第三位。里海地区更是被称为"第二中东"，其中石油资源储量主要集中于哈萨克斯坦，天然气资源储量主要集中于土库曼斯坦、哈萨克斯坦与乌兹别克斯坦。阿塞拜疆不仅油气资源丰富，更是里海地区连接东西方的最重要的能源战略通道国之一。塔吉克斯坦和吉尔吉斯斯坦虽然缺乏油气资源，但却是主要的油气管道过境国，在"一带一路"的能源通道建设上这六国可谓缺一不可。从当前"一带一路"油气合作已经取得的成果来看，中亚六国是能源通道建设上基础最好且最具实力的地区。中哈石油管道项目和中国-中亚天然气管道项目，已成为中国开展管道项目合作的成功范例。即将完工的中国-中亚天然气管道 D 线将使中亚地区与中国更加紧密地联系起来。环里海的油气资源通过累计 6000 余公里的境外油气管道，与中国巨大的油气消费市场相衔接，成为"一带一路"能源通道的有效载体。此外，中亚地区是欧亚大陆的核心组成部分，连接着全球的"第一大油库"中东地区。这一重要的地缘优势也使得这一地带成为"一带一路"能源通道建设的核心合作区。

未来中国与中亚地区国家的油气管道区域合作，还存在地缘政治、经济等诸多复杂因素相互交织的影响。如何通过管道合作保障供气国、管道过境国和消费国的不同利益，实现多元化管线合作，增加供气国、管道过境国收入，扩大就业，提振经济，共同抵御金融危机；如何通过依托油气管道这种特殊的介质，进一步加强各国之间的安全合作，打击恐怖势力，增进整个中亚地区的稳定与和平；以及如何应对复杂多变的国际环境和各大国在这一地带的政治角逐，推进区域合作稳步前进等问题，都有待在"一带一路"能源通道建设合作中寻求解决。

4. 南亚地区是"一带一路"能源通道的提升点。南亚地区包含印度、巴基斯坦、孟加拉国和阿富汗四个国家。过去中国与南亚国家的油气合作没有受到充分重视，是"一带一路"能源通道建设上的弱点，因此也是提升点。

印度是南亚地区的核心国家。自 2000 年以来，印度经济保持快速发展，这使得其和中国一样成为能源消费和进口大国，尽管拥有丰富的化石燃料资源，但是印度的能源消费越来越依赖进口。在管道设施方面，由于印度大多数原油都来自油轮进口和海上油田，其原油管道铺设较少；印度的跨境天然气管道项目数量也较少，至今仅和土库曼斯坦之间有一项进口天然气管道项目，以美国主导的土库曼斯坦-阿富汗-巴基斯坦-印度（TAPI）天然气管道项目虽然经历了长达十年的讨论并签署了框架协议，但是因地缘风险、技术挑战以及缺乏投资等问题并未能真正实施。对于印度来说寻求能源进口来源的多元化是其迫切需求，但是长期以来，中印政治关系并不平稳，印度一直将中国视为最大的潜在竞争对手，甚至是敌对国家。然而，"一带一路"的能源通道建设需要印度的参与，中国周边国家油气供应体系的安全顺畅对于中国的能源安全非常重要。

孟加拉国石油资源匮乏但天然气资源较丰富，孟加拉湾海域潜在的天然气储量不可小觑，但政治动荡和能源危机是该国目前的主要问题。目前该国正在大力推进天然气勘探开发和进口设施建设，未来天然气产能和合作机会将进一步扩大。阿富汗虽然缺油少气，且其国内局势动荡，但是作为连接欧亚大陆和中东的"战略要冲"，阿富汗是中亚-俄罗斯东南方向油气管道的必经之地，可将里海石油经阿富汗送至巴基斯坦、印度和东亚市场，是里海石油潜在的"中转站"，也是"一带一路"油气管道通道建设必须的节点国家。巴基斯坦作为中国的"全天候"伙伴，在油路建设上也会发挥应有作用。

除了上述四个南亚国家外，位于东南亚地区的缅甸在文化上受到南亚影响较大，是东南亚地区重要的天然气生产国。中缅原油管道项目为中国从中东和非洲进口石油开辟了一条陆上通道。然而，缅甸部分地区安全局势不稳,资源民粹主义抬头给能源合作带来了潜在的社会风险,因此也是"一带一路"能源通道建设的提升点。

5. 中东、北非地区是"一带一路"能源通道的突破点。中东地区位于地中海东岸的西亚部分;北非国家虽然坐落在非洲,但在历史、政治、经济和文化各方面都和西亚关联密切。严格来讲,中东、北非地区处于"一带一路"地缘范围的外围地带,但中东地区的油气储量占全球油气总储量的60%以上,其仍是"一带一路"能源通道建设的重要保障。

由于地处亚、欧、非三大洲的结合部,中东、北非地区是地理位置和东西方文明交汇的"双十字路口"①,因而成为世界公认的地缘政治最复杂、国际局势最动荡的地区。也正因此,该地区是"一带一路"倡议推进过程中绕不开的枢纽站。我国在这一地区的能源合作具有一定的基础,尤其是与沙特阿拉伯等国一直保持着良好关系,油气合作相对较为稳定;而与伊拉克、伊朗、利比亚等国的能源合作却因这些国家政治局势的变化不同程度受到影响。近20年来,中国企业在中东、非洲开展了大量的石油投资。作为全球的油气资源重心,未来中国企业在这两大区域的投资与合作强度不会亚于在中亚、俄罗斯、南亚等中国周边地区。此外,作为我国海上丝绸之路战略的重要节点之一,东非地区近年来已成为中东非洲地区乃至世界油气资源储量增长的热点地区,与北非和西非地区相比,由于对东非地区油气勘探不足,勘探强度较低,因而东非油气资源产量未来将具有较大增长空间。

二、中国油气管道过境法律制度的现状

跨境能源管道涉及出口国、过境国、进口国等多方的实质性合作。目前我国的油气管道过境制度包括国内法上的《石油天然气管道保护法》(以下简称《管道保护法》)和国际法上的政府间协

---

① 参见李绍先:《中东大乱局及"一带一路"背景下中国的应对》,载《领导科学论坛》2016年第18期。

议条约,如双边性质的管道项目合作协议和多边性质的国际条约。

(一) 油气管道过境的国内法律制度

在国内法上,与油气管道管理相关的法律规范包括两类,一类是与管道建设管理相关的安全、环保、消防、文物等国家现行法律法规,另一类是与管道建设、站场与相关设施以及构筑物安全间距等相关的行业规范。从法律规范的效力等级和与管道过境活动联系的紧密程度来看,《石油天然气管道保护法》(以下简称《管道保护法》)和《中华人民共和国环境影响评价法》(以下简称《环境评价法》)是这方面最主要的国内法律制度。

1. 2010 年施行的《管道保护法》是我国现今唯一一部对能源管道相关问题进行明确规范的法律。① 该法围绕油气管道的规划、建设、运行、安全保护等问题给予了明确规定,旨在保护石油、天然气管道,保障石油、天然气输送安全以及维护国家能源安全和公共安全。作为一部专门法,《管道保护法》构建了我国的油气管道保护体系,共 61 项条款,分为总则、管道规划与建设、管道运行中的保护、管道建设工程与其他建设工程相遇关系的处理、法律责任和附则六章,它主要包含以下内容:

一是明确了管道公司的责任和义务。管道企业是管道保护第一责任人,管道公司必须坚持国家行政部门的领导与督查,按照法律的规定行使职责,维护运营的顺利。它要求管道公司从管道铺设、竣工验收到运营管理,再到定期巡检和维护各个环节着手,预防可能发生的管道安全事故。②

二是规定了相关政府机构管道运输管理方面的责任。该法采用了由国家能源局负责,其他行政机关配合的政府责任分配方式。国家能源局负责整个国家辖区内的与管道相关的研究、规划、铺设的

① 该法由中华人民共和国第十一届全国人民代表大会常务委员会第十五次会议于 2010 年 6 月 25 日通过,自 2010 年 10 月 1 日起施行。此前由国务院于 2001 年颁布的《石油天然气管道保护条例》自 2011 年 1 月 8 日起废止。
② 《管道保护法》第 7、12、16、22、23、24 条。

确定以及线路位置等工作，并调整同其他项目的冲突；地方各级能源管理部门的职责限于"领导，督促、检查、组织排除重大外部安全隐患"，并有权对危害管道运输安全的行为予以处罚；其他各级行政机关遵循能源局的指示，采取相应措施开展工作。①

三是确实维护并保障相关涉及主体的权益。它规定管道公司因铺设管道所占用的土地必须给予相关主体合理合法的经济补偿，造成他人损失的必须赔偿；同时对管道铺设和环境问题予以了关注，提出管道铺设必须要适应生态的平衡性，要求规划铺设之前必须采取环境影响评价机制，只有在符合的情况下实施管道的相关工作。②

四是规定了针对管道安全事故的预防措施和应急处理机制。该法规定了一系列可能危及管道安全的禁止性行为，引入了相关国家技术规范的强制性要求，以及一旦发生管道安全事故，管道企业和相关机构的应急预案启动和后续处理程序。③

《管道保护法》解决了我国油气管道保护工作无法可依的局面，其主要内容体现了切实关注并维护相关主体利益的立法原则，对影响和危害管道保护的行为规定得较为明确。

2. 2016年修订的《环境评价法》④旨在实施可持续发展战略，通过对规划和建设项目实施可能造成的环境影响进行分析、预测和评估，预防因规划和建设项目实施对环境造成不良影响，促进经济、社会和环境的协调发展。⑤由于管道铺设与运营可能对环境造成重大影响，环境影响评价制度将从法律制度的角度来降低和防治

① 《管道保护法》第4、5、6、10、11条。
② 《管道保护法》第13、26、27条。
③ 《管道保护法》第28~43条。
④ 《环境评价法》由第九届全国人民代表大会常务委员会第三十次会议于2002年10月28日修订通过，自2003年9月1日起施行，2016年7月2日第十二届全国人民代表大会常务委员会第二十一次会议对该法重新修订。该法共37条，分为总则、规划的环境影响评价、建设项目的环境影响评价、法律责任和附则五章。
⑤ 《环境评价法》第1、2条。

能源管道建设和运营过程中有可能造成的环境损害。

根据《环境评价法》的规定，管道项目的规划和建设都要进行环境评估。对于管道项目规划的环境评估，由项目主管部门在该专项规划草案上报审批前，组织进行环境影响评价，并向审批该专项规划的环境保护行政主管部门提出环境影响报告书。未编写有关环境影响的篇章或者说明的规划草案，审批机关不予审批；[①] 对于管道项目建设的环境评估，由建设单位按照国务院的规定将建设项目的环境影响报告书、报告表报有审批权的环境保护行政主管部门审批，国家对环境影响登记表实行备案管理。建设项目的环评文件未依法经审批部门审查或者审查后未予批准的，建设单位不得开工建设。[②]

作为一种行之有效的环境管理制度，环境评价制度对于预防和治理因管道项目导致的环境损害问题有着积极作用，但是从该制度的实施效果来看仍有很多短板，其中，建设单位违法成本低、守法成本高，评价制度中的公众参与不完善，缺乏有效替代方案以及审批信息公开不足等制度问题较为突出。如何协调管道建设和环境保护之间的关系、发挥环评制度的良效，有待在制度层面予以完善。

除了上述和油气管道过境联系最直接的两部法律之外，在国内法上，还有一些行政法规和部门规章与油气管道过境制度相关，如2017年9月由国务院修订实施的《建设项目环境保护条例》。需要注意的是，2015年5月国家安监总局明确废止了《石油天然气管道安全监督与管理暂行规定》，修改了《危险化学品输送管道安全管理规定》的使用范围，有关原油、成品油、天然气、煤层气、煤制气长输管道的安全保护将不再适用该规定。

（二）油气管道过境的双边合作协议

1. 双边投资协定为油气管道合作奠定了积极的政治基调。截

---

① 《环境评价法》第7条。
② 《环境评价法》第22、25条。

至 2016 年 12 月，我国与世界上的 104 个国家签署了双边投资条约（BITs），① 这些条约是在国际法范围内促进和保护外国直接投资（FDI）的主要法律文书，为我国开展跨境油气管道合作奠定了政治基础。自 1982 年我国与瑞典签署第一份双边投资协定以来，中国对外签署的双边投资协定在不同的时间阶段上表现出两种不同的政策取向。在 1978 年实施改革开放政策后不久的第一阶段，中国在双边投资条约实践方面相当保守，反映出对国际法的怀疑和对国家主权问题的谨慎态度。在该阶段，中国双边投资协定的政策重点在于保护和促进内向投资而非外向投资，国民待遇条款很少纳入双边投资条约，且中国只允许就征收补偿金额的争议进行国际仲裁。随着 1998 年中国引入"走出去"的投资发展战略，中国对外直接投资政策和国际法自由化的发展轨迹平行，中国开始加强对外直接投资（OFDI）的发展势头。2001 年中国加入世界贸易组织，政府推出"走出去战略"，鼓励中国企业在国际市场上竞争，也吸引了更多到中国的外国直接投资。在此背景下，此阶段新签订的双边投资条约纳入了国民待遇和完全国际仲裁等条款，中国的双边投资条约实践采取了对国内和海外直接投资更加均衡的方法。

中国与"一带一路"沿线区域主要国家都签订了双边投资协定，其中与中亚国家签订的双边投资协定大多可以追溯到 1992 年和 1993 年，只有乌兹别克斯坦双边投资协定在 2011 年更新，中国与沙特阿拉伯、埃及、以色列等中东地区国家签订双边投资协定也在 1995 年左右。因此，除了乌兹别克斯坦以外，国家待遇标准没有出现在与这些国家的双边投资协定中，且仅限于投资者与国家有关补偿金额的争议才能提交国际仲裁。中国与俄罗斯于 2006 年签署了《中华人民共和国政府和俄罗斯联邦政府关于促进和相互保

---

① 参见中华人民共和国商务部条约法律司关于"我国对外签订双边投资协定一览表"，http：//tfs. mofcom. gov. cn/article/Nocategory/201111/20111107819474. shtml。

护投资协定》，① 中国与印度、缅甸等南亚国家签署的双边投资协定都在 2000 年以后，这些协定都规定了相互给予国民待遇和最惠国待遇以及争议处理的完全仲裁条款，在征收和投资与收益汇回等条款方面体现出更为公平、自由的激励投资取向，为双方开展油气管道合作奠定了积极的政治基调。

2. 谅解备忘录和政府间协议是油气管道合作的主流合作框架。中国和"一带一路"沿线区域国家在油气管道合作领域的主流合作框架是谅解备忘录（MOU）和政府间协议（IGAs），几乎所有的油气管道合作项目都是以此方式来搭建相应的法律框架。

（1）谅解备忘录。大多数谅解备忘录没有法律约束力，只是在互惠互利的基础上阐述能源行业合作与油气管道合作的总体意图。其中，有一些是在政府层面签订的，如中缅双方于 2009 年 6 月签署《中国石油天然气集团公司与缅甸联邦能源部关于开发、运营和管理中缅原油管道项目的谅解备忘录》；中俄双方于 2014 年签订的《关于通过中俄西线管道自俄罗斯联邦向中华人民共和国供应天然气领域合作的备忘录》。还有一些是在相关的企业层面签订的，如 2000 年的《中国石油天然气集团公司和俄罗斯联邦能源部管道运输公司、尤斯科石油公司关于准备中俄原油管道项目可行性研究协议的谅解备忘录》、2006 年的《中国石油天然气集团公司与俄罗斯天然气工业股份公司关于从俄罗斯向中国供应天然气的谅解备忘录》。虽然谅解备忘录一般并不创设具体的权利义务，但作为缔约双方表达合作诚意的一种手段，其往往是签订正式条约的前奏。

（2）政府间协议。政府间协议是由合作各方的政府签订，在签约国之间发生法律效力，是对缔约国的政府行为产生约束力的国家间的条约。协议本身由国际条约法调整，如果发生违约行为，则由违约方承担国际法上的法律责任。在跨境油气管道合作中，政府

---

① 参见《中华人民共和国政府和俄罗斯联邦政府关于促进和相互保护投资协定》，http：//images. mofcom. gov. cn/tfs/201804/20180410163854155. pdf。

间协议是最重要的法律文件。根据协议内容和油气管道合作的直接关联性，可将政府间协议分为以下三类。

一是总括性政府间协议。此类协议通常为涵盖能源相关价值链所有部分的长期性双边协议，为合作方在能源领域开展全面、长期、稳定的合作奠定了法律基础，涉及合作的原则、领域和方式等方面的内容，如2004年5月中哈双方签订的《油气领域全面合作发展的框架协议》、2015年4月中俄双方签订的《中俄石油领域合作政府间协议》。

二是专门性政府间协议。此类协议通常与具体的能源基础设施项目直接相关，也是一项具体的油气管道合作项目的核心法律文件，内容一般包括管道项目地理位置、执行单位、合作方式、设计输油/气能力、管输费和路权费等。例如，2003年至2006年，中国，哈萨克斯坦，乌兹别克斯坦和土库曼斯坦签署了《关于建设和运营中亚天然气管道的合作协议》，2009年中缅双方政府签订的《关于建设中缅原油和天然气管道的政府协议》。

三是专业性政府间协议。此类协议一般就油气管道项目中的某类专门事项作出规定，如海关监管、项目融资等，对油气管道项目的顺利实施起到辅助和协调作用。例如，中哈两国政府于2006年12月签订的《关于对通过中哈边境管道运输能源的海关监管协定》；2010年2月，双方海关在边境领导人会议期间签署的《中华人民共和国乌鲁木齐海关与哈萨克斯坦共和国阿拉木图州海关对管输天然气进行联合监管的暂行规则》；2010年6月24日哈萨克斯坦总统纳扎尔巴耶夫签署的《哈萨克斯坦与中国政府间对管道能源运输实施边境海关监管的协议》等。

3. 东道国协议和企业间协议是油气管道合作的具体法律文件。在政府间协议所确定的合作项目及事项的基础上，为进一步商定和实施协议项下的具体合作项目，一般会由管道项目公司和东道国政府部门签署落实东道国协议，或由双方的相关企业签署具有较强操作性和涉及项目具体内容的企业间协议。

（1）东道国协议。东道国协议由管道项目实施方和东道国政府的代表通过谈判而订立，从法律性质来看，其既非国内法上的契约，又非国际法主体之间的条约，而属于"准国际协议"。[①] 例如，2009 年中国石油天然气集团公司和缅甸联邦能源部签署的《中国石油天然气集团公司与缅甸联邦能源部关于开发、运营和管理中缅原油管道项目谅解备忘录》以及《中缅原油管道权利与义务协议》，主要内容包括：缅甸联邦政府将授予东南亚原油管道有限公司对中缅原油管道的特许经营权，并负责管道的建设及运营等；东南亚原油管道有限公司同时还享有税收减免、原油过境和进出口清关等相关权利；缅甸政府保证东南亚原油管道有限公司对管道的所有权和独家经营权，并保障管道安全。

（2）企业间协议。从法律性质来看，企业间协议属于具有国际性的商事合同。这与政府间双边协议的国际条约性质有着本质不同，其准据法不是国际法而是东道国的国内法。从合同主体来看，企业间协议的签订主体通常是政府间协议中提到的国家指定的承包公司，在大多数情况下是国有油气公司，代表政府履行政府间协议的任务。从合同内容来看，企业间协议是对政府间合作协议的具体落实，具体规定了合同当事各方在风险承担、管理控制和利润分享等方面的权利和义务。企业间协议的典型代表有中国石油天然气集团公司（CNPC）与哈萨克斯坦国家石油公司（KMG）于 2004 年5 月签订的《关于哈萨克斯坦共和国阿塔苏至中华人民共和国阿拉山口原油管道建设基本原则协议》，2006 年 3 月中国石油天然气集团公司分别与俄罗斯石油公司和俄罗斯管道运输公司签署的《中国石油天然气集团公司与俄罗斯石油公司关于在中国、俄罗斯成立

---

① 关于特许协议的法律性质，法学界尚无统一认识。传统观点认为特许协议属私人契约范围，从属于东道国主权管辖，特许协议授予国虽应受所订特许协议约束，但只依国内法承担违约责任，而不须承担国际义务。目前国际法学界的一种新的观点，认为特许协议具有准国际法性质。因为特许协议中往往订有国际仲裁条款或援用国际法或一般法律原则做准据法。这一条款使特许协议国际化，使义务具备国际义务的性质。任何违反协议的国家行为都应承担国际责任。参见许庆坤、周爱省：《论 BOT 特许协议的法律性质与法律调整》，载《法学论坛》1999 年第 2 期；以及孟庆碧：《BOT 特许协议的法律性质新论》，载《武汉大学学报（哲学社会科学版）》2006 年第 6 期。

合资企业深化石油合作的基本原则协议》和《中国石油天然气集团公司和俄罗斯管道运输公司会谈纪要》，2008年10月中国石油天然气集团公司和俄罗斯管道运输公司签订的《关于斯科沃罗季诺至中俄边境原油管道建设与运营的原则协议》等油气管道合作文件。

（三）油气管道过境的多边法律制度

《能源宪章条约》（以下称ECT）是目前唯一对能源过境制度作出专门规定的国际公约，中国作为国际能源宪章会议的观察员国于2001年与能源宪章建立合作关系，由于并未成为ECT的缔约方，因此目前中国并未真正参与或建立有关油气管道过境的多边法律机制。然而，随着中国参与全球能源治理的意识和程度不断提升，中国所加入或主导的与油气管道过境制度相关的其他国际性和区域性的多边法律制度正在不断增多，间接构成规范我国能源过境活动的国际法渊源。

1. 国际性的多边法律制度。目前中国所参与的、能够适用于过境能源管道运输的国际性多边法律制度有以下两类：

（1）一般性国际公约。中国加入了大多数与过境制度有关的一般性国际公约，如1921年的《巴塞罗那过境自由协定规约》，1947年的《关税及贸易总协议》、1965年的《内陆国过境贸易公约》和1982年的《联合国海洋法公约》等。随着2001年中国正式加入世界贸易组织，GATT项下的过境自由原则和能源贸易规定也是能源过境活动应遵循的国际法规则。

（2）间接适用的国际协议。从宏观意义上讲，一些在世界范围内具有重要地位和影响力的国际公约和油气管道过境活动的法律规范有关。例如，《联合国宪章》（United Nations Charter）为中外各方达成油气管道合作协议和处理国际关系等提供了基本行为准则；《多边投资担保机构公约》(Convention Establishing the Multilateral Investment Guarantee Agency) 为中外各方处理管道项目投资方面的问题，防范和解决油气管道合作中外国投资者的政治风险担保问题，提供了制度和程序机制；《解决国家与他国国民之间投资争端公约》（Convention on the Settlement of Investment Disputes Between States and Nationals of Other States）为中外各合作方通过仲裁及调解方式解决东道国政府与外国投资者间的能源投资争端，提供了一种非政治化的解决途径；1958 年的《承认及执行外国仲裁裁决公约》（the New York Convention on the Recognition and Enforcement of Foreign Arbitral Awards）使得中外能源合作中的仲裁承认和执行问题更加便捷有效。

此外，中国所加入的与能源合作、贸易、投资、国际运输以及多边环境治理相关的国际协议，也间接适用于我国所进行的油气管道跨境合作活动。

2. 区域性的多边法律制度。中国在区域层面的能源合作参与程度要强于全球层面，尤其是 2000 年以后，中国开始尝试更加主动、深入地拓展区域层面的能源合作机制。其中，上海合作组织（Shanghai Cooperation Organization，以下简称上合组织）和 20 国集团（以下简称 G20）下的能源合作与跨境管道合作，联系最为密切。

（1）上合组织框架内的油气管道合作。自 2001 年上合组织成立以来，能源合作逐渐成为各成员国之间加强互信与睦邻友好，开展合作并共谋发展的重要领域。2001 年的《上海合作组织成立宣言》是各成员国在该组织框架内进行国际能源合作的最根本的法律依据，明确将鼓励能源合作作为组织宗旨之一。随着上合组织的不断发展，其框架下的能源合作经历了确定合作原则与战略、完善合作机制和以项目夯实合作的发展路径，并且非常重视能源管道方面的合作。例如，2004 年提出的《上合组织成员国多边经贸合作纲要》"措施计划"草案，共包含能源合作在内的共 11 个领域的 127 个项目，其中能源领域合作 19 项，与能源通道建设直接相关的项目 4 项，分别为"研究扩大吉尔吉斯斯坦境内现有天然气管道运输能力的可能性""研究完善现有和建设新的天然气运输走廊问题""开发自土库曼斯坦和乌兹别克斯坦经吉尔吉斯斯坦到哈萨克斯坦直至中国新疆乌鲁木齐的天然气管道""研究并建设中、俄、韩天然气管道项目问题"。而中国-中亚天然气管道的建成使用说明上述合作取得了显著成效。

上合组织为成员国间的能源合作提供了宽广的平台。尤其是2017年6月印度和巴基斯坦正式成为组织成员，各成员国之间在能源合作基础和出口国与进口国的互补优势愈发明显，加强各种形式的能源合作越来越成为中心话题。目前，上合组织框架下围绕能源合作的多边机制发展趋势有两大方向。一是2006年俄罗斯提出的在上合组织内部构建"能源俱乐部"的集体合作构想，二是在成员国间形成"社区规范"，即推动建立一种长期的、历史的、文化的和宗教的互相认同的社群机制。总体而言，上合组织框架下建立短期的利益共同体相对简单；但就长期而言，无论是能源俱乐部的构想还是社群机制的建立，都需要各成员国的长期努力。

（2）G20框架下的油气管道合作。G20是一个国际经济合作论坛，主要讨论全球重大经济金融热点问题。其宗旨是为推动已工业化的发达国家和新兴市场国家之间就实质性问题进行开放及有建设性的讨论和研究，以寻求合作并促进国际金融稳定和经济的持续增长，能源问题是G20框架下始终关注的重要问题。G20能源工作小组所涵盖的议题包括成员国间的能源生产和消费、温室气体、基础设施、化石能源的补贴等等。由于集团成员涵盖面广，代表性强，其构成兼顾了发达国家和发展中国家以及不同地域利益平衡，① 为推动全球能源治理机制改革带来了新的动力和契机，使全球治理开始从"西方治理"向"西方和非西方共同治理"转变。

中国一直非常重视以G20为治理平台开展的全球能源合作，曾提出"可考虑在G20的框架下，本着互利共赢的原则，建立一个包括能源供应国、消费国、中转国在内的全球能源市场治理机制"②。尽管倡议尚未得到落实，但仍被认为是调整改革全球能源

---

① G20集团覆盖人口占全球人口的67%，国土面积占全球的60%，国内生产总值占全球的90%，贸易额占全球的80%。

② 中国前总理温家宝在2012年1月阿布扎比世界未来能源峰会上的发言。

治理体系的可行措施。① 2016 年中国主办 G20 峰会，在中国召开了 G20 能源部长会议和三次能源可持续发展工作组会议，根据会议达成的《二十国集团能源合作原则》，各方重申将致力于构建运转良好、开放、竞争、高效、稳定和透明的能源市场，建设能更好地反映世界能源版图变化，更有效、更包容的全球能源治理架构，并强调持续投资于能源项目和更好的地区互联互通项目尤其是可持续能源项目，对确保未来能源安全、防范能源价格飙升影响经济稳定至关重要。② 因此，包括油气管道项目在内的能源基础设施互联互通是 G20 框架下重要的能源合作目标，中国有意借此平台从广阔视角解决关键的能源问题，因而在今后会更加注重通过 G20 实现协商对话，制定公正、合理、有约束力的国际规则，构建能源市场的预测预警、价格协调、安全应急等多边协调机制，使该框架下的油气管道多边合作机制更加安全、稳定、可持续。

此外，中国还积极参与亚洲合作对话、中阿合作论坛、大湄公河次区域经济合作等区域性多边合作机制，从多个层面和角度与相关国家加强沟通，维护和推动区域能源安全与合作。

（四）中国油气管道过境的法律制度之现状评析

1. 国内法上缺少能源过境的相关法律制度

（1）《管道保护法》缺乏对油气管道过境活动的相关规定。现有的《管道保护法》将油气管道保护作为立法宗旨，对影响和危害管道安全的行为规定得较为明确，但是仍有以下不足：一是条款内容较为原则化，对管道企业施加的责任过大，罚则部分的规定较为粗疏，对违反管道保护行为的法律后果未在罚则部分予以对照，不利于实践操作；二是缺乏对管道过境相关内容的具体规定，如管

---

① 参见 China's engagement in global energy governance，IEA，April 2016，p. 14，available at http：//indiaenvironmentportal. org. in/content/427224/chinas-engagement-in-global-energy-governance/。

② 参见《二十国集团领导人杭州峰会公报》，http：//paper. people. com. cn/rmrbhwb/html/2016-09/06/content_1710199. htm。

道过境的基本原则、管道过境的权利性质、管道运行涉及的公共安全和环境保护等；三是能源立法相对滞后，虽然我国早在 2007 年就制定了《能源法》（征求意见稿），内容包含总则、能源综合管理、能源战略与规划、能源开发与加工转换等 15 章，共 140 条，但由于对立法模式和定位等核心问题存在争议等原因，该法律尚未正式出台，《能源法》缺位导致对能源实践活动缺乏强有力的支持手段和指引导向，如对"走出去"战略的企业给予信息咨询、税收优惠、资本支持、风险保障等，也缺乏和《环境保护法》等其他相关法律制度的协调。目前，《管道保护法》的修订问题已提上日程。2018 年 3 月，国家能源局提出修改《管道保护法》并组织进行前期讨论，① 针对管道的管理体制机制、管道地役权、管道运行涉及的公共安全、与相关法律法规的衔接、企业主体责任落实、突出事故应急响应等重难点问题进行研讨。

（2）与油气管道合作的配套法律制度不健全。一是与能源企业境外投资相关的投融资法律、法规过于分散。我国现有的对外投资法律、法规包括《境外投资管理办法》《境内机构对外直接投资外汇管理规定》《境外国有资产产权登记管理暂行办法实施细则》《关于进一步规范中央企业投资管理的通知》等，大都分散于部门规章中，在实践中缺乏操作性且欠缺对投资风险保障的规定，难以适应我国日益增长的境外能源投资与合作要求。二是《环境保护法》的效力层级不高，与管道环境保护的专项法律联系性不强，协调性欠缺。2015 年新修订的《环境保护法》由人大常委会审议通过，其效力层级位于我国环境法律体系基础法行列。由于和《管道保护法》《水法》等专项法律的效力位阶相同，因此在因管道项目导致的环境污染的法律适用上，《环境保护法》更多地起到一种指导补充的作用，如该法第 32 条对大气、水、土壤的保护与修复的规定，第 34 条对海洋污染防治的规定。且由于这些条款的规定较为原则化，在实际中几乎很难得到使用。

---

① 参见中国石油新闻中心网站，http://news.cnpc.com.cn/system/2018/04/02/001683477.shtml。

2. 能源过境的双边合作法律制度存在不足

（1）双边合作协议的法律属性有待加强。在中国既已开展的油气管道合作实践中，签署了不少双边投资条约、谅解备忘录和政府间协议形式的双边法律文件，由于这些法律文件的支撑力度和制约机制不足，从法律规制的角度来看不利于保障管道合作的顺利进行。首先，谅解备忘录没有法律约束力，不创设具体的权利义务，其法律支撑力度不足；其次，所签署的政府间协议大多仅确定了油气管道合作的基本原则和主要事项，缺少对争议情形和争议解决方式的具体规定，也缺乏相应的违反协议的制约机制。例如，中俄曾就"安大线"输油管道达成《关于制定修建中俄输油管道的可行性研究的基本原则》协议书，其后俄方因另择"安纳线"单方面解除了该协议计划，却不顾中方所承受的损失。由于双方的关注点主要在于管道合作的收益性和管道运行的稳定性，而有时这种欠缺也是对达成一致的目的导向的现实妥协，但忽视违反协议所需承担的法律责任将导致基础协议的软法性，并极易给双边合作造成障碍。

（2）双边合作水平和质量有待提高。尽管我国以双边形式开展的油气管道合作取得了较大成效，但管道合作法律制度规范的对象囿于能源合作的最初级形式，① 包括油气勘探开发、管道建设和能源贸易，而对能源信息分享机制、管道工程技术服务、定价及税收协调制度、环境风险评估和应急机制等领域较少涉及。此外，由于相关合作国家的法律制度水平差异，既有跨境管道项目的相关合作国家大多处于经济转型阶段，能源领域的法律制度的健全性和稳定性水平各异。例如，中亚国家的国内法律环境相对落后，有的国家甚至对能源部门的国际合作还有一定的限制。② 法律制度的不完善和法律执行的非公正性等弊端，成为提升双边合作的水平和质量的阻碍因素。

---

① 参见杨泽伟：《共建"丝绸之路经济带"背景下中国与中亚国家能源合作法律制度：现状、缺陷与重构》，载《法学杂志》2016年第1期。

② 参见高世宪、梁琦、郭敏晓等：《丝绸之路经济带能源合作现状及潜力分析》，载《中国能源》2014年第4期。

（3）双边合作机制易受周边环境和区域大国影响。跨境管道合作往往牵涉两个或以上国家且对周边国家和地区的能源格局产生影响，而当地和周边政治局势的稳定问题将成为威胁能源供应安全的潜在风险。管道合作与外围环境这两者相互影响。目前，双边合作普遍缺乏危机处理机制，难以应对地区动荡、运输中断等突发情况带来的损失。同时，在"一带一路"沿线区域尚有俄罗斯、日本、韩国等区域大国，各国都在为努力进行以能源为核心的战略部署与合作，加之美欧等域外大国的干扰，以多种手段拉拢中亚国家与其进行能源合作，势必给中国开展双边合作带来影响和阻碍。

3. 尚未实际建立有关能源过境的多边合作法律机制

（1）能源过境的多边合作法律机制有待开展。从全球层面来讲，ECT 是目前唯一对能源过境制度作出规定的多边协议，但是中国并未签署该协议，俄罗斯也已明确表示暂停对 ECT 的适用。事实上，这一国际性的能源过境法律机制因俄罗斯的退出和过境议定书的夭折而显得力不从心，未能发挥预期作用。从中国角度来看，目前仍缺乏专门针对油气管道过境的多边合作，即便是在能源合作较为突出的上合组织，由于各成员国间的"空间距离"和"心理距离"问题待解，不论是"能源俱乐部"倡议还是"社区规范"构想，都需要在政治互信、资金融通等方面付出坚定和长期努力。

（2）现有能源过境的多边合作机制有待协调。中国至今没有加入国际能源机构（IEA）、国际能源宪章（ECT）和石油输出国组织（OPEC）这三大国际能源合作组织中的任何一个。随着中国参与全球能源治理的意识和机会不断提高，所参与的不同层面的国际能源合作机制表现出多元化和分散化的特点，且缺乏很好的协调、分工。不论在是上合组织、中亚区域经济合作组织、亚太经合组织等国际组织层面，还是在亚信会议、亚欧会议、亚洲合作对话、欧亚经济论坛等国际论坛层面，以及联合国经社理事会"中亚经济专门计划"、联合国开发计划署"丝绸之路区域合作项目"等项目合作层面，各项多边合作机制缺乏相互间的沟通和协调，有关能源过境的多边合作机制呈现碎片化趋势。

（3）双边与多边合作法律机制有待平衡。由于双边合作参与成员一般仅有两方，沟通成本低且合作效率高，因此在参与国际能源合作的早期阶段中国习惯于通过双边方式开展跨境管道合作。这也与中国国内的政治和经济发展水平相适应。随着中国与世界相互依存程度的加深和在全球能源领域的地位日益增长，尤其是全球金融危机导致油价上涨带来的连锁反应，中国意识到参加全球能源合作体系的重要性和紧迫性，必须改变完全依靠双边合作的传统思维方式，通过多边组织来稳定能源市场才能较稳定地融入世界。根据国家能源局统计，中国目前已与近30个对话伙伴国建立了40余项双边能源合作机制，与26个国际能源合作组织和国际会议机制建立联系与合作。[①] 然而，尽管中国已经制定了多元化的能源国际合作发展战略且努力开拓多边能源合作的范围和方式，但是目前跨境管道的实质性合作基本都是通过双边方式开展。相比之下，多边合作仅能作为一种补充机制，其功能和涉及的议题范围较为初级。因此，双边与多边能源合作的平衡发展问题有待解决。

三、"一带一路"倡议背景下中国油气管道过境法律制度的完善

（一）积极顺应国际能源治理过程中的过境合作发展趋势

全球能源治理事关全球能源供应结构、总量及其配置，其根本问题是要解决如何通过集体行动，按什么样的幅度和进度推动能源结构调整。当前国际能源安全形势的变化使全球能源治理结构面临新的挑战，未来全球能源结构转型和能源体制转型是大势所趋，"一带一路"下的管道过境合作应积极适应这一趋势，着力形成域内管道合作的规则体系。

① 参见 China's engagement in global energy governance，IEA，April 2016，pp. 34-36，available at http：//indiaenvironmentportal. org. in/content/427224/chinas-engagement-in-global-energy-governance/0。

1. 全球能源治理的本质、挑战及走向

（1）全球能源治理的本质。全球能源治理被视为超越能源地缘政治的概念。① 能源地缘政治是以零和博弈理念为基础，强调各国间的能源竞争并依赖双边外交确保自身的能源安全。而全球能源治理则将能源视为一类被纳入全球化市场的普通商品，因此能源安全作为一项全球性公共产品，非一两个国家所能掌控。作为全球治理的关键事项之一，全球能源治理亦兴起于 20 世纪末新自由主义扩张时期，其本质是"经济自由主义者有意识地自我适度调整，以防止自由市场无限扩张和社会反抗不断加剧引发的社会秩序崩溃"②。这种调整表现为一种"柔性且有节制的权力"，③ 即为了抑制能源商品化所引发的社会矛盾，各国开始逐步加强金融监管、促进环境保护、增加发展援助以及对各类非政府组织的社会活动给予包容等；④ 并外化表现为"各国政府和国际组织为防止与能源相关的问题超越一定范围而扩散成国际性危机所制定和实施一系列国际规则或制度"⑤；最终实现全球能源供应的稳定和可持续发展，为世界经济的发展提供能源安全保障。

（2）全球能源治理的挑战。随着经济全球化进程的加快，国际能源供应格局和安全形势发生了急剧变化。这既是推动国际能源治理发生变革的动因，也是全球能源治理所面临的挑战。从最深层的原因来看，全球能源治理面临主体多元化和目标多极化这两大根

---

① 参见 A. Goldthau, J. M. Witte, Back to the Future or Forward to the Past? Strengthening Markets and Rules for Effective Global Energy Governance, International Affairs, Vol. 85, 2010, p. 373。

② 参见 S. Gill, New Constitutionalism, Democratisation and Global Political Economy, Global Change, Peace&Security, Vol. 10, 1998, p. 23。

③ 参见［法］让·皮埃尔·戈丹著：《何谓治理》，钟震宇译，社会科学文献出版社 2010 年版，第 21 页。

④ 参见叶玉：《全球能源治理：结构、挑战及走向》，载《国际石油经济》2011 年第 8 期，第 45 页。

⑤ 参见 B. K. Sovacool, A. Florini, Examining the Complications of Global Energy Governance, Journal of Energy & Natural Resources Law, Vol. 30, 2012, p. 235。

本挑战。一是新兴力量出现，打破了原有的供求和体制平衡，其中尤以中国、印度等新兴经济体为最。① 这些新兴经济体的能源消费需求持续大幅增长给全球能源供求造成较大压力，构成全球能源安全形势难以真正缓解的背后的结构性原因。从治理机制层面来看，无论是OPEC还是IEA的合作框架都不能反映现有能源消费格局的多极化发展，这种能源机制领域的权力与实力的不相匹配，增加了全球能源治理的变数。二是围绕能源利用引发的环境外部性治理问题各方博弈激烈，给当前的能源结构变革带来挑战。以应对全球气候变化为重点的环境外部性治理已成共识，但仍处于无序之中。《联合国气候变化框架公约》的后续协议迄今未能达成，未来发达与新兴国家之间如何就减排义务达成一个包容性的治理体系仍面临诸多障碍，其中最突出的问题是给自由贸易体制带来挑战。全球能源市场的变革压力使中长期能源投资风险增加，尤其是油气管道基础设施建设耗资巨大、周期较长，缺乏稳定的政策预期将严重制约能源基础设施的长期投资和供应安全。

（3）全球能源治理的走向。现行全球能源治理进程经历了从单中心、双中心向多中心的递进发展，目前呈现出多元、多层、分散的治理网络。以欧美为代表的发达能源消费国利用IEA在能源格局中居主导地位，它们掌握全球主要能源的定价权并着手积极推动能源市场的发展；代表主要生产国利益的石油输出国组织（OPEC）、天然气输出国论坛（GECF）位于其次；同样是美欧主导建立的世界贸易组织（WTO）、《能源宪章条约》（ECT）、国际能源论坛（IEF）、二十国集团（G20）、政府间气候变化专门委员（IPCC）等机制是前两者的沟通桥梁。此外，联合国框架下的发展议程与以世界银行为中心的能源扶贫与能力建设机制（UN/WB）主要代表能源"贫困"的发展中国家的利益，在能源格局中实力最弱的，而中国、印度等新兴能源大国也以多种方式积极参与能源领域对话和协调。

---

① 参见 Remarks for launch of BP Statistical Review of World Energy 2013, available at https：//www.bp.com/content/dam/bp/pdf/speeches/2013/Bob-Dudley-statistical-review-of-world-energy-2013 pdf。

在上述众多国际能源机构和协调机制中，IEA 和 OPEC 明显具有最强的执行力和影响力，① 原因在于这两个机构的成员国不仅在价值观念上能够达成共性，且具有充足的资金、技术、资源等物质保障，其他的机构或机制如 G20、G8、ECT、IEF 等往往因价值观念的分歧或物质保障的限制而能效有限。然而，现有能源治理结构和机制在主体多极化和目标多元化的双重挑战面前亟需转型，未来的全球能源治理走向取决于美国、欧洲和以中印为代表的新兴经济体这三大能量体之间的博弈结果，这种转变至少是一个几十年的长期过程。②

2. "一带一路"的区域融合给管道过境合作带来挑战

（1）多方力量参与沿线区域地缘政治博弈可能引发传统安全风险。"一带一路"倡议有可能与沿线区域其他国家以及个别大国的国家战略产生冲突，大国之间的复杂关系以及战乱、冲突等因素将对"一带一路"建设的项目构成威胁，③ 其中尤以美国、印度为甚。自 2010 年始美国先后提出相关国家战略，包括"亚太再平衡"战略，④ "新丝绸之路"计划，⑤ 推动以美国为主导的区域合

---

① 参见 G. Escribano, Fragmented Energy Governance and the Provision of Global Public Goods, Global Policy, Vol. 6, 2015, p. 98。

② 参见 V. Smil, U. S. Energy Policy the Need for Radical Departures, Issues in Science&Technology, Vol. 25, 2009, p. 47。

③ 参见赵明昊：《"一带一路"建设的安全保障问题刍议》，载《国际论坛》2016 年第 2 期。

④ 2010 年 1 月，时任美国国务卿的希拉里在夏威夷发表《美国介入亚太》的演讲中最早提出这一概念。参见 Hilary Clinton, America's Engagement in the Asia-Pacific, http：//www. state. gov/secretary/20092013clinton/tin/2010/10/150141. htm。

⑤ 2011 年 7 月，时任美国国务卿希拉里·克林顿（Hilary Clinton）在印度金奈提出"大中亚"思想和"新丝绸之路"构想，主张建设一个连接南亚、中亚和西亚的交通运输与经济发展网络；同年 9 月，在联大会议期间其向国际社会进一步描述了"新丝绸之路"计划，即以阿富汗为中心，希望阿富汗邻国投资出力，维护美国在欧亚大陆腹地发展过程中的主导地位。参见 Remarks at the New Silk Road Ministerial Meting, available at http：//www. state. gov/seeretary/20092013clinton/rm/2011/09/173807. htm；Remarks on India and the Unite States：A Vision for the 21 Century, available at http：//www. state. gov/secretary/20092013clinton/ rm/2011/07/168840. htm。

作进程,如"印太经济走廊""亚太全面能源伙伴计划""湄公河下游倡议"等。① 出于对"一带一路"将成为"去美国化的经济和政治安排"② 的担心,美国在落实"亚太再平衡"等战略的过程中展现出务实聚焦、深耕细作等新特点。③ 印度希望保持其在南亚和印度洋地区的传统优势地位,不愿其所推动的"中亚-南亚走廊"等倡议受到"一带一路"的冲击,印度有观察家将"一带一路"建设视为中国抢夺印度在印度洋地区的"固有利益"的举动。④ 因此,印度很有可能针对"一带一路"倡议采取反制措施。此外,欧盟、俄罗斯、日本等也不愿放弃在中亚地区的利益,纷纷提出自己的中亚区域战略,希望成为影响中亚地区地缘政治的操盘手,有些地缘处境复杂的中小国家也会掺杂其中。多方力量在"一带一路"沿线区域的力量角逐和政治博弈及其对"一带一路"倡议的戒心,将有可能成为中国实施"一带一路"倡议的掣肘因素。

(2)沿线国家国内局势动荡、域内纷争不断,加剧区域安全风险。从域内国家内部来看,"一带一路"沿线所涉国家大多处在社会转型期,政治经济水平分布不平衡,社会矛盾复杂积聚,文化和法律制度存在巨大差异。部分国家由于朝野斗争,政局不稳,对外政策更迭反复,"一带一路"倡议和项目屡受政治斗争的影响而被质疑甚至单方面搁置。例如,2014 年前后泰国政局动荡,导致

---

① 参见赵明昊:《"一带一路"建设的安全保障问题刍议》,载《国际论坛》2016 年第 2 期。

② 参见 Yukon Huang, Courting Asia: China's Maritime Silk Route vs America's Pivot, The Diplomat, Vol. 25, 2014, p. 2.

③ 参见赵明昊:《试析奥巴马政府第二任期亚太再平衡战略走向》,载《国际论坛》2014 年第 3 期。

④ 参见 Devesh Rasgotra, India-China Competition in the Indian Ocean, IISS Voice, March 21, 2014, available at http: / /www. iiss. org/en/iiss 20 voices/blogsections/iiss-voices-2014-b4d9/march-2014-cd5b/china-india-ocean-c0d6。

中泰既已达成的"中泰高铁计划"濒于流产①；吉尔吉斯斯坦南北矛盾尖锐，2013 年 12 月其宣布拒绝中国-吉尔吉斯斯坦-乌兹别克斯坦铁路修建计划。从国家间层面来看，由于历史纠葛、地缘纷争、民族宗教问题等矛盾重重，"一带一路"沿线国家之间关系复杂交织、冲突纷繁频发。例如，2014 年克什米尔地区爆发了自2003 年印巴双方达成停火协议以来最严重的军事冲突，且印巴矛盾难以在短期内解决②，朝鲜半岛安全局势不断发生问题，提升了未来发生冲突及局面失控的可能性；而中东和地中海区域则历来是武装冲突频发的重灾区，外高加索国家之间如阿塞拜疆和亚美尼亚的领土争端不断。凡此种种，都使"一带一路"建设面临诸多地缘政治和区域安全方面的风险和挑战。

（3）非传统安全问题复杂密集威胁区域安全。一是地区恐怖主义势力泛起。中亚、中东地区诸多民族、宗教、文化相互交汇融合又彼此冲突撞击，集聚于费尔干纳盆地的"东突"恐怖主义等极端势力活动猖獗，呈现分散化、本土化、独狼化、网络化特征。③ 南亚、西亚、东非是沿海上丝绸之路的主要地区，也是海上恐怖活动最为频繁猖獗的地区，船舶、钻井平台、港口城市和旅游景点往往成为被袭击目标，通过劫持过往船只、绑架、暴力伤害船员制造恐怖威胁，继而引发海洋运输路线中断、海洋生态污染破坏等严重后果。④ 二是跨国犯罪活动种类、数量和规模不断上升。海

---

① 2013 年 10 月 11 日，中泰政府签署《关于泰国铁路基础设施发展与泰国农产品交换的政府间合作项目的谅解备忘录》，其后因英拉政府下台，泰国宪法法院判决英拉 678 亿美元基建项目违宪，"中泰高铁计划"流产。2014年底，泰国巴育政府重启中泰铁路合作项目。2017 年 12 月 21 日，中泰铁路第一阶段正式动工。

② 参见楼春豪：《21 世纪海上丝绸之路的风险与挑战》，载《印度洋经济体研究》2014 年第 5 期，第 4~5 页。

③ 参见赵明昊：《"一带一路"建设的安全保障问题刍议》，载《国际论坛》2016 年第 2 期，第 3 页。

④ 参见 C. Liss, J. Butcher, New Actors and the State: Addressing Maritime Security Threats in Southeast Asia, Brisbane, Australian Journal of Maritime & Ocean Affairs, Vol. 3, 2011, p. 66。

216

盗、走私、贩毒等跨国有组织犯罪活动首当其冲，其往往与恐怖主义和极端主义势力依附共生，马六甲海峡、孟加拉湾、阿拉伯海和亚丁湾等都是海盗频发地区，"金三角"和"金新月"地区①分别和我国西南、西北地区临界，毒品过境、走私等跨国犯罪活动日益严重；洗钱、电信诈骗等金融犯罪随着区域资本投入的增加和流动而不断增长，犯罪手段结合网络信息技术而呈现多样化、新型化；非法出入边境、跨境赌博、卖淫和人口犯罪等活动也不断增加。三是自然灾害等生态安全风险频发。根据非政府组织德国观察发布的《全球气候风险指数2017》报告，自1996至2015年间，全球受极端天气事件影响排名前十的国家中，有6个是"一带一路"沿线国家。②紧急灾难数据库（EM-DAT）自然灾害数据进一步显示，1900—2015年"一带一路"欧、亚、非三大洲65个国家，近50年自然灾害发生数量急剧增长，尽管因自然灾害死亡的人口有所减少，但生活在灾难易发地区人口总量上升，仍导致经济损失逐年大幅递增。灾害的发生不仅严重威胁生命财产安全、通道安全、投资安全，制约经济社会发展，也会导致"一带一路"下的油气管线基础设施建设面临严重的灾害风险。

3. "一带一路"的域内油气管道过境合作亟需加强能源治理

（1）加强域内国家的政治信任和体制联系。对于中亚国家等域内资源国而言，其能源合作意图不仅体现在出口油气资源以获取经济利益，更希望提高资源的利用效率，延长产业链，发展可再生能源来实现社会经济的可持续发展。如果不能充分重视这些需求并

---

① 金三角（Golden Triangle）位于东南亚泰国、缅甸和老挝三国边境地区，是世界上主要的毒品产地；金新月（Golden Crescent）位于阿富汗、巴基斯坦和伊朗三国的交界地带，是仅次于金三角的鸦片和海洛因生产基地。金新月和金三角、银三角（位于拉丁美洲毒品产量集中的哥伦比亚、秘鲁、玻利维亚和巴西所在的安第斯山和亚马逊地区）并称为世界三大毒品产地。

② 非政府组织德国观察（German watch）是一个致力于全球可持续发展独立运营的环保组织，每年都会对二氧化碳排放总量占全球90%以上的58个国家的气候变化绩效指数进行评估。报告中的6个"一带一路"沿线国家分别是：缅甸、菲律宾、孟加拉国、巴基斯坦、越南和泰国。

着手解决相关问题，则容易滋生资源民族主义，危害长期稳定合作。此外，中国的对外投资虽然刚刚起步，但由于体量巨大，在一些国家的投资比重已经很大，相关国家会因此担心国家经济安全。因此，加强与东道国的协调和沟通，建立多边合作机制和平台有助于消减东道国的疑虑。

（2）在不同合作层面对区域能源合作进行协调和整体规划。一是加强次区域的互联互通。比如，中亚地区在苏联时期是一个整体的能源系统，然而目前处于各自为政的状态，没有实现资源的优化配置，该次区域具有加强能源合作特别是互联互通的客观条件。另外，东北亚、东南亚和南亚地区也有巨大的能源合作需求。二是统筹考虑"一带一路"区域的能源流向，特别是石油天然气管线的走向。无论是出口国还是进口国，都在追求利益最大化，均希望自身实现进出口多元化的同时使对方更加依赖自己。围绕着石油天然气管线的走向，进出口伙伴国之间、进口国之间以及出口国之间进行了大量的博弈，轻则耽误项目建设的进程，重则导致地缘政治的紧张。因此，亟须从整个区域最优的角度进行规划，使得进口国和出口国均能实现能源流向多元化和合理化。三是在全球层面通过"一带一路"能源合作对全球能源流向和市场格局产生影响，以及从全球层面来分析和规划"一带一路"能源的合理流向。

（3）形成区域油气管道合作的规则体系。一方面，现有的多边合作机制难以满足区域能源合作的需求。WTO 规则是否覆盖跨国能源运输仍有争议，目前只有乌克兰等少数国家在加入 WTO 时承诺开放管道运输，乌兹别克斯坦等国甚至还没有加入 WTO；ECT 虽然提供了有关能源过境的较完整的规则，但中国尚未签署该条约，俄罗斯也因"尤科斯"事件退出了 ECT，没有俄罗斯的合作，ECT 将是一个"流产"的条约。① 另一方面，现有的油气管道合作多是基于项目的特殊安排，而不是基于完善的国际法和国内

---

① 参见 Dominique Finona, Catherine Locatelli, Russian and European Gas Interdependence: Could Contractual Trade Channel Geopolitics? Energy Policy, Vol. 36, 2008, p. 423。

法提供保障，且不少资源国国内法未与国际规则相衔接，对能源领域贸易和投资的限制较多，导致域内管道项目合作的法律风险较高。

4. "一带一路"背景下油气管道过境合作的思路和举措

（1）"一带一路"油气管道过境合作的思路转变。"一带一路"的能源通道建设和油气管道过境合作应在思路上突出以下转变：一是从局限于保障中国自身的能源安全向着眼于"一带一路"下区域性共同能源安全的思维转变。以资源和市场的互联互通为基础，构建泛亚油气管道网络，提升标准化和一体化水平，打造"一带一路"油气安全共保体系。二是从单一的资本输出转变为中国技术、产能、人力资本和价值文化的全方位"走出去"。以油气管道项目合作为驱动，根据域内不同国家的实际情况和不同诉求，推动全产业链的一体化、精准化油气互利合作，同时带动国内油气产业升级。三是从过去的油气交易活动以美元结算为主转变为以人民币结算为主。以油气合作为先导，建立地区多货币结算体系，提高人民币的国际地位，促进区域经济向更宽领域、更深层次的融合发展。

（2）"一带一路"油气管道过境合作的重点举措。一是认真研究"一带一路"油气通道发展规划，处理好规模与效益、长期与短期的关系，注重油气管道合作质量和效益。二是继续发挥比较优势和整体优势，让国有的石油企业成为真正意义上的市场竞争主体，以更开放的思维拓展油气管道合作新项目，提升大型油气管道项目的建设能力，因地制宜实施差异化运营合作，促进油气产业链各环节的效益最优化。三是构建油气管道风险防控和应急保障机制，识别和评估关键领域的关键风险点，规避"一带一路"建设过程中的重大风险，针对油气管道安全事故引发的环境保护问题建立应急保障机制。四是推进油气管道合作的可持续发展，借鉴国际石油公司的先进管理理念、技术和工具，加强区域协调能力，恪守互利共赢理念，逐步形成符合整体效益最大化的管理模式。五是注重培育精通"一带一路"油气管道业务合作的业务团队，提升油气管道合作的管理和技术水平，使其在关键岗位、关键领域发挥专业人才优势。

（二）合理评估 ECT 过境制度对中国开展能源运输合作的影响

ECT 作为目前唯一专门规定了能源过境制度的具有法律约束力的多边条约，很可能成为中国以更加实质性的方式振兴其多边能源合作的切入点。[①] 目前，ECT 的 54 个成员国覆盖了"一带一路"沿线的大部分国家，其中哈萨克斯坦、吉尔吉斯斯坦、土库曼斯坦和乌兹别克斯坦这四个中亚国家以及"一带一路"沿线的乌克兰、土耳其、阿富汗等国都是 ECT 的缔约成员国，印尼、阿曼等能源大户是观察员国，此外还有沙特阿拉伯等中东石油出口国和中国一样正寻求与 ECT 的进一步合作。中国已于 2015 年签署了《能源宪章政治宣言》，成为 ECT 的签约观察员国，但尚未签署 ECT。从过境运输角度分析 ECT 的法律制度对中国开展能源运输合作的影响，对于提升中国政府和能源宪章会议的持续合作，构建"一带一路"背景下的能源过境合作治理机制和平台具有重要意义。

1. 从过境运输角度分析中国加入 ECT 的收益

（1）加强对中国跨境油气管道运输的法律保护。ECT 第 7 条和第 10 条充分体现了能源投资自由化对于投资进行保护和促进能源国际投资的要求，[②] 若该条款对中国适用则有利于保障我国的能源运输安全。它具体表现在以下三方面：

一是有利于确保我国现有的能源通道畅通。如果中国成为 ECT 第 7 条的调整对象，则其他相关国家就应"根据过境自由原则为能源材料和产品的运输提供便利"，不应对我国的能源运输进行"区别对待"和"价格歧视"，不得"无理由地拖延、限制或增加

---

① 参见 Zhuwei Wang, Securing Energy Flows from Central Asia to China and the Relevance of the Energy Charter Treaty to China, Energy Charter Secretariat, 2015, p. 54。

② 参见白中红、潘远征：《中国加入〈能源宪章条约〉的利弊论》，载《生态经济》2010 年第 10 期。

过境运输费用";① 且他国有义务保证"能源原料和产品流通渠道的安全"②，在发生过境运输争议后，不得"中断或减少"我国的能源运输，③ 即在不中断能源供应的情况下和平解决过境争端。上述法律条款有利于确保对中国供应的油气资源不被半路拦截或中断，使中国成为比俄罗斯更为安全的油气资源输送目的地。④

二是有利于我国建设新的能源通道。ECT 下的缔约方承诺，如果通过能源运输设施不足以商业条件实现"能源材料和产品"的过境，则他国"不能对建设新的运输能力设置障碍"（第 7 条第 4款），我国亦可以依据第 10 条的国民待遇和最惠国待遇而更容易地进入他国能源投资领域，从而建设新的能源通道。

三是有利于能源过境争议的解决。ECT 的过境争端解决机制能够为中国和相关国家的能源过境提供统一的争议解决方案，其适用于因中断或减少过境流量而引发的过境争议调解程序比仲裁更为便捷。对于那些属 ECT 的缔约方但不属于 WTO 成员的国家，⑤ 如土库曼斯坦和乌兹别克斯坦来说，一旦发生过境争议，可以利用 ECT的过境争议解决机制进行争议解决。这将为解决相关的过境运输争端提供唯一可得的标准途径。

---

① ECT 第 7 (1) 条。

② ECT 第 7 (5) (b) 条。

③ ECT 第 7 (6) 条。

④ 参见淀川诏子、亚历山大·M. 彼特森、苏苗罕：《发展的机遇：中国、中亚和〈能源宪章条约〉》，载《国际法研究》2016 年第 1 期，第 32页。

⑤ 截至目前，在 ECT 所有的 53 个缔约方中，48 个是 WTO 成员方，4个缔约方是 WTO 的观察员（分别是阿塞拜疆、白俄罗斯、波黑、乌兹别克斯坦），1 个缔约方没有参加 WTO（土库曼斯坦），中国与 50 个 ECT 的缔约方签订有双边投资协定，与欧盟正在进行双边投资协定谈判，与 2 个缔约国（阿富汗、列支敦士登）未签订双边投资协定。根据能源宪章网站、中国商务部网站和世界贸易组织网站信息整理，https：//energycharter. org/who-we-are/members-observers/，https：//www. wto. org/english/thewto_e/whatis_e/tif_e/org6_e. htm，http：//tfs. mofcom. gov. cn/article/Nocategory/201111/20111107819474.shtml。

（2）提高投资者对中国国内法律环境的信心。由于 ECT 规定了东道国政府的许多义务和责任，ECT 对中国的适用将促进国内法律环境的优化，提高中国对外签订的双边投资协定的保护水平，为外国投资者提供 ECT 框架下程度相当的保护，增强外国投资者对中国能源市场的信心。例如，中国与哈萨克斯坦、吉尔吉斯斯坦和土库曼斯坦签订的双边投资协议时间较早，其中并未作出国民待遇的规定，甚至没有规定任何投资者与国家之间的投资纠纷的解决机制。而中国在 21 世纪前 10 年所对外签订的双边投资协定中都规定，在将争议提交给协议所确立的争端解决机制之前，应穷尽当地行政复议程序。很明显，在 ECT 下不允许对接受仲裁设置这样的条件，其规定缔约方应"无条件地将争端提交给国际仲裁裁决或调解机构"①。因此，ECT 对中国的适用意味着为双边投资协定增加有关国民待遇、投资者与国家之间有关征收补偿数额之外的争端裁决等条款，以及投资者不需要穷尽当地行政复议程序就能启动条约规定的争端解决程序等变化，这些变化有助于保护中亚等国家在能源运输基础设施中的投资，提高能源投资者进入中国能源市场的待遇，吸引更多优质的外国能源投资流入中国能源产业，提高中国的能源利用效率和能源供应能力，从长远来看有助于推进中国经济和社会的可持续发展。

（3）提升中国在全球能源治理中的影响力。中国作为世界上最大的发展中国家和能源消费国，不可避免地被认为在全球能源治理中发挥着重要作用。中国政府的"十三五"规划明确提及全球能源治理，提出"积极参与国际能源治理及规则制定，推动构建公正合理的全球能源治理机制，提升我国在国际能源领域的话语权"的战略导向。ECT 为中国更深入地参与全球能源治理提供了一种相对变革的方式，尤其是国际 ECT 正值变革，结构转型和制度升级是 ECT 现代化进程的两条生命线，通过推行去欧洲化的国际化发展战略，试图在更大范围内重塑 ECT 在能源投资、能源贸

---

① ECT 第 26（3）（a）条的规定。根据 ECT 第 26（3）（b）（c）条，允许的例外包括投资者已经在国内法院起诉和保护伞条款引发的争端。

易和能源过境运输方面的制度优势。[1] 然而，不同于国际 ECT 最初组建时美俄等能源大国的积极参与，ECT 的现代化进程缺少欧盟以外的能源大国的主导，这为中国建设性地参与 ECT 改革进程提供了重要机遇。作为以国际能源合作和监管为核心的多边治理框架，ECT 体系的发展方向与我国"一带一路"建设规划不谋而合，可以成为进一步实现大型多边能源管道项目和整体战略的可视化平台，确保我国在跨境管道合作中的合理诉求和平等利益，提升我国在全球能源治理中的影响力。

2. 从过境运输角度分析中国加入 ECT 的风险

（1）可能增加中国政府的过境争议仲裁负担。ECT 下的过境争端解决机制被认为是在紧急情况下保障能源安全的关键。[2] 根据该机制，涉及中断或减少过境流量的争议可由缔约方单方面启动争议调解机制；涉及其他情形的过境争议，任何一个缔约方可以将争议提交国际仲裁。虽然有更具体的规定和附件限制该争端解决条款的适用范围，甚至至今还未真正受理过因过境争议启动的调解或仲裁案件，但该过境争议解决条款的使用仍会给相关国家带来潜在的仲裁负担。

目前中国作为主要的能源进口国，因过境争议而被其他国家提起过境争议调解或仲裁的几率较小，但是随着"一带一路"能源基础设施建设的推进，多项油气管道的建设布局正在研究论证，包括建设联通我国与中亚、俄罗斯地区的原油管道，论证分析我国连接蒙古和俄罗斯的原油管道、我国连接日本和韩国的油气管道的必要性和可行性，筹划建设我国东北部连接俄罗斯东部、中亚天然气生产国连接南亚消费国以及中东连接东南亚地区的亚洲天然气大动脉，未来中国将成为亚洲油气网络格局上的过境国之一，有可能因为过境中断、过境费用等问题而成为过境争议解决机制的被诉方。且我国作为发展中国家，在能源法律制定、能源环境治理等方面都

---

[1] 参见单文、王鹏、王晗：《"一带一路"建设背景下中国加入〈能源宪章条约〉的成本收益分析》，载《国际法研究》2016 年第 1 期。

[2] 参见 Road Map for the Modernisation, CCDEC 2010 (10)。

有待发展，这些都可能导致我国未来面临的过境争议风险增加。此外，我国缺少国际仲裁经验丰富的专业法律人才，相关研究还处于起步阶段，由此导致的仲裁负担风险也不容忽视。

（2）ECT 在全球能源治理机制中的影响力弱化。ECT 是在欧盟的主导下建立的，并持续得到欧盟的支持。然而，随着欧盟在宪章之外的其他外部政策工具的制定，如欧盟法律框架下的欧洲共同体条约和第三能源指令在获取能源基础设施方面似乎比 ECT 的法律制度更加完善，欧盟对 ECT 的支持随着时间的推移而减少。另一方面，俄罗斯已于 2009 年宣布终止对 ECT 的临时适用，且在当前的法律框架下俄罗斯重返 ECT 几无可能，这些变化大大降低了 ECT 的政治影响力。在全球能源格局快速变化的时代背景下，不同能源组织和机构之间的职能重叠不可避免，且各种国际组织之间的竞争也越发激烈。一个国际组织必须明确其核心能力和制度优势，并与相应的有影响力的政治力量保持密切联系才能体现其价值。① 毫无疑问，ECT 的独特优势是涵盖了能源行业整个价值链，但就法律方面而言，关注范围太广可能导致各方对其的强烈政治依附性的下降，当前的 ECT 转型也是在主体范围和制度优势两方面寻求突破。

对于中国而言，如果加入 ECT 并希望在能源过境制度领域尽力发挥该机制的效用，就必须协调好俄罗斯和 ECT 的关系，并且从 ECT 的成员国和观察国获取足够的政治支持。因此，在防止 ECT 的政治影响力弱化、保持能源过境的制度优势方面，各方还有很多工作需要完成。

（3）ECT 的地理覆盖范围不完全匹配中国的能源过境图景。ECT 现有 53 个会员国、16 个观察员国，覆盖欧洲大陆和中亚地区国家，且和"一带一路"沿线的大部分国家重合，但 ECT 的现有成员基本未包括中东和北非地区国家。尽管其中一些国家，如约

---

① 参见 Zhuwei Wang, Securing Energy Flows from Central Asia to China and the Relevance of the Energy Charter Treaty to China, Energy Charter Secretariat, 2015, p.58。

旦、摩洛哥、印度尼西亚等已在加强与 ECT 的合作，但是在"一带一路"的能源通道建设中，占有重要地位的俄罗斯以及中东和北非地区国家无法纳入 ECT 的法律框架之下。如果中国加入该条约，需要在 ECT 的成员发展和"一带一路"下能源通道的法律规制方面寻求一致，避免不同国家间所适用的能源过境法律制度存在较大差异。

（三）着力推进跨境油气管道合作的法律制度建设

1. 完善国内法上的能源管道管理制度

（1）完善我国《管道保护法》的油气管道运输法律制度。一是明确管道地役权，解决油气管道的用地权利性质和管理责任划分问题。结合我国《民法典》"物权编"的相关规定，对于管道地役权的设立分为两种方式。一种是由土地权利人和管道企业通过协商的方式签订管道地役权合同，并考虑制定统一标准的地役权合同范本，明确管道企业与土地权利人各自的权利和义务，包括补偿费用、活动方式等，调动土地权利人的管道保护积极性；另一种是通过国家法律强制设立地役权，允许因公益事业、公产利益和公众便利的需要而以强制登记的方式直接设立公共地役权。

二是建立管道事故应急响应制度，应对因管道事故导致的安全威胁、环境损害等问题。在我国《突发事件应对法》《生产安全事故应急预案管理办法》的基础上，结合管道企业内部的《事故应急预案》和《事故应急抢修规程》的制度和实践经验，明确管道安全事故的处理原则，确定事故应急体响应机制的相关执行部门及职责，重视利用现代化信息技术完成管道事故分级与响应、事故后果与次生灾害预警、抢修施工组织和管道应急调度等制度内容，确保事故应急响应制度的科学性、权威性和可操作性。

三是制定管输费率的依据和标准，解决管道利用效率不足、管道运价水平不合理等问题。2012 年 10 月国家发展改革委发布的《天然气发展"十二五"规划》（发改能源〔2012〕3383 号）明确提出"深入研究管网专营化运行管理机制""实施天然气基础设施互联互通及向第三方提供准入服务""在管输和配气领域以新疆煤制气外输管道为试点，探索天然气管输、配气服务与天然气供应业务分离的有效途径"等要求，推进"两部制"管输定价模式、制定公平兼顾管输企业和管输用户正当利益的管输费，不仅必要而且迫切。随着我国油气管网系统的快速发展，现已具备推行"两部制"（容量费、使用费）管输定价的基本市场条件。因此，我们要改变我国现行的"一部制"管输定价模式，推行"两部制"管输定价模式，引入无歧视的第三方准入服务原则，兼顾管道投资方和管输使用方利益，充分考虑不同管输用户的差异性，体现实质公平原则；推动建立科学合理的天然气管输定价体系，充分利用管输能力，实现社会效益最大化，促进我国油气资源开发利用和管道建设，保障国内天然气安全稳定供应。

（2）制定中国的《能源法》，协调完善现有能源法律体系。在中国现有的国内能源法律体系中，与油气管道直接相关的单行法包括《管道保护法》和《环境评价法》两部，作为基础性法律的《能源法》一直未能颁布。在当前推进能源革命、应对气候变化和深化重大能源改革的形势下，仅有这些专门性立法还不能满足我国应付复杂的能源形势中处理各种关系的需要，需要国家以法律形式从能源战略的高度进行制度建设，如从制定战略规划到储备应急，从立足国内到对外合作，从政府监管到利用市场，从反对强势团体的垄断到对弱势群体利益的保护，从技术创新到经济刺激等。这对于实现管道输送安全，保障国家能源供应和公共安全具有重要意义。

除了尽快通过《能源法》外，还要修订完善现有能源体系的单行法，协调其他配套部门法的能源管理制度。一方面健全境外投融资法律制度，针对能源管道的境外投资建立风险保障制度，建立政府和民间多层次的海外投资风险评估与预警机制，为我国能源企业从事跨国并购和管道项目提供法律支持，提高法律风险的事前规避和事后应对能力；另一方面，中国的《外商投资企业法》应当积极引导外国投资者合法合理地介入中国的能源领域，加大外交、金融、产业等方面的政策支持和服务力度，通过改善国内立法环境，允许更多的竞争和促进能源安全。

2. 务实开展"一带一路"下油气管道领域的双边合作

（1）针对俄罗斯的政治形势，着力推进中俄油气管道合作持续发展。俄罗斯是"一带一路"能源通道的着力点，从世界地缘和能源格局的变化来看，中国将是其最为重要的市场，未来中俄油气合作进程应在不断夯实双边关系的基础上，完善双边法律机制，有礼有节地持续推进双边合作。首先，要树立自信、稳健的合作心态，充分认识俄罗斯面临的政治形势和能源市场的内外变化，充分理解特殊的地缘和历史原因所带给俄罗斯的情绪化和多变化的民族性格。因此，对俄罗斯在中俄双边油气合作领域所表现出的决策多变性以及在利用外资的同时抱有不信任感和排外心理，也就不难理解。其次，始终将投资和价格因素作为中俄油气谈判的重点和核心，避免因价格上的重大让步损害自身利益。最后，充分发挥中亚地区的既有优势，持续加大"中亚油气合作区"建设力度，带动俄罗斯加入油气资源供应体系，从而推动中俄油气合作的进一步发展。

（2）发挥中亚特殊的地缘区位优势，构建中亚油气管道合作的大格局。中亚是"一带一路"能源通道的支撑点，也是目前我国对外开展油气管道合作的主平台。在推进"一带一路"倡议的过程中，不能仅单向考虑我国的能源进口需求，而应通过互惠互利的合作方式带动油气合作的纵深发展，相比于单纯的资金提供者和能源购买者，中国更应成为中亚发展的重要合作伙伴。一方面，发挥我国新疆与中亚国家陆路边境线长、内陆地区油气管网完善和沿海省份出海口众多的地缘优势，积极运作为中亚国家提供油气东出太平洋的合作项目，帮助中亚各国实现能源出口；另一方面，发挥经济与地缘政治综合效应，充分利用我国在工业、农业、制造业和文化产业等领域的领先优势，加强与中亚国家的经贸、科技、文化合作，拉动这一地区经济快速发展。中亚特殊的地缘区位优势，不仅对我国能源供给意义重大，更对"一带一路"下的油气管网布局起到举足轻重的作用。可通过构建中亚油气合作区，积极发展同俄罗斯、欧盟、土耳其、阿联酋以及伊朗等地区和国家的能源合作。因此，应加大与中亚国家的合作力度，构建中国与中亚能源通道发展的大格局。

（3）开拓南亚地区能源进口新通道，适时开辟新的南亚油气管线。当前，已开通的中缅油气管道是我国在印度洋方向上唯一的陆路能源进口通道，但因缅甸政局不稳、民族和解问题短期内恐难以解决，缅甸的社会与政治生态对中国能源企业的社会责任水平、危机公关能力等提出了更高的要求，该管线在未来运行中还存在一定风险。因此，随着"一带一路"倡议的实施以及"孟-中-印-缅"经济走廊建设的推进，在持续开展中缅油气合作的同时，应在印度洋方向考虑开辟新的出海口，降低我国对马六甲航道的依赖。鉴于我国与巴基斯坦具有最友好的"全天候"全面伙伴关系，尤其是巴基斯坦紧邻沙特阿拉伯、科威特、伊朗等产油大国，有便利的航线通往阿拉伯半岛、北非等地，具有重要的地理优势，因此，规划建设中巴油气管道具有较高的可行性，适时推进中巴油气管道建设，开辟印度洋方向能源进口新通道，将大大缩短我油气进口的海运距离，对我国能源安全具有重要意义。

（4）积极稳妥介入中东、北非地区，寻求能源合作新突破。在今后较长一个时期，中东的安全问题和北非的发展问题依然是该地区的主要政治生态，未来的"一带一路"能源通道建设需在多方面寻找突破，应着重考虑如何保障中东、北非地区成为稳定的"能源供应者"，与印度等大国加强互动以形成更为紧密的从生产供应到市场消费的合作链条；对该地区国家进行国别分析，合理评估相关国家的合作可行性和合作潜力，如与伊朗和土耳其在"一带一路"通道上互联互通、与沙特阿拉伯和埃及等阿拉伯国家突出双边合作，推动产能对接和务实合作；注重区域合作，通过对中东事务的适度参与编织互利共赢的合作伙伴网络。此外，东非的莫桑比克、坦桑尼亚等国家与我国有着良好的传统友好关系，且这些国家政局较苏丹等国家稳定，其油气资源主要分布在濒临印度洋的沿海地区，便于通过海上进行运输。因此，在"一带一路"的能源合作中，中东、北非地区作为能源富集区，具有巨大的合作潜能，并有可能成为建立我国未来能源供给体系的新支点，应做到早谋划、早进入、早突破。

除了上述双边合作的对应策略考量外，还应注重完善双边管道合作的法律机制。在既有的双边合作制度基础上，通过谈判制定具备较强法律效力、便于实践运用和操作的管道合作专门协议，明确各国间对各自管道的管辖范围、安全与环境保护责任，避免能源管道运输过程中断和因征收超额过境税费而引起的过度负担，加快推进与沿线国家投资贸易保护协定和避免双重税协定的签订；设立双边能源合作常设监管机构，协调处理管道合作过程中的具体问题；以及建立能源信息共享机制、应急谈判机制和争端解决机制等。

3. 积极参与和开拓油气管道领域的多边治理与合作

（1）考虑加入 ECT 并推动其改革。2015 年 5 月中国签署了新的《国际能源宪章宣言》，这标志中国在国际宪章组织的身份由受邀观察员国转变为签约观察员国，也意味着中国在参与全球能源治理的道路上迈出了新的一步。当前，能源宪章转型和中国在全球能源治理领域的诉求十分契合。中国希望积极参与全球能源治理，而转型给中国进一步参与全球能源治理提供了一个很好的机会。[1] 然而，鉴于以 ECT 为核心的能源宪章对中国是一把双刃剑，中国应积极又审慎地参与能源宪章转型，考虑加入 ECT 并积极推动其改革，在未来构建《国际能源宪章条约》中发挥重要作用。

在考虑加入 ECT 的问题上，应着手进行以下准备。一是在加入 ECT 时可将自己列入附件 ID（不允许投资者依第 26 条在较晚阶段重新向国际仲裁机构提出相同争端的缔约方名单）中，并在列入附件时对中国的政策、惯例和条件予说明。目的是保障中国跨国能源企业顺利实行"走出去"战略，并为其提供国际法规则方面的保障，避免 ECT 的投资仲裁机制在现阶段对中国的冲击。二是改善国内法律环境，做好国内法上的准备工作。深入研究 ECT 的相关法律义务，在准备加入国际能源宪章组织的过程中，清理、完善国内能源法律法规，将 ECT 的原则嵌入中国的能源改革和产业升级中，提高国内能源市场透明度，构建更加公平公正的法律标

---

[1] 参见程春华：《能源宪章转型与全球能源治理：历程、原因及影响》，载《社会科学》2015 年第 11 期。

准，通过批判和借鉴 ECT 的法律体系与机制倒逼国内的能源改革与法治建设，改善中国国际能源软实力与国际形象。三是做好能源过境制度的重启与谈判准备。目前，过境议定书的谈判因遭受挫折而被终止，但是与能源过境相关的制度拟定工作并未停止。如果中国加入 ECT，就有权参与相关规则的制定，未来 ECT 下能源过境法律制度的重建对中国意义重大，作为"一带一路"能源通道上的进口国、出口国和过境国，应积极做好能源过境机制的谈判准备，为加强中国与中亚等国家的能源合作、保护海外能源利益提供法律基础和制度保障，为"一带一路"下的能源贸易和过境提供国际条约保护。

（2）建立中国或亚洲主导的"一带一路"能源合作组织。虽然直接加入已有的多边体系具有积极意义，但这不意味着中国完全接受现有的体系框架。为了克服 ECT 等既有多边治理体系的不足，特别是在包容性方面和"一带一路"的差距，中国需要开拓更加广阔的多边治理平台，拥有更多话语权。可在"一带一路"的峰会机制下建立中国或亚洲主导的"一带一路"能源合作组织，通过"软""硬"两方面的治理机制，着手推动和保护"一带一路"的油气管道合作。

从"软"的治理机制来看，"一带一路"能源合作组织定位于为"一带一路"沿线国家开展能源政策对话和沟通提供平台，对次区域、跨区域的能源流向进行规划和协调，促进可再生能源发展，提高能源使用效率以及建立能源进出口国共同安全的新型合作机制。组织成员不仅包括中东、中亚和俄罗斯等主要的能源资源出口国，也包括中、印、日、韩等资源进口大国。为协调诸多成员间不同的能源利益和安全诉求，可参考上合组织宣言和国际能源宪章的模式，签订软法性质的能源合作法律文件，将代表性、包容性和协作性作为该治理机制的组织和发展原则。

从"硬"的治理机制来看，"一带一路"能源合作组织的关注重点是能源基础设施互联互通、可再生能源和能效发展，能源共同安全等与全球能源治理联系更为紧密的问题，这不同于分别强调应对石油危机的 IEA 和调控石油价格的 OPEC。因此，可通过签订具有法律约束力的专项国际法律文件来解决这些深层次的问题，共商油气合作新机制。在推进"一带一路"油气管道合作方面，倡导共同推进泛亚天然气管道建设，实现能源生产与消费国的互保，加大亚投行丝路基金和国家开发银行、进出口银行对战略资源类项目、跨国管道建设的支持力度，推动区间结算平台的建设，争取推进合作项目人民币结算，降低汇率风险；坚持效益优先的市场原则，加快推进已签订的油气管道建设，同时积极开拓新的油气管道及储备设施建设项目，完善油气仓储等配套物流设施，重点加强长距离跨境油气管道建设，构建跨境管道的多国安全保障机制，提高"一带一路"乃至全球油气流通运输规模和能力，增强供需双方能源安全的保障水平；建立"一带一路"油气合作专项科研基金，加强与沿线国家能源智库的深层次交流，通过政府项目或者企业资助的方式，来加强本地化人才的培养，提升我们国家在沿线国家中的软实力。

（3）重视并充分利用其他专门性国际能源组织和综合性多边机制。虽然大多数的学术研究认为全球能源治理只包括专业性的国际能源组织，但在中国的视角和实践中所有相关多边机制都被认为是"全球能源治理的工具"。中国已经与 20 多个政府间多边机制开展了合作。在既有合作基础上，应协调并充分利用上合组织、G20 等不同的多边平台和合作渠道，助推"一带一路"下的油气管道合作。

对于上合组织，随着成员国范围的扩大和组织合作的不断深化，能源合作已经成为其最重要的工作方向之一。[1] 对于位处"一路"上的上合组织来说，中俄双方的合作意愿是影响上合作组织未来多边能源合作的关键因素，中国和中亚、里海区域国家在能源领域内的合作比重也应不断加强。在以安全为主导的组织目标下，未来上合组织下的多边能源合作主要关注三个方面：一是深化油气供需合作，保障能源供应安全；二是加强油气贸易及资源采购领域

---

① 参见《上海合作组织黄皮书：上海合作组织发展报告（2018）》，https：//www. ssap. com. cn/c/2018-06-07/1068920. shtml。

的合作，共同谋求价格安全；三是提升清洁能源技术和装备等领域的合作，实现各方互利共赢。

对于 G20，其成员国范围涉及全球最有影响的经济体，中国在 G20 全球经济治理改革中勇敢承担了负责任大国的角色，并希望将 G20 作为提升中国参与全球能源治理空间的重要平台。在 G20 框架下，应继续加强能源对话，依托 G20 全球基础设施中心，加快能源基础设施投资，构建跨区域能源互联互通网络，并优先保障拉动发展中国家经济发展的能源支持。与 G20 成员国协同推进 G20 的改革，提高 G20 在全球能源治理中的决策效率与执行力。

此外，发挥"一带一路"峰会对加强多边能源治理的作用，在峰会上提出建立能源合作治理机制的倡议，就该机制的使命、愿景、主要功能、机构安排、工作机制等问题形成共同声明或宣言，并设立相应的组织机构，并逐步完善和落实，为"一带一路"能源合作夯实制度基础，为中国加强与"一带一路"沿线国家能源合作提供新思路、搭建新平台。

第十章 "一带一路"建设中中国国际法治话语表达

通过建设强有力的话语平台，中国与广大"一带一路"沿线国家能够开展更密切的国际法治合作，生产、表达和实践国际法治话语的能动性将大为提高。然而，"法治话语"包罗万象，穷尽"一带一路"合作进程中的国际法治话语也并非易事。不过，结合相关的理论争议与实践需求来看，我国有必要正确看待软法与硬法在"一带一路"建设中的作用，推动"共商、共建、共享"原则的发展与创新，加强与沿线国家之间的人权合作与人权对话，充分体现展现遵守国际法治的良好形象。

一、"一带一路"国际法治合作中硬法与软法的兼顾

(一)"一带一路"合作文件的软法与硬法属性鉴别

合作文件是"一带一路"话语的重要载体。我国倡导的"一带一路"合作精神、得到沿线各国认可的合作内容，都可以在"一带一路"合作文件中找到依据。从宏观的分类来看，各国之间、各国与国际组织之间签订的合作文件可以分为两类，即硬法和软法。一般认为，硬法具有法律约束力，软法虽不具有法律约束力，但仍然具备实际的效力。① 换言之，如果两国政府签署的文件

---

① 参见廖丽、程虹：《法律与标准的契合模式研究——基于硬法与软法的视角及中国实践》，载《中国软科学》2013年第7期，第166页。

存在创设、变更、废止法律权利的意思，① 那么该文件便属于硬法；如果没有这项意图，但合作文件中又具备一定的实际效力，该文件便属于软法。硬法与软法的鉴别往往需要依据合作文件的文本进行鉴别，文件的名称（如条约、协定、谅解备忘录、联合公报等）并不当然地决定文件的属性。由于"一带一路"合作充分倡导包容性，强调灵活性、欠缺约束力的软法得到了部分学者的青睐，② 这些学者普遍强调软法的优先性，认为略显僵硬的硬法似乎难有更大的作为。③ 甚至有学者指出，"一带一路"倡议就是要最大程度地追求灵活性，这与《美国—墨西哥—加拿大协定》等以条约为基础的贸易机制存在显著差异。④ 如果将这一观点加以引申，似乎法律机制约束力的强弱就是中、美两国在国际贸易议题上的根本性分歧所在。

我国官方公布的"一带一路"政策文件，并没有谈及硬法或软法的优劣势，在"一带一路"的合作进程中，我国是否更倾向于同沿线各国、各国际组织签署谅解备忘录而非条约，也很难在这些文件中找到答案。这种倾向或者抉择，仅能结合"一带一路"的实践进行粗略的整体判断。由于中国同沿线各国签署的"一带一路"合作谅解备忘录是标志性的合作文件，似乎软法的数量略占上风，但软法的作用是否更为重要，则很难加以证实或证伪。在两次"一带一路"国际合作高峰论坛召开前期及会议期间，我国同各国、国际组织签署了大量的软法文件，包括各类备忘录、联合声明、合作规划等，硬法文件（如税收议定书等）数量偏少。如果将各类有可能应用的技术标准（如中国进出口银行于2016年制

---

① 参见李浩培：《条约法概论》，法律出版社2003年版，第28页。
② 参见梁昊光、张耀军：《"一带一路"二十四个重大理论问题》，人民出版社2018年版，第157页。
③ 参见李璐琳：《"互联互通"目标下国际软法的构建》，北京交通大学2018年硕士学位论文，第7页。
④ 参见 Heng Wang, China's Approach to the Belt and Road Initiative: Scope, Charter and Sustainability, Journal of International Economic Law, Vol. 22, 2019, p. 47。

定的《绿色金融白皮书》等）算作软法，① 服务于"一带一路"合作进程的软法自然不在少数。同更多的国家签订"一带一路"合作谅解备忘录、进一步推动沿线各国的标准联通，也仍是我国推进"一带一路"合作的重要方式。

　　然而，这些软法文件并非"一带一路"合作文件的全貌，各类硬法性质的协定也并非可有可无。② 我国同部分沿线国家签署的"一带一路"合作谅解备忘录明确规定，备忘录不具有法律约束力，但这些备忘录也同样规定，两国可以就特定领域达成协定并予以实施。③ 尽管这一规定更偏向于倡议，并没有明确规定签署协定的方式、协定可能的条款内容以及不签署协定的后果，但它至少表明，中国与沿线各国对于签署协定并不排斥。实践中，脱离了各类硬法性质的协定，"一带一路"合作亦是寸步难行。如果中国始终不与沿线各国签署各类双边协定（包括税收、司法合作、航空等领域的协定），"一带一路"合作也将难以落到实处；如果没有《亚洲基础设施投资银行协定》作为支撑，各会员国不去承担应尽的义务，那么高度灵活的亚投行只会作为"空中楼阁"。因此，尽管部分软法文件的签订，往往可以作为"一带一路"合作的标志，但硬法文件同样发挥着不可或缺的作用。如果深究软法或硬法的标准，"法律约束力"与"法律效果"的鉴别便呈现出一定的弹性，而理论层面的软法优势或硬法劣势，也并不绝对。

----

① 参见 Ping Xiong & Roman Tomasic, Soft Law, State-Owned Enterprises and Dispute Resolution on PRC's Belt and Road-Towards an Emering Legal Order? Hong Kong Law Journal, Vol. 49, 2019, p. 1040。

② 参见韩永红：《"一带一路"国际合作软法保障机制论纲》，载《当代法学》2016 年第 4 期，152 页。

③ 参见 Memorandum of Understanding between the Government of the Italian Republic and the Government of the People's Republic of China on Cooperation within the Framework of the Silk Road Economic Belt and the 21st Century Maritime Silk Road Initiative, Italian Government Reports 2019, p. 6, available at http://www. governo. it/sites/governo. it/files/Memorandum_Italia-Cina_EN. pdf。

（二）"一带一路"合作中软法与硬法的相对优势

1. 软法相对的灵活性。支持"软法优先"的主要论点在于软法更为灵活、高效，即软法文本的起草更为快捷、不需要经历各国国内繁琐的批约手续、文本修订的成本较低。由于软法文件不设置严厉的国家责任条款，各国的顾虑也会有所减少，各国政府最终签署文件的几率也将人人增加。具体到"一带一路"的语境，沿线各国的合作模式仍然处于不断的探索之中，灵活性较强的软法似乎更能适应形势的变化与发展。

然而，软法的灵活性，只是一种"相对"的优势。各国代表在起草相关的国际文件时，文件的属性并不总是最重要的争点，双方的共同利益与分歧，往往更能影响各国政府对合作文件的总体判断。2018 年 12 月，习近平主席造访伊比利亚半岛，葡萄牙政府选择同我国签署了"一带一路"合作谅解备忘录，西班牙政府却没有选择签署类似的文件。这两个国家之所以作出不同的选择，并不是因为两国政府对"硬法"与"软法"存在偏见，而是因为在当时的西班牙政府看来，选择不同中国签署这样的文件，更符合中西两国关系当时的状态，也更符合西班牙当时的利益。如果中国有必要同西班牙开展局部的"一带一路"合作，双方签署适当的"软法"或"硬法"合作文件，当然也是可能的选项。同样，如果"一带一路"沿线各国有必要制定一份综合类的多边"软法"文件，分歧的厘定与方案的形成也必须经历一个长期的过程，与制定一份单一议题的"硬法"文件相比，这一过程甚至会更为复杂。因此，"软法"的定性往往只能为各国商讨合作文件提供动力，①并不必然带来高效的商讨进程。

就"国内的批约成本"而言，软法的确存在成本较低的总体优势。由于立法机关有可能对政府签署的硬法文件不予批准，各国政府对起草、通过硬法文件缺乏信心，最终有可能升高"硬法"

---

① 参见 Andrew T. Guzman & Timothy L. Meyer, International Soft Law, Journal of Legal Analysis, Vol. 2, 2010, p. 198。

的制定成本，但这一优势存在的两项条件是否成立，即只有立法机关有权批准硬法、立法权力与行政权力存在制衡的关系，也必须结合各国的政治制度加以观察。在有些国家（如沙特阿拉伯），往往不存在两权分立或三权分立的制度设计，国际条约、协定依照皇家法令予以签发、修正，① "硬法"不需要经历政府代表签署、立法机构批准两道程序，"软法"的"批约成本"优势便不复存在；而即便是强调分权的国家（如美国），行政机构也有可能不经议会同意直接签署、适用部分硬法文件。② 此外，当总统、参议院和众议院中的多数议员都来自同一党派时，源自权力制衡的"批约成本"便会降低。因此，"软法"的"批约成本"优势在"一带一路"沿线究竟是否存在、程度几何，不能一概而论。我国与沿线各国签署各类合作文件时将遭遇何种挑战，也必须结合各国的政坛现状加以判断。

当然，"软法"的灵活性，亦有可能体现为较低的"违约风险"，减轻签署文件的各方对履行不力的隐忧，不必承担硬法文件所规定的各类国家责任。然而，这种看似有效的风险管控措施，在实践中的重要性也不应当过度夸大。与国内法相比，国际法仍然属于"弱法"，各国违背国际条约的主要成本在于国家声誉受损，③ 受损一方可能采取的自我救济手段（包括报复、反报等），往往只是次要的考量因素，强调文件的软硬属性，对于国家是否采取违约的活动，只能产生有限的影响。就我国而言，在同沿线各国签署合作文件时，断然不希望出现履行不力的状况，而如果将"软法"单纯视作将来推脱责任的借口，只会导致沿线各国的互信程度不断

---

① 参见联合国：《审议〈联合国反腐败公约〉实施情况》，CAC/COSP/IRG/II/1/1/Add. 6，联合国 2018 年报告，第 2 页。

② 美国将条约分为"可自动执行的条约"与"不可自动执行的条约"，其中"可自动执行的条约"不需要经过参议院的批准。参见 Seokwoo Lee & Warwick Gullett, Asia-Pacific and the Implementation of the Law of the Sea, Brill, 2016, p. 215。

③ 参见 Andrew T. Guzman & Timothy L. Meyer, International Soft Law, Journal of Legal Analysis, Vol. 2, 2010, p. 196。

下降。即便从功利的角度出发，认定强势的一方在履约不力时凭借自身的实力能够获得更大的收益，但中国政府、企业也并非在各个领域都可以占据优势的地位，唯有充分践行"互利共赢"的精神，"一带一路"合作才有可能取得长足的进步。

2. 软法与硬法标准的相对性。谅解备忘录与国际组织制定的技术标准，是国际软法的常见形态，但对照"无法律约束力却具有法律效果"的标准，软法的渊源可能更为宽泛，一切非正式的协议或者安排，包括默示协议、口头协议等都可以纳入软法的范畴，甚至部分正式的国际文件亦可以称作"软法"。例如，联合国大会的决议不具有法律约束力，但决议的内容能够反映各国的法律实践、对国际交往的期望，① 能够对国际社会产生一定的法律效果，符合"软法"的定义；再如，国际争端解决机构的判决结果，并不会对非争端当事国产生约束力，但这些判决也往往会起到推动法律规则发展、塑造各国期望的效果，② 经过各国外交官员、学者的不断引用，这些判例也能够产生间接的法律效果。由于这些判例不需要经过非争端当事国的立法机关批准，更不会为非争端当事国设立违约条款，因而判例也具备低成本、低违约风险的特质。如果"一带一路"争端解决机制中涉及主权事项的判例（如投资者—东道国争端的判例）能够不断被引用，这些判例对于"一带一路"法治合作也能够产生理想的"法律效果"。

当然，这些"广义"的软法往往难以对国家间的行为产生直接、确定的影响，在理论层面也不无争议，因为"法律约束力"与"法律效果"的鉴别标准往往往往不那么清晰。就具体的鉴别方法而言，除了文件明文规定有无法律约束力之外，"法律约束力"也可以通过国际文件中情态动词的使用情况加以鉴别。当签署文件的

---

① 参见 Ilhami Alkan Olsson, Four Competing Approaches to International Soft Law, Scandinavian Studies in Law, Vol. 58, 2013, p. 185。

② 参见 Andrew T. Guzman & Timothy L. Meyer, International Soft Law, Journal of Legal Analysis, Vol. 2, 2010, p. 202。

各方更多地使用 Shall 而非 Will 或者 Should 时,① 表明签署方具备更加坚定的履行文件的意图,这份文件的"硬度"更高,反之亦然。然而,对于"法律效果"的强弱,则存在潜在的争议。以中国同沿线各国签署的"一带一路"合作谅解备忘录为例,这份备忘录主要的法律效果在于申明各方的合作意愿、开拓未来的合作空间,并不具备具体的"可执行的义务",即便将"备忘录"更名为"条约",这份文件的法律效果也不会发生显著的变化,甚至文件的"拘束力"也只能成为一种无谓的象征。因为一些潜在的"违约"情形,包括合作领域未涵盖"五通"领域、"共商、共建、共享"原则的理解出现分歧等,缺乏明确的认定标准,签署文件的双方也很难为这些情形设置法律后果。因此,有学者将名义上具备法律约束力而又欠缺显著法律效果的"条约"称作软法,② 这一理论虽然与通常的"软法"定义迥然不同,但它却揭示出"法律效果"的重要意义。围绕"一带一路"合作文件属性的讨论,如果仅作概念到概念的演绎,片面地认定"软法"或"硬法"在国际法治合作进程中的优劣,意义较为有限,我国应当以务实的态度选择话语表达的策略。

(三)"一带一路"合作文件法律属性的表达策略

1. 因地制宜。"一带一路"合作建立在平等互利的基础之上,我国同沿线国家、组织签署哪些类型的合作文件,也必须充分考虑合作方的意见,甚至必须考虑到我国与对方的合作历史。以中国同欧洲的合作为例,双方存在较为全面、通畅的对话机制,"一带一路"倡议已成为"中国—欧盟高级别战略"对话的议题之一。③

---

① 参见王阳:《英国和阿根廷共同开发案研究》,武汉大学 2016 年硕士学位论文,第 17 页。

② 参见 Ilhami Alkan Olsson, Four Competing Approaches to International Soft Law, Scandinavian Studies in Law, Vol. 58, 2013, p. 181。

③ 参见 Vincent L. Morelli, The European Union and China, Congressional Research Service Reports 2019, p. 1, available at https://fas.org/sgp/crs/row/IF10252.pdf。

中国在欧洲投资建设的部分"一带一路"项目，如比雷埃夫斯港、中欧班列等，对于加快中欧之间的互联互通也发挥了重要作用。展望双方的合作前景，欧洲地区仍然存在较大的城乡基础设施建设空间。① 而中欧双方在基建领域又各自具备一定的优势，因而中欧"一带一路"合作空间仍然有待挖掘，中国也有望同欧盟签署更多的"一带一路"合作文件。

然而，从欧盟的视角出发，并不是所有的"一带一路"合作文件都必须以软法的形式呈现，软法也不一定能够成为中欧"一带一路"合作文件的主流。在欧盟看来，双方合作的目标在于"促进基于规则的国际秩序"，② 而软法的主导性显然并非构建这一秩序的必要条件，我国的对欧政策也从未明确提出中欧的合作文件必须以软法为主。事实上，依照 2019 年中国—欧盟领导人会谈的结果来看，③ 中国与欧盟既签署过硬法文件（如《中欧科技合作协定》），也签署过软法文件（如《中欧领导人气候变化和清洁能源联合声明》），未来仍有可能签署各类硬法文件（如《中欧民用航空安全协定》）和软法文件（《关于落实中欧能源合作联合声明》）。从实际的法律效果看，多数文件的内容都能够加以落实，也能够为中欧之间的"一带一路"合作提供支撑。如果贸然将这些文件的属性全部改为软法，既违背了中欧合作的通常惯例，也不一定能够得到欧盟的支持。

此外，即便是一些有可能加以广泛适用的软法，推广的难度亦不能加以忽视。例如，我国在 5G 技术方面具备一定的优势，当然

---

① 参见 Weidong Wang & Simona Picciau, How to strengthen EU-China Cooperation Based on Belt and Road, Revista de Relaciones Internacionales, Estrategia y Seguridad, Vol. 13, 2018, p. 30。

② 参见 European Commission, Joint Communication to the European Parliament and the Council: EU-China-A Strategic Outlook, EU Reports 2019, p. 2, available at https://ec.europa.eu/commission/sites/beta-political/files/communication-eu-china-a-strategic-outlook.pdf。

③ 参见《第二十一次中国-欧盟领导人会晤联合声明》，载中国政府网：http://www.gov.cn/xinwen/2019-04/09/content_5381013.htm。

希望"一带一路"沿线各国采用我国主导制定的 5G 标准，提升我国在工业标准领域的话语权。但是，中国同欧盟在这一问题上仍然存在较大的分歧，欧盟并不会因为 5G 标准的软法属性而轻易接受我国主导制定的 5G 标准，只有中欧双方就安全问题达成一致意见，① 合作才有可能取得实质性的进展。

2. 因域制宜。签署"一带一路"合作文件，同样必须考虑到各项合作领域自身的特点，因为增强灵活性、降低批约成本、减轻违约责任并非所有合作文件的必备要素，这些理论上的优势也并非在所有的合作领域都能得到全面的体现。

以贸易和金融领域作对比，软法在国际金融法中的应用更为广泛。究其原因，一方面是因为金融产业与贸易行业存在较大的差异，瞬息万变的金融行业对规则的灵活度提出了更高的要求；而历史上的贸易规制方式则较为固定，当应对不断变化的利益诉求时，各国往往会选择对各类贸易规则进行不同的解释。② 另一方面，国际金融行业的现状亦能够为软法发挥效能提供支撑。在多边金融机构不断发展的今天，各家机构的金融专家在制定行业规则方面发挥了重要的作用，而一些特定的行业机制，包括信用机构的评级、多边金融机构的制裁措施等，③ 又能够确保这些规则得到广泛的采用。因此，亚投行等多边金融机构应制定何种类型的规则、中国与沿线各国如何推进双边及区域贸易，必须结合金融与贸易领域的通常实践加以考量，并不能理所当然地认为软法就是优先选项。推及税收、交通、司法等领域的合作，也必须考虑这些领域的特点；当选择降低这些文件的法律约束力时，应当将沿线国家的反响、对

① 参见 European Commission, Joint Communication to the European Parliament and the Council：EU-China-A Strategic Outlook, EU Reports 2019, p. 9, available at https：//ec. europa. eu/commission/sites/beta-political/files/communication-eu-china-a-strategic-outlook. pdf。

② 参见 Chris Brummer, Why Soft Law Dominates International Finance-And Not Trade, Journal of International Economic Law, Vol. 13, 2011, p. 637。

③ 参见 Chris Brummer, Why Soft Law Dominates International Finance-And Not Trade, Journal of International Economic Law, Vol. 13, 2011, p. 640。

"一带一路"合作的长期影响加以综合考量。

3. 注重实效性。签署"一带一路"合作文件的最终目的在于发挥这些文件的法律效果，而非仅仅作为"合作"意愿的象征。唯有通过切实有效的国际法治合作，才能有力维护沿线各国的共同利益，为沿线各国的共同发展保驾护航。然而，国际法在何种条件下能够发挥作用，并不好回答。有学者指出，当合作利益应当具备一定的规模、各方都能够从合作中受益（合作期限较长、短期的违约收益小于长期的守约收益）、合作条款能够"自动执行"（违约与否比较容易判别、存在一定的争端解决机制）时，① 国际法能够发挥更良好的效果。"一带一路"合作领域众多，上述条件在各项领域中的满足程度各不相同，一些未来有可能出现的合作领域（如人权合作），并不具备高度的"可执行性"，部分合作文件的执行效果可能较为有限。不过，就所有的合作领域而言，共识程度系双方协商合作文本的基础，而文本条款设计也应当更多地考量法律因素而非政治因素。

一方面，我国与沿线各国、组织签署合作文件之前，应首先理清并弥合双方的分歧，视双方的共识基础选择签署软法、硬法或者不签署合作文件。仍以中国同欧盟的合作为例，2021 年初，《中欧投资协定》一度接近达成，尽管由于双方在"人权"等事由上的冲突暂时搁浅，但这表明双方在中国的市场准入、国有企业待遇等问题上取得了部分共识，② 这些具体事项才是影响中欧"一带一路"合作深度的重要议题。如果中国和欧盟就这些议题的共识程度仍然十分有限，或者部分欧盟成员国对中国的经济体制保持高度的不信任，那么双方便很难在《中欧投资协定》的谈判进程中作

---

① 参见何志鹏、历咏等著：《国际法的未来》，法律出版社 2017 年版，第 213 页。

② 参见商业欧洲（Business Europe）：《欧盟与中国应对系统性的挑战：欧盟重新平衡与中国关系的综合性战略》，商业欧洲 2020 年报告，第 3 页，available at https：//www. businesseurope. eu/sites/buseur/files/media/reports_and _studies/2020-01-16 _ the _ eu _ and _ china _- executive _ summary _ chinese _ translation. pdf。

出具体的承诺，即便是签署了部分不具有法律约束力的文件，这些文件所能发挥的法律效果也将十分受限。

另一方面，当我国同沿线各国就合作文件的文本起草进行谈判时，应尽可能顾及文件对双方实际权利义务关系的作用，而不是过度夸大合作文件的政治影响。大力提高合作文件的灵活性，有可能导致双方的权利义务关系难以固定，但过于强调合作文件的约束力，同样有可能导致达成的文本束之高阁。在部分国际法律文件的谈判中，部分参与方为了缓解国内的政治压力，在谈判中尽可能抛出"高硬度"的方案，而一旦这些方案得到部分或全部采纳，最终各国执行法律文本的意愿会有所降低。[1] 例如，在第四个《洛美公约》的谈判过程中，迫于环保 NGO 的强大压力，[2] 欧盟和接受援助的发展中国家约定，欧盟不得出口有毒废弃物，发展中国家也不得进口有毒废弃物，但囿于当时的客观条件，这项约束力较强的规定并没有得到双方的认真执行，终成一纸空文。因此，我国同沿线各国签署合作文件，除了展现共同合作的意愿、分担部分国家的内政压力之外，更应切实考虑合作文件对双方的实际影响，确保合作的内容能够得到切实的履行。

二、"一带一路"倡议与国际法原则的创新与发展

（一）"共商、共建、共享"原则符合国际法基本原则形式要件

硬法与软法的划分并不绝对，过度关注"一带一路"合作文件纸面上的约束力而忽视这些文件的实效性，也并不利于"一带

---

① 参见 Christopher Marcoux & Johannes Urpelainen, Non-compliance by Design: Moribund Hard LawinInternational Institutions, Review of International Organization, Vol. 8, 2013, p. 163。

② 参见 Christopher Marcoux & Johannes Urpelainen, Non-compliance by Design: Moribund Hard LawinInternational Institutions, Review of International Organization, Vol. 8, 2013, p. 182。

一路"合作的持续推进。除了就合作文件的属性作出动态、全面、务实的选择外，我国同样可以在"一带一路"合作中丰富和发展国际法的基本原则，为进一步发挥国际法原则的实效性加以探索。"共商、共建、共享"原则未来有可能成为继《国际法原则宣言》七原则、"和平共处五项原则"之外的国际法基本原则，即便这种丰富和发展国际法原则的观点并不总是能够得到普遍的接受。① 但仅将《国际法原则宣言》等明示性文件视为国际法基本原则的来源，具有一定的局限性。② 如果将"共商、共建、共享"原则同国际法基本原则的基本要件加以对比，可以发现两者不无契合之处。

我国国际法学教材归纳的国际法基本原则特征通常包括以下几项，即得到国际社会公认、适用于国际法各领域、具有普遍约束力、构成国际法基础。③ 这四项特征可以简单概括为共识性、普遍性、约束力与重要性，列举的国际法基本原则包括《国际法原则宣言》七原则、"和平共处五项原则"。与法理学教材中法律原则的表述相比，④ 两者存在一定的相似性。不过，国内法中的法律原则存在宏观原则与微观原则、政策性原则与公理性原则之分，⑤ 具

---

① 参见何志鹏：《国际法基本原则的迷失：动因与出路》，载《当代法学》2017 年第 2 期。

② 参见杨泽伟：《共商共建共享原则：国际法基本原则的新发展》，载《阅江学刊》2020 年第 1 期。

③ 参见杨泽伟：《国际法》（第四版），高等教育出版社 2022 年版，第 50~51 页。

④ 例如，张文显教授比较赞成布莱克法律词典的解释，"法律的基础性真理或原理，为其他规则提供基础性或本源的综合性规则或原理，是法律行为、法律程序、法律决定的决定性规则"。这一定义，涉及法律原则的普遍性、约束力与重要性。参见张文显：《法理学》（第四版），高等教育出版社 2011 年版，第 74 页。

⑤ 宏观的原则指高位阶法律中的原则，如宪法中规定的"法律面前人人平等"，微观的原则指部门法中的原则，如民法中的"诚实守信"；政策性原则系国家在某一国家在特定时期为达成某一政治目标而进行的法律表达，如"计划生育"，公理性原则系得到各国普遍认可的原则，如"罪刑法定"。参见张军：《法理学》，民主法制出版社 2014 年版，第 38 页。

有普遍意义的国际法基本原则似乎更偏向宏观的公理性原则，但对于《国际法原则宣言》七原则与"和平共处五项原则"与是否同时满足这四项特征，似乎很少进行检视，对于国际法基本原则可能存在的其他分类，也较少提及。从较为宽泛的意义上讲，国际法基本原则还应当满足"概括性"的特征，如果不十分苛求这些特征的满足程度，"共商、共建、共享"原则可以视为国际法的一项基本原则。

在国际法委员会着手编纂国际法的基本原则之前，乔治·施瓦曾伯格（Georg Schwarzenberger）教授曾尝试对国际法基本原则进行总结归纳。他认为国际法基本原则（Fundamental Principles of International Law）应当满足以下几项特征：一是显著性，即所有相关的国际法学观点都会受到该原则的深刻影响；二是概括性，即该原则能够涵盖一系列的国际法规则；三是重要性，即如果忽视该原则，现代国际法将丧失一些重要的特征。① 依照这一标准，国际法的基本原则并不是必须适用于国际法的各个领域，在论及基本原则的范围时，乔氏更是明确指出"一项国际法基本原则必须既拥有一定的独立性，又能够与其他的国际法基本原则形成一定的互动"。②

乔氏所列举的各类国际法基本原则，③ 与《国际法原则宣言》七原则存在一定的相似之处，但乔氏同样认为"公海自由原则"既与传统的陆地管辖原则截然不同，又能与"国际责任"等原则形成互动，可以视为国际法的基本原则。这一观点，与我国教科书中的表述存在显著的差异，而即便不接受乔氏的观点，这项关乎原

---

① 参见 Georg Schwarzenberger, Fundamental Principles of International Law, Martinus Nijhoff, 1955, p. 204。

② 参见 Georg Schwarzenberger, Fundamental Principles of International Law, Martinus Nijhoff, 1955, p. 365。

③ 乔氏列举的国际法基本原则包括"主权的原则""承认的原则""同意的原则""自卫的原则""国际责任的原则""公海自由原则"。参见 Georg Schwarzenberger, Fundamental Principles of International Law, Martinus Nijhoff, 1955, p. 372。

则"普遍性"与"独立性"的差异化表达也表明"普遍性""重要性"等标准并不绝对。一项原则是否重要、抽象的程度如何，本身暗含着学者的价值判断，而一项原则全面地且无差别地适用于国际法的各个领域，也并不现实；即便是共识度较高的《国际法原则宣言》七原则，每一项原则都可以在《联合国宪章》中寻找更为贴切的条文，① 由此也可以窥见与各项原则联系更为密切的具体问题，因而各项原则之间的重叠问题，亦是在所难免。因此，只要某一项原则具备粗略的共识性、普遍性，具备相当程度的约束力与重要性，原则的表述本身亦介于"具体规则"与"自然法基本原则"之间，便有可能成为国际法的基本原则。

结合"共商、共建、共享"原则的含义以及沿线各国的反响来看，"共商、共建、共享"原则总体符合符合国际法原则的几项特征。"共商、共建、共享"原则的含义可以简单概括为"大家的事大家商量着办""各国平等参与'一带一路'建设""各方均能从共建成果中获益"；② 具备一定的抽象性，既没有以"全有或全无的方式"适用，③ 也没有上升至自然法基本原则的抽象程度，符合实在国际法基本原则的抽象程度。同时，"共商、共建、共享"原则的普遍性、共识性以及重要性也可以在"一带一路"的实践中得到印证。我国同沿线各国、国际组织签署了大量的"一带一路"合作文件，涉及广泛的合作领域，"共商、共建、共享"原则频繁出现在这些文件之中，表明"共商、共建、共享"原则

---

① 例如，"不干涉内政原则"与《联合国宪章》第 2 条第 4 款的关联更为密切，在商讨七项原则的过程中，美国、澳大利亚、加拿大、法国、英国的代表曾指出，"不干涉内政原则"与"禁止使用武力原则"存在密切的关联。参见 Robert Ronsenstock, The Declaration of Principles of International Law Conerning Friendly Relations: A Survey, The American Journal of International Law, Vol. 65, 1971, p. 727。

② 杨泽伟：《共商共建共享原则：国际法基本原则的新发展》，载《阅江学刊》2020 年第 1 期。

③ 参见［美］迈克尔·D. 贝勒斯著：《法律的原则——一个规范的分析》，张文显、宋金娜等译，中国大百科全书 1995 年版，第 13 页。

"得到了广泛的认同。在国际法的各个领域也到了普遍的适用，在国际力量对比发生重大改变的时代背景下，"共商、共建、共享"原则的重要性日渐突出，即便是对"一带一路"倡议心存芥蒂的部分欧美国家，也没有公开质疑"共商、共建、共享"原则的价值。

相较而言，"共商、共建、共享"原则"的普遍约束力似乎有待加强，因为目前写入"共商、共建、共享"原则的合作文件多属于软法，难以为"共商、共建、共享"原则的普遍强制适用提供更充分的依据。当然，国际法基本原则的约束力本身也是一个极具争议的问题，① 国际司法机构将国际法基本原则当做判决直接依据的情形也十分罕见，② 只有在填补国际法律规则空缺、指引国际法变革等有限的方面，国际法基本原则才体现一定的"约束力"。不过，与《国际法原则宣言》七原则、"和平共处五项原则"相比，"共商、共建、共享"原则的约束力并不弱，沿线各国极少违背"共商、共建、共享"原则进行合作，因而"共商、共建、共享"原则总体上符合共识性、普遍性、约束力、重要性、概括性五项特征，是一项新兴的国际法基本原则。

当然，与这些已经得到高度公认的国际法基本原则相比，"共商、共建、共享"原则的法律内涵仍然有待澄清，对于各国来说具体能够施加哪些法律义务，也尚不明朗。然而，国际法基本原则并不是一个故步自封的范畴。通过对比各项基本要件，既有学者将

---

① 按照国际法教材的通常表述，国际法的基本原则普遍适用于国际法的各个分支，国际法基本原则对于各国应当具有约束力。但是，联合国就国际法基本原则问题通过的《关于各国依联合国宪章建立友好关系及合作之国际法原则之宣言》并非条约，该宣言究竟是一项建议，还是对具有法律约束力的规则的阐述，各国代表存在不同的观点。参见 Robert Ronsenstock, The Declaration of Principles of International Law Conerning Friendly Relations: A Survey, The American Journal of International Law, Vol. 65, 1971, p. 714。

② 参见何志鹏：《国际法基本原则的迷失：动因与出路》，载《当代法学》2017 年第 2 期。

"诚信原则"视为国际法的基本原则,① 也有学者认为"人类共同利益原则"具备国际法基本原则的特征。② 如果不对国际法基本原则的范畴进行严苛的划定,"共商、共建、共享"原则总体上能够满足各项基本的要件。

此外,"共商、共建、共享"原则的定性,还存在其他的潜在选项:一是"共商、共建、共享"原则是否构成区域性的或针对特定宗教群体的国际法基本原则?二是"共商、共建、共享"原则是否符合"一般法律原则"或者"强行法"的特征?

除"公理性"的国际法原则之外,有部分学者主张存在"区域性"或"宗教性"的国际法基本原则。例如,巴基斯坦学者马莱基安·帕伦普(Farhad Malekian)概括出"伊斯兰国际法"的九项基本原则,分别是"平等""和平""互惠""自卫""适当""有约必守""正义""外交豁免""团结穆斯林",并且认为其中的部分原则与通常意义上的国际法基本原则虽表述相同,却具备不同的含义。例如,马氏认为通常意义上的"平等"指国家主权平等或人权法中的"人与人之间的平等""群体之间的平等",伊斯兰国际法中的平等通常指穆斯林教徒之间的个体平等,仅在例外情况下指代"国家主权平等"。③ 依照这一观点,伊斯兰国际法的基本原则仅在伊斯兰国家和群体内部普遍适用,即便是一些抽象度很高的原则(如"平等""正义")也可以在伊斯兰教的语境下找到较为恰当的国际法意涵。当然,这种分类方式并不多见,尚没有更多的学者尝试归纳基督教、佛教的国际法基本原则或亚洲的国际法基本原则,仅就"共商、共建、共享"原则而言,由于"一带一路"倡议更突出意识形态与宗教方面的包容性,"一带一路"倡议也十分强调跨区域合作,因而"共商、共建、共享"原则只能

---

① 参见曾令良:《论诚信在国际法中的地位和适用》,载《现代法学》2014年第4期。

② 参见李寿平:《人类命运共同体理念引领国际法治变革:逻辑证成与现实路径》,载《法商研究》2020年第1期。

③ 参见 Farhad Malekian, Principles of Islamic International Criminal Law: A Comparative Search, Martinus Nijhoff, 2011, p. 27。

视作"公理性"的国际法基本原则。

那么，"共商、共建、共享"原则是否有可能构成"一般法律原则"或"强行法"呢？在商讨《国际法原则宣言》七原则时，匈牙利代表认为宣言的内容属于"一般法律原则"而非强行法，伊拉克代表却认为宣言的内容属于强行法，① 因而对这一问题的解答，必须比较"国际法基本原则"与"一般法律原则""强行法"之间的异同。"一般法律原则"的来源存在多种学说，包括源自"多数法律中普遍存在的原则""国际社会直接接受的原则""自然法"等多种不同的观点，② 但无论采取哪一种学说，一般法律原则与国内法的关系更为紧密，国际法基本原则通常只规范和调整国家之间的关系。一些共识度较高的"一般法律原则"，如"诚实信用""当事人意思自治"等，从国内法延伸至国际法的痕迹也较为明显。当然，一般法律原则的探索有可能存在多种路径，③ "一般法律原则"与"国际法基本原则"也可能存在重叠之处。例如，"诚信"原则与"善意履行国际义务"原则便有着高度的相似性。④ 但仅就"共商、共建、共享"原则来说，我国提出"共商、共建、共享"原则的最初目的是调整"一带一路"沿线国家之间的关系，无论是通过比较、演绎还是归纳的方法，都很难充分证实"共商、共建、共享"原则与国内法的关联；而强行法更偏向"规则"，对概况性、普遍性的要求很低，但对于约束力的要求却很高，"共商、共建、共享"原则与"禁止奴役"等强行法规则的差

---

① 参见 Robert Ronsenstock, The Declaration of Principles of International Law Conerning Friendly Relations: A Survey, The American Journal of International Law, Vol. 65, 1971, p. 714。

② 参见 Christina Voigt, The Role of General Principles in International Law and their Relationship to Treaty Law, RETFÆRD ÅRGANG, Vol. 31, 2008, p. 3。

③ 参见罗国强：《国际法本体论》（第二版），中国社会科学出版社2015年版，第107页。

④ 参见 Georg Schwarzenberger, Fundamental Principles of International Law, Martinus Nijhoff, 1955, p. 205。

异是较为显著的,① 因而"共商、共建、共享"原则更符合国际法基本原则的定义。

综上所述,"共商、共建、共享"原则符合"国际法基本原则"的五项形式要件,但正如"国际法治"可以从薄厚两个方面进行论述一样,"共商、共建、共享"原则也必须符合沿线各国的共同利益,体现出自身的"时代进步性",② 才有可能真正得到沿线各国的广泛认同。

(二)"共商、共建、共享"原则的时代进步性

1. 及时回应国际关系变革的时代背景。法律原则作为一种较为抽象的话语,并不是凭空产生的,而是经历了长期的提炼、抽象与补正过程,一些现在看来习以为常的国内法律原则,并不全然出于宗教或意识形态的因素(如一代人的出生并非"法律面前人人平等"出现的原因,从实在法的角度出发,"生而平等"其实是法律规则抽象之后的结果),法学学者对学说的不断补正、法官对判例裁判要点的不断抽象,为各类法律原则的诞生作出了巨大的贡献。③ 与国内法相比,由于国际法院法官的造法权力十分有限,也并非所有的主权国家都积极参与国际司法机制,因而判例很难为国际法基本原则提供充分的依据,国际法学者对于总结归纳国际法基本原则具有更大的能动性,一些才能卓著的学人在《国际法原则宣言》与"和平共处五项原则"的缔造过程中发挥了重要作用。不过,这些经过归纳的原则之所以能够获得广泛的支持,不仅仅是因为它们出自联合国大会或中国的国际法专家之手,更因为它们反映了各国政府在特定历史时期对国际秩序的普遍需要。

部分广受认同的原则,如国家主权平等原则,似乎可以在国际

① 参见何志鹏:《国际法基本原则的迷失:动因与出路》,载《当代法学》2017 年第 2 期。

② 参见万鄂湘:《国际强行法与国际法的基本原则》,载《武汉大学学报》(社会科学版)1986 年第 6 期。

③ 参见 Georg Schwarzenberger, Fundamental Principles of International Law, Martinus Nijhoff, 1955, p. 201。

法的诞生史与国内法中找到一些依据（如《威斯特乏利亚和约》的规定与"法律面前人人平等"的类比），但这些原则的价值之所以能够在"二战"结束之后广受认同，与当时的时代背景亦密不可分。"二战"期间，以德国为首的"轴心国"集团罔顾国际社会的基本利益，违背本国政府曾经签署的条约及曾经作出的承诺，发动了一系列的侵略战争，严重侵犯了被侵略国的主权和领土完整，导致了一系列人道主义惨剧的发生。

在"二战"接近尾声的时刻，美洲国家组织法律委员会的部分专家，立足于"一战"和"二战"期间国际法规则广受践踏的事实，总结归纳出一系列应当重申的"国际法基本原则"，包括"友邻原则""国家主权平等""主权国家的意志自由""尊重国家领土及主权完整""不干涉内政原则""诚信原则""条约的公开透明原则""侵略获得的领土不具备法律效力""和平解决双边争端"等多项内容。① 正是由于这些原则不仅反映了美洲国家当时的共识，也代表了当时遭受侵略国家的共同呼声，其中的很多内容得以移植到《联合国宪章》之中，在《国际法原则宣言》中亦有所体现。同样，我国倡导的"和平共处五项原则"也正是因为代表了一大批新独立国家维护国家领土主权、抵御外部干涉、要求平等往来的期望，最终得到了广泛的支持与认可。

"共商、共建、共享"原则的提出，亦是对"百年未有之大变局"的深刻回应。"二战"结束以来，和平与发展成为时代的主题，国际社会通过共同的努力，避免了新的世界大战的发生。然而，在国际力量对比显现出"东升西降"的趋势之后，发展中国家在国际机制安排中的劣势地位并未发生根本性的改观，发展中国家能够分享的全球发展收益也较为有限，构建更为公正合理的对话协商机制与收益分享机制成为国际社会的一项迫切需要，兼具全球视野与中国特质、有助于推动南方集团与北方集团共商发展计划、共议争端解决、共建合作机制、共享美好未来的"共

---

① 参见 Charles G. Fenwick, Reaffirmation of Fundamental Principles of International Law, Bulletin of the Pan American Union, Vol. 67, 1944, p. 670。

商、共建、共享"原则得到了沿线各国的广泛支持,① 秉承"开放包容"特质的"一带一路"倡议也得以成为优质的国际公共产品。"共商、共建、共享"原则能够得到广泛的共识,正是基于对沿线各国平等协商、共同发展需求的及时回应,在逆全球化潮流有所涌现的当下,"共商、共建、共享"原则反映了全人类的共同诉求,对世界秩序的完善与变革具有一定的启发作用,其自身的时代进步性将随着"一带一路"倡议的深入实践而更加突出。

2. 传承和发展传统的国际法基本原则。作为"一带一路"倡议的指导原则,"共商、共建、共享"原则不仅回应了国际法律秩序变革的现实需要,对传统的国际法基本原则亦有所传承和发展。国际社会在"二战"结束之初对世界繁荣发展的美好愿望,正一步步地通过"一带一路"建设与沿线国家的密切合作变为现实。由于"一带一路"倡议更关注沿线地区的发展问题,"共商、共建、共享"原则与"禁止使用武力原则"的关联并不密切,但"主权平等原则""和平解决争端原则"及"合作原则"的内涵则蕴含于"共商、共建、共享"原则之中。

首先,只有充分尊重"一带一路"沿线各国的主权平等,共商、共建、共享才有可能变为现实。在 139 个"一带一路"沿线国家中,既有发达国家,也有发展中国家;既有以穆斯林为主体的国家,也有以天主教徒与基督教徒为主体的国家;既有选择资本主义制度的国家,也有选择社会主义制度的国家。但无论这些国家的发展程度、主体宗教以及社会制度如何,他们都有权选择自身的社会发展道路及参与"一带一路"合作的具体方式。"一带一路"倡议也没有设置很高的参与门槛,② 只要各国政府具备合作的意愿,都可以平等地参与到"一带一路"合作之中。相比之下,意识形

---

① 参见 Cai Fang & Peter Nolan, Routledge Handbook of the Belt and Road, Routledg, 2019, p. 112。

② 参见 Cai Fang & Peter Nolan, Routledge Handbook of the Belt and Road, Routledg, 2019, p. 114。

态色彩浓厚的"马歇尔计划"尽管在一定程度上加速了西欧的战后复兴，但它同样为加剧两大阵营的对立埋下了伏笔。"一带一路"倡议广泛吸纳合作伙伴的做法显然更有利于推进各国的团结共进，也更能体现平等参与的特征。

其次，"共商、共建、共享"原则倡导沿线各国和平解决争端，为减少分歧、增进共识奠定了良好的基础。"共商"的内容不仅包括"一带一路"的合作规划，还包括争端的解决。其中，沿线各国在日常合作中可以运用"谈判、调查、调停、和解"等方法解决争端，而"公断、司法解决、区域机关或办法之利用"等第三方机制在"一带一路"合作中亦有所体现，我国最高法院先后设立了多家国际商事法庭，为"一带一路"司法争端解决机制的构建进行尝试。可以说，"共商、共建、共享"原则鼓励各国通过密切的会商避免争端的产生，但并不排斥任何一类争端解决方式，在具体的争端解决过程中，也充分尊重各国的主权，力求找到各方都能接受的解决方法。①

最后，"共商、共建、共享"原则对"合作原则"的精神加以传承。在"共商、共建、共享"原则诞生之前，"和平共处五项原则"是我国长期坚持的国际法主张，这一主张更强调主权平等，②期待各国减少对立、和平共处，而"共商、共建、共享"原则变消极为积极，期待各国通过主动的会商与合作建设，共同促进沿线地区的繁荣发展，因而"合作原则"与"共商、共建、共享"原则的旨趣较为接近。从《国际法原则宣言》的表述来看，各国应在安全、经济、社会、文化等方面开展合作，而中国与沿线各国在标准联通、税收、知识产权、农业、能源、海洋等方面的合作，正是共同商议规则、共同建设机制、共同享受制度红利的合作范例。

---

① 参见杨泽伟：《共商共建共享原则：国际法基本原则的新发展》，载《阅江学刊》2020 年第 1 期。
② 参见龚柏华：《"三共"原则是构建人类命运共同体的国际法基石》，载《东方法学》2018 年第 1 期。

《国际法原则宣言》对"合作原则"较为模糊的表述,① 正生动的展现在"一带一路"的具体合作之中。

3. 与"自然法"的基本原则相衔接。从更抽象的意义上讲,"共商、共建、共享"原则符合"自然法"基本原则的要求。尽管"自然法"的渊源、形式尚无定论,但一些较为抽象的"自然法"基本原则,如"正义""公平""平等""善意""和谐"等,与人类现阶段的理性认知相一致,具备较高的共识性。很少有国家将破坏国际正义、国际公平、国际平等作为自身的外交政策,各国的外交政策也只有符合这些最为基本的自然法原则,才能代表国际社会前进和发展的方向。

"共商、共建、共享"原则在充分尊重各国主权的前提下,推动"一带一路"沿线各国积极开展合作、共享发展成果,既符合正义原则"各得其所"的要求,也符合平等原则"权利义务形式平等"的要求,同时也体现了和谐原则"和而不同"的精神。因为沿线各国虽然在综合国力、政治制度、宗教文化等方面各有不同,但都在主权平等的基础上参与"一带一路"倡议,在"一带一路"合作中发挥不同的作用,建设各国自身的物质与精神文明。② 同时,"共享"原则的提出,在一定程度上也有利于促进从"形式平等"迈向"实质平等"。各国之间的主权平等更多是一种形式平等,即各国都普遍地享有"对内最高权"与"对外独立权",发展中国家与发达国家之间的发展差距不容忽视,实质的不平等广泛存在,而发展中国家建立国际经济新秩序的努力,便是一项追求实质平等的尝试。③ "一带一路"倡议虽然不以全面推翻既有的国际机制为目标,但"共享"原则也要求沿线各国改良其中

---

① 参见 Robert Ronsenstock, The Declaration of Principles of International Law Conerning Friendly Relations: A Survey, The American Journal of International Law, Vol. 65, 1971, p. 729。

② 参见罗国强:《国际法本体论》(第二版),中国社会科学出版社2015 年版,第 165 页。

③ 参见罗国强:《国际法本体论》(第二版),中国社会科学出版社2015 年版,第 210 页。

不公正、不合理的成分，形成良好的收益分配机制，保障沿线国家能够共同享受"一带一路"合作的成果，实现"共建"义务与"共享"权利的相统一。

可见，"共商、共建、共享"原则既契合沿线各国的共同利益，也符合人类现阶段的理性认知。不过，人类的理性认知总是处于不断探索的过程中，"共商、共建、共享"原则也必须通过更为丰富的阐释与实践，才能获得更强的话语力量。

（三）"共商、共建、共享"原则的内涵阐释与实践

1. 进一步提升"共商、共建、共享"原则的共识度。在近十年的"一带一路"合作中，"共商、共建、共享"原则不断地被写进各类合作文件之中，逐步得到了沿线各国的共同认可。然而，"共商、共建、共享"原则能否长久地得到沿线各国的支持，仍然有待时间的检验。我国也应当进一步明确"共商、共建、共享"原则的属性，通过举办研讨会等多种形式提升"共商、共建、共享"原则的共识度。

一方面，我国政府应明确提出"共商、共建、共享"原则属于国际法的基本原则，为"共商、共建、共享"原则的定性提供更充分的依据。我国的国际法学教材经常使用"基本原则"的表述，但相同的表述（Fundamental Principles of International Law）在西方的教材中并不常见。① 《国际法原则宣言》的谈判历史也表明，各国代表对于国际法基本原则的定义，存在诸多不同的理解。同样，我国对"和平共处五项原则"的官方定性为"调整国际关系的基本准则"，"国际法基本原则"的定性更多地出现在学术论著中，尽管两者不无共通之处，但"国际法基本原则"的法学属性更加明确。因此，我国政府应选择恰当的时机，将"共商、共建、共享"原则明确表述为"国际法的基本原则"。

另一方面，我国也可以通过召开研讨会等多种形式，进一步探

---

① 参见何志鹏：《国际法基本原则的迷失：动因与出路》，载《当代法学》2017年第2期。

讨"共商、共建、共享"原则的含义，增进"共商、共建、共享"原则在第二轨道外交中的共识度。在《国际法原则宣言》的起草、表决过程中，联合国的法律专家、各国政府代表就草案文本发表了大量的专业意见，确保最终的宣言文本符合多数国家的共识；由中国、印度、缅甸共同倡导的"和平共处五项原则"，虽以写入双边外交文件作为主要的话语印迹，但我国亦不时邀请各国专家参与相关的专题研讨会，① 使"和平共处五项原则"得以历久弥新。"共商、共建、共享"原则由我国政府提出，没有经历复杂的论辩过程，对于"共商、共建、共享"原则的具体适用领域以及约束力的强弱，各国的专家、学者不一定持相同的意见。"一带一路"相关的智库合作机制可以考虑将"共商、共建、共享"原则作为法治合作的一项选题，确保"共商、共建、共享"原则的阐释、实践能够与"一带一路"建设的进程保持一致。

2. 丰富和发展"共商、共建、共享"原则的内涵。在诸多的国际法基本原则中，合作原则与"共商、共建、共享"原则的内涵最为接近，两者都强调各主权国家应主动开展合作，因而合作原则的起草历史能够为"共商、共建、共享"原则的发展提供些许的借鉴。"共商、共建、共享"原则的适用群体、位阶、补正及其具体的内涵，亦可以进行更充分的考量。

首先，就适用群体而言，"共商、共建、共享"原则仅适用于"一带一路"沿线国家，还是适用于全体国家？"国际法基本原则"的共识性并不要求一项基本原则得到全体国家的全面认可，只需多数国家表示同意即可。② 写入140多份政府间"一带一路合作谅解备忘录"的"共商、共建、共享"原则，显然符合"多数国家认可"的要件。然而，对于尚未同中国签署"一带一路"合作文件的国家来说，"共商、共建、共享"原则是否能够产生约束力，是

① 参见中华人民共和国外交部条约法律司：《中国国际法实践案例选编》，世界知识出版社 2018 年版，第 116 页。

② 参见杨泽伟：《共商共建共享原则：国际法基本原则的新发展》，载《阅江学刊》2020 年第 1 期。

一项有可能存在争议的问题。在合作原则的谈判进程中，类似的问题同样存在。当讨论"合作原则是否适用于非联合国会员国"时，部分代表认为，基于合作的普遍性，① 不应限制合作原则的适用群体。但亦有部分代表指出，"合作原则"主要源于各类条约（包括《联合国宪章》）中普遍认同的条约义务，就非会员国而言，"合作"并非一项法律义务。② 《国际法原则宣言》最终采用了"各国"而非"各会员国"的表述，强调了合作原则的普遍性，但相关的正当性争议，并没有从根本上消除。从"共商、共建、共享"原则的意涵来看，对非"一带一路"合作领域、非沿线国家实施"共商、共建、共享"原则，并不会面临艰巨的挑战，因为"共商、共建、共享"原则本身具备较强的普适性，目前也没有任何一个非沿线国家质疑"共商、共建、共享"原则。不过，在"一带一路"的语境下，"共商、共建、共享"原则就非沿线国家而言，应当更具倡议性而非约束性，即邀请更多的国家参与"一带一路"合作，而非设立强制性的"共商、共建、共享"义务。

其次，与其他的国际法原则相比，"共商、共建、共享"原则是否处于固定的位阶之中？国内法中，的确存在一些更为重要的基本原则，如"诚实信用"被称做民法的"帝王条款"，因而法律原则的排序能够得到一定程度的印证。《国际法原则宣言》虽然没有明确七项原则的适用顺位，但国际法基本原则的筛选、排序仍然存在一定的可能性。③ 从国际交往的基础来看，只有坚持各国的主权平等，才能有效地开展合作，似乎"主权平等原则"应当比"合作原则"具备更高的优先级，在美苏争霸的年代，此类观点也获

---

① 参见 Willem Riphagen, Report of the 1966 Special Commitee on Principles of International Law concerning Friendly Relations and Co-operation among States, A/6230, UN Reports 1966, p. 190, para. 431。

② 参见 Willem Riphagen, Report of the 1966 Special Commitee on Principles of International Law concerning Friendly Relations and Co-operation among States, A/6230, UN Reports 1966, p. 190, para. 433。

③ 参见何志鹏：《国际法基本原则的迷失：动因与出路》，载《当代法学》2017 年第 2 期。

得了部分专家的支持。① 据此，"共商、共建、共享"原则尽管以尊重各国的主权平等为前提，亦很难处于较高的位阶。当然，相对于国内法，由于国际关系的变化难以预料，固化各项国际法基本原则之间的位阶，存在不小的难度，而具体的筛选和排序进程，也有待长期的探索。

复次，在提倡主动合作的主旨要义之外，"共商、共建、共享"原则的适用前提是否有可能发生争议？贝勒斯指出，原则之间可以相互衡量、权衡，② 法律原则的适用不能仅考虑字面的文义，特定情况下应当结合其他原则加以补正。联合国的专家们很早便意识到"合作原则"与"不干涉内政原则"之间的潜在冲突；③ 联合国的首届贸易与发展会议也达成共识，认为各国的合作应以尊重主权平等、尊重民族自决、不干涉内政为前提。④ 同样，"共商、共建、共享"原则的实行，需要各国政府紧密合作。这种合作与各国的内政也存在密切的关联，即便当代的"干涉"手段、"内政"含义与冷战时期已不可同日而语，但"合作"与"干涉"的关系，仍是一项敏感的议题。"一带一路"建设中的部分争议话题，如港口的租赁期、基础设施项目的建设流程，都可以归结为

---

① 在《国际法原则宣言》的谈判过程中，有代表指出，弱国对强国的附庸，使国际合作难以为继，必须强调主权平等原则在互惠、各类合作中的地位。参见 Willem Riphagen, Report of the 1966 Special Commitee on Principles of International Law concerning Friendly Relations and Co-operation among States, A/6230, UN Reports 1966, p. 188, para. 425。

② 例如，"非自愿的财产转让应当予以禁止"，但法院为执行生效判决而进行的非自愿财产转让是有效的。参见［美］迈克尔·D. 贝勒斯著：《法律的原则——一个规范的分析》，张文显、宋金娜等译，中国大百科全书1995年版，第13页。

③ 参见 Willem Riphagen, Report of the 1966 Special Commitee on Principles of International Law concerning Friendly Relations and Co-operation among States, A/6230, UN Reports 1966, p. 188, para. 423。

④ 参见 Milan Šahović, Report of the Special Committee on Principles of International Law concerning Friendly Relations and Co-operation among States, A/6799, UN Reports 1967, p. 76, para. 143。

"干涉"与"合作"的冲突,因而"共商、共建、共享"原则与"不干涉内政原则"之间应当保持适度的张力,确保沿线各国在主权权力让渡的基础上实现共同发展。

最后,在"一带一路"倡议背景下,"共商、共建、共享"原则的内涵阐述有可能包含哪些具体方面?《国际法原则宣言》最终采纳的"合作原则"表述较为简洁,总体上采用了尼日利亚等国提出的草案,① 但各类草案中提及的各类观点,还是引发了争论。捷克斯洛伐克递交的草案提出,政治、经济、社会机制方面的"非歧视原则"属于"合作原则"的应有之义;② 英国等国提出,各国应在裁军等方面加强合作。③ 这些内容都没有纳入最终通过的宣言文本中。同样,基于本国的国家利益及特殊国情,沿线各国对"共商、共建、共享"原则的理解可能存在差异,当下关注的焦点亦有可能在未来发生变化。"共商、共建、共享"原则的进一步阐述,也应当充分考虑各国的不同关切,尽可能地体现各国的共识。

3. 充实"一带一路"合作中的"共商、共建、共享"原则实践。在法律规则的制定、完善进程中,法律原则应当发挥一定的指引作用。如果一项原则难以付诸实践、仅仅停留在纸面,那么它的话语力量将十分受限。在过去几年的"一带一路"建设进程中,我国在资金投入、国际机制构建等方面充分遵循"共商、共建、共享"原则,与沿线国家开展密切合作,多项司法协助条约、投

---

① 参见 Willem Riphagen, Report of the 1966 Special Commitee on Principles of International Law concerning Friendly Relations and Co-operation among States, A/6230, UN Reports 1966, p. 186, para. 417。

② 参见 Willem Riphagen, Report of the 1966 Special Commitee on Principles of International Law concerning Friendly Relations and Co-operation among States, A/6230, UN Reports 1966, p. 184, para. 415。

③ 参见 Willem Riphagen, Report of the 1966 Special Commitee on Principles of International Law concerning Friendly Relations and Co-operation among States, A/6230, UN Reports 1966, p. 185, para. 416。

资保护协定、双边民航协定的签订,① 展现了中国与沿线各国共建"一带一路"的热情,为"一带一路"倡议的深入推进提供了规则基础,也为"共商、共建、共享"原则的进一步适用提供了广阔的空间。

除了一些值得延续的实践,如将"共商、共建、共享"原则写入"一带一路"合作谅解备忘录、加强法律规则谈判、构建"一带一路"争端解决机制之外,"共商、共建、共享"原则在政策沟通、民心相通方面亦能发挥更充分的作用。"一带一路"国际合作高峰论坛存在升级与变革的可能性,如果我国能够借鉴各类国际组织的建设经验,遵循"共商、共建、共享"原则,提供一系列完备的变革方案,"共商、共建、共享"原则将内化到高峰论坛的机制设计之中。同样,如果沿线各国的民间组织,能够将"共商、共建、共享"原则写入合作文件之中,并在合作进程中平等协商、增进往来,"共商、共建、共享"原则也将得到沿线各国人民更广泛的认可。

总之,"共商、共建、共享"原则的阐释、实践、推广,既需要政府话语的支持,也需要学术话语的支撑。如果"共商、共建、共享"原则能够得到沿线各国更广泛的认同、在"一带一路"国际机制的构建中发挥更充分的指引作用,我国也将为国际法基本原则的创新、实践作出更多的贡献。

三、"一带一路"倡议与中国"集体人权" 话语的传播

(一)"一带一路"倡议难以回避人权议题

合作文件的属性选择与国际法原则的探索是中国参与"一带

---

① 参见龚柏华:《"三共"原则是构建人类命运共同体的国际法基石》,载《东方法学》2018 年第 1 期。

一路"国际法治合作的重要内容。这样的选择与探索也并不抽象，而是通过经贸、金融、能源、海洋、交通运输等领域的国际规则变革加以体现。与自贸区、亚投行等国际法律机制的建设相比，在"一带一路"倡议的早期规划中，人权交流与合作并非"民心相通"的具体措施，人权规则的重构也尚未成为"一带一路"国际法治合作的焦点，"一带一路"建设对中国人权话语的影响似乎较为有限。然而，无论是考量中西方由来已久的人权话语冲突，还是结合沿线各国的项目建设状况，"一带一路"倡议都不可能回避人权议题，我国也亟需在人权合作方面有所突破。

一方面，"一带一路"倡议并未全面改善中西方之间的人权话语冲突。我国曾有学者指出，"不能把话语权和主动权让给西方"①。对于西方的人权指责，不能仅作被动回应。然而，自"一带一路"倡议实施以来，对中国人权问题的指责仍然是西方的主流声音，NGO 的发声尤为明显。以人权观察为例，在两次"一带一路国际合作高峰论坛"召开前，该组织分别发表了 2 篇评论，对于"一带一路"倡议的人权状况持较为强烈的批评意见，认为中国公布的"一带一路"政策文件对人权问题只字不提，② 中国政府虽然承诺致力于沿线地区的可持续发展，但是部分项目的社区咨询、征收补偿与透明度堪忧，一些沿线国家的人权纪录乏善可陈，投资者与企业应谨记尊重人权的责任。③ 由于该组织的对华态度长期以来并不友好，这样的评论极有可能带有明显的倾向性而不

---

① 察哈尔学会：《"新时代人权与外交"研讨会分会场聚焦"一带一路"与构建人类命运共同体》，载察哈尔学会网站：http：//www. charhar. org. cn/newsinfo. aspx？newsid = 13131.

② 参见人权观察：《中国："一带一路"计划应尊重人权——近期高峰论坛应承诺透明性、公众咨询》，载人权观察网站：https：//www. hrw. org/zh-hans/news/2019/04/22/329687.

③ 参见 Sophie Richardson & Hugh Williamson, China：One Belt, One Road, Lots of Obligations, Human Rights Watch Reports 2017, available at https：//www. hrw. org/news/2017/05/12/china-one-belt-one-road-lots-obligations。

够客观，但该组织在国际社会中具有较强的道德力量与舆论影响力。① 如果一味忽视这些 NGO 的声音，我国的"一带一路"项目投资将有可能遭遇更多的人权挑战。除人权观察等 NGO 的发言之外，部分与官方合作较为紧密的西方智库，对于中国的人权状况也持批评态度。例如，美国"外交关系委员会"与"战略与国际研究中心"的专家曾分别撰文，② 认为"数字丝绸之路"的建设可能对个人的自由与隐私构成威胁。

此外，即便是部分同中国具备人文交流基础的西方国家，对华人权问题的态度也并未实现大幅度转变。例如，"瑞典国家发展政策分析署"（Swedish Agency for Growth Policy Analysis）是"丝路国际智库网络"的成员，其研究成果将递交瑞典政府以供决策参考，中瑞两国存在一定的民间交往基础。然而，在 2019 年瑞典政府向瑞典国会递交的报告中，瑞典政府认为"中国的公民与政治权利状况不容乐观""瑞典政府将会支持欧盟与中国之间的人权对话"③。当然，对于中国同欧洲的"一带一路"合作机制（如中国—中东欧 CEEC17+1 机制）来说，瑞典一国的政策并未造成较大的影响，但是这份报告的相关措辞也表明，如果欧盟的对华人权政策有所调整，将有可能波及中欧之间的"一带一路"合作。

另一方面，基础设施建设、跨境贸易等"一带一路"重点合

---

① 参见黄志雄主编：《国际法视角下的非政府组织：趋势、影响与回应》，中国政法大学出版社 2012 年版，第 305 页。

② 参见 Frank Umbach, China's Belt and Road Initiative and Its Energy-Security Dimensions, The S Rajaratnam School of International Studies Reports, 2019, p. 7, available at https：//www. rsis. edu. sg/wp-content/uploads/2019/01/WP320. pdf.

③ Hans Dahlgren, Approach to Matters Relating to China, Swdeen Govenments Reports, 2019, p. 17, available at https：//www. government. se/4adb19/contentassets/e597d50630fa4eaba140d28fb252c29f/government-communication-approach-to-matters-relating-to-china. pdf.

作领域,同样与人权议题密切相关。企业或者投资商如果忽视项目投资、施工建设、货物贸易与服务贸易中的人权问题,将有可能承担不必要的风险。联合国人权高专在一份报告中指出,大型基础设施投资对于经济发展、社会发展、人权进步乃至可持续发展的促进作用显而易见,但这些投资项目对人权的潜在危害同样不可忽视。

从微观层面来说,项目设计阶段的土地征收问题容易成为人权问题的焦点,未经本地居民同意而强行征收土地容易诱发对抗事件,项目施工过程中过低的劳动保障标准会侵犯建筑工人的劳工权利,尘土、噪音甚至建筑工人的违法行为,也同样会侵犯项目周边居民的环境权与健康权,而项目拆除阶段的环境问题、安全问题同样不容忽视。从中观层面来说,如果一项基础设施的建设导致特定人群难以享受最基本的社会服务或难以支付这些服务的成本,包括医疗、教育、水资源、公共卫生设施等,① 这样的项目也难以称得上是"尊重人权"的项目。从宏观层面来说,基础设施项目同样考验政府的决策机制与企业的管理模式,如果政府始终以投资方与建设方的利益优先,同企业签署争端解决协议时也处处维护企业利益,置"社区协商"等前置性程序于不顾,决定项目选址时丝毫不考虑少数群体的利益,② 同样有可能侵犯人权,扩大社会贫富差距。

---

① 参见 United Nations Human Rights Office of the High Commissioner, Baseline Study on the Human Rights Impacts and Implications of Mega-Infrastructure Investment, UN Reports, 2017, p. 38, available at https://www.ohchr.org/Documents/Issues/Development/DFI/MappingStudyontheHRRiskImplications_Mega-InfrastructureInvestment. pdf。

② 参见 United Nations Human Rights Office of the High Commissioner, Baseline Study on the Human Rights Impacts and Implications of Mega-Infrastructure Investment, UN Reports, 2017, p. 47, available at https://www.ohchr.org/Documents/Issues/Development/DFI/MappingStudyontheHRRiskImplications_Mega-InfrastructureInvestment. pdf。

当然，如果管控得当，这些风险并不必然发生，但如果对照"三代人权"的理念，基础设施建设同公民、民族的各项权利显然都存在紧密的联系。同样，经贸合作涉及的人权种类也十分广泛，包括环境权、就业权、劳工权、健康权、受教育权、水权等多种权利，① 而全面的自由贸易也并非总能带来双赢的结果，多边经贸规则也不会漠视人权问题。例如，WTO 的第五项宗旨"保障发展中国家的经济发展"可以视为对发展权的尊重，② 而依照 2003 年《实施 TRIPS 协议与公共健康（多哈宣言）第 6 段》的决议，基于最不发达成员方或进口方的需求，出口方有权对药品生产采取强制许可，这充分体现了 WTO 规则对各成员方国民生命健康权的尊重。③ 依照国际法协会（International Law Association）2008 年通过的决议，多位国际法专家呼吁"WTO 规则的解释或应用与各成员方尊重人权的义务相一致"，此举将有助于保障消费者权利及其他人权，④ 但 WTO 专家小组与上诉机构的此类实践尚不多见。

此外，部分"一带一路"经贸合作机制也作出了一些有利于人权保障的制度安排。例如，中国同东盟签署的"全面经济合作框架协议"设立了"减小各缔约方经济发展水平差距"的目标，针对人类的公共安全需要，也设置了"一般例外"规则，亚投行对基础设施项目的大力投资亦可以视为中国为保障各国民众发展权所做的间接贡献。

对于"一带一路"建设所遭遇的人权挑战，我国政府、企业

① 参见戴瑞君：《"一带一路"建设中的人权因素——以中蒙经贸合作为例的分析》，载《人权》2018 年第 5 期。

② 参见 GAO Pengcheng, Rethinking the Relationship Between the WTO and International Human Rights, Richmond Journal of Global Law and Business, Vol. 8, 2009, p. 408。

③ 参见那力、何志鹏等：《WTO 与公共健康》，清华大学出版社 2005 年版，第 399 页。

④ 参见 Sharif Bhuiyan & Philippe Sands, et al, International Law and Developing Countries：Essays in Honour of Kamal Hossain, Brill, 2014, p. 98。

必须保持警惕。正如联合国人权高专在报告中指出的那样，基础设施建设涉及多方面的人权问题，稍有不慎，便有可能酿成冲突；即便是一些当下并不显著的潜在威胁，随着东道国法律标准的不断提升，亦有可能导致企业的经营风险显著上升并遭受经营损失。1991 年，美国的一家公司同印度尼西亚政府签署协议，投资建设印尼的铜矿资源开发项目，美国企业在 20 年内不用承担征收补偿义务，承担的环境保护义务也十分有限。然而，随着印尼的环保法律于 1997 年进行了修订，该企业被迫于 2006 年中止矿产开发作业。① 我国企业在"一带一路"沿线各国投资的部分基础设施项目，在项目的设计、施工过程中，由于缺乏有效的沟通，招致了当地民众的反对声浪，最终使得项目停工。这些前车之鉴与现实经验，应当引起我国企业的重视。总之，尊重并保障人权既是中国国际法治话语的应有之义，亦是推进"一带一路"建设的现实需要。

（二）"一带一路"合作中的人权话语缺失

与进一步提升人权合作的迫切需求相比，"一带一路"建设中的人权话语仍然有所缺失。无论是双边的"一带一路"对话，还是与"一带一路"倡议密切相关的多边合作机制，人权对话的广度、深度都略显不足。

就双边合作来说，中国与各国政府、各国际组织签署的"一带一路"合作谅解备忘录虽系软法，对签订的双方并无法律约束力，但备忘录的内容无疑指明了中国与各国、各组织合作意愿最为强烈的领域。然而，结合几份公开的备忘录文本来看，我国同他国政府签署的"一带一路"合作谅解备忘录文本较为简略、结构相对固定，包含序言、目标及合作指导原则、合作领域、合作方式、争端解决、生效、修订及终止条款，其中目标与合作领域的相关表

---

① 参见孙佑海：《绿色"一带一路"环境法规制研究》，载《中国法学》2017 年第 6 期。

述，如"实现两国共同发展的目标"①"促进绿色发展合作"② 等可以视作对发展权、环境权的尊重，但此类概念性的表述有待进一步的特别协定加以落实。③

与政府间的备忘录相比，我国同相关国际组织签署的备忘录较为具体。例如，我国外交部同联合国亚洲及太平洋经济社会委员会（United Nations Economic and Social Commission for Asia and the Pacific）签署的备忘录中明确提到双方将进一步推动"中国—联合国亚洲及太平洋经济社会委员会"合作项目，同时将通过签订特殊协议的方式妥善处理知识产权问题。④ 再如，我国的人社部、应急管理部先后同国际劳工组织签署了备忘录，中国为促进相关劳工条约的适用、完善沿线国家的就业市场作出了贡献。⑤ 此外，我国

---

① 《中华人民共和国政府与苏丹共和国政府关于共同推进丝绸之路经济带和 21 世纪海上丝绸之路建设的谅解备忘录》，载中国驻苏丹共和国大使馆网站：http://sd. china-embassy. org/chn/zsgx/zlk/t1732121. htm。

② 参见 Memorandum of Understanding between the Government of the Italian Republic and the Government of the People's Republic of China on Cooperation within the Framework of the Silk Road Economic Belt and the 21st Century Maritime Silk Road Initiative, Italian Government Reports, 2019, p. 5, available at http://www. governo. it/sites/governo. it/files/Memorandum_Italia-Cina_EN. pdf。

③ 参见 Memorandum of Understanding between the Government of the Cook Islands and the Government of the People's Republic of China on Cooperation within within the Framework of the Silk Road Economic Belt and the 21st Century Maritime Silk Road Initiative, Cook Island Government Reports, 2018, p. 6, available at http://www. mfem. gov. ck/images/Development/Cook_Islands-PRC_Belt_and_Road_MOU. _signed_12_November_2018. pdf。

④ 参见 Memorandum of Understanding between the United Nations Economic and Social Commission for Asia and the Pacific and The Ministry of Foreign Affairs of the People's Republic of China on the Belt and Road Initiative for the 2030 Agenda for Sustainable Development, UN Reports, 2019, p. 6, available at https://www. unescap. org/sites/default/files/20190426-CHN-MOFA-BRI-ENG. pdf。

⑤ 参见 International Labour Organization, China ILO Cooperation, UN Reports 2019, p. 3, available at https://www. ilo. org/wcmsp5/groups/public/---dgreports/---exrel/documents/publication/wcms_550919. pdf。

的商务部也分别同联合国儿童基金会、妇女基金会、贸易发展会议签署了合作谅解备忘录，这些行动有利于保障"一带一路"沿线的妇女儿童权利。然而，我国尚未与其他的人权法律机制开展"一带一路"合作，短期内"来文审查""国别报告"等制度设计，也不会成为"一带一路"倡议的合作内容；禁止酷刑、增进公民权利与政治权利等人权议题也很难成为沿线各国合作的重点。

就多边合作而言，各项"一带一路"多边合作机制也并未将人权作为重点议题。第二届"一带一路国际合作高峰论坛"设有"绿色之路"与"廉洁丝绸之路"分论坛，讨论的议题与人权问题息息相关，但更多的人权问题并未纳入本次论坛的讨论范围。而结合 APEC、大湄公河次区域经济合作机制、中东欧"17+1"、上海合作组织、中非合作论坛、中阿合作论坛、中拉合作论坛等"一带一路"相关机制的实践来看，增进经济合作或安全合作是这些机制的主要职能，各成员国很少利用这些机制发表专门的政策文件，人权问题也并非中国参与这些机制的主要关切。当然，增进经济往来、促进沿线地区的共同发展，将为保障发展权奠定坚实的基础。① 上合组织为打击恐怖主义而采取的行动，也能够进一步保障成员国国民的生命健康权。这与我国的人权话语存在一定的相似性，即更为注重发展权等集体人权，将生存权、发展权置于首位的人权观与"人类命运共同体"理念在一定程度上也更为契合。②

（三）"一带一路"合作中的人权对话空间

将发展权作为一国人权保障事业中的优先选项并非我国的专

---

① 参见《中国和阿拉伯国家合作共建"一带一路"行动宣言》，载中阿合作论坛网站：http://www.chinaarabcf.org/chn/lthyjwx/bzjhy/dbjbzjhy/t1577010.htm。

② 参见唐勇、陈思融：《论人类命运共同体的人权观》，载《浙江工商大学学报》2020年第1期。

利。多数发展中国家都十分强调发展权在社会经济发展中的作用，发展权的保障已成为南南合作中的一项重要内容。从发展权的角度阐释"一带一路"倡议也具备一定的基础。① 不过，自"发展权"的概念诞生之日起，发达国家与发展中国家就对发展权的确切含义与优先性持不同意见，如何建立具体的保障落实机制也极具争议。而除了发展权方面的合作之外，"一带一路"沿线各国同样可以将更多种类的人权纳入合作的范围。

一方面，"一带一路"沿线各国应进一步探讨发展权的含义与保障机制，并及时展示发展成果。发展权脱胎于 20 世纪下半叶的殖民独立运动，在经历了长时间的殖民统治之后，多数发展中国家对公平的发展机遇有着迫切的需求。在国际社会的共同努力下，联合国于 1986 年通过了《发展权利宣言》，规定各国有义务制定国际发展政策、促进国际发展合作，进而为发展中国家的发展创造便利。② 随后，发展权的概念在一系列国际法律文件得到重申，1981 年通过的《非洲人权和民族权宪章》、1993 年通过的《维也纳宣言和行动纲领》、2000 年通过的《联合国千年发展目标》等文件都将实现发展权作为一项重要目标，2017 年通过的"南南人权论坛"《北京宣言》同样强调"生存权和发展权的首要地位"③。

然而，早在《发展权利宣言》的起草小组于 1981 年成立时，当时的美国政府便对"发展权"持较为谨慎的态度，认为"发展权"并非建立国际经济新秩序的工具，即便宣言最终得以通过，宣言也不应为各国施加强制性的资源转让义务，是否给予其他各国

---

① 参见毛俊响：《国际人权话语权的生成路径、实质与中国的应对》，载《法商研究》2017 年第 1 期。

② 参见《发展权利宣言》第 3、4 条，载联合国人权高专网站：https：//www.ohchr.org/Documents/Issues/Development/DeclarationRightDevelopment_ch.pdf。

③ 《首届"南南人权论坛"〈北京宣言〉》，载新华网：http://www.xinhuanet.com//politics/2017-12/08/c_1122081753.htm。

发展援助，完全属于一国内政。① 1986 年，在对《发展权利宣言》进行表决时，美国投了反对票，德国、英国、日本等 8 国投了弃权票。② "发展权"议题的南北对立由此产生，并在相当长的时间内得以延续。2003 年，人权委员会试图依照《发展权利宣言》，为"发展权"建立一套具有法律确定性的标准与实践指南，美国、日本、澳大利亚投了反对票，加拿大、韩国与瑞典选择弃权。③

从宏观上来看，发达国家与发展中国家就"发展权"存在多方面的异议（见表16），这些异议在《发展权利宣言》通过之后的数十年间没有得到妥善的解决。与其他种类的人权相比，"发展权"似乎过于原则且欠缺拘束力，但"和平与发展"的时代主题早已深入人心，没有任何一个国家希望人类的文明与全球的人权保障事业出现倒退。"一带一路"倡议聚焦发展，吸引了广大发展中国家的参与。日本、韩国等对"发展权"持保留态度的国家亦参与其中。"一带一路"国际合作高峰论坛完全可以设立"人权分论坛"，邀请沿线各国代表、联合国发展权问题的特别报告员对"发展权"问题进行充分研讨，结合"一带一路"的实践情况，就发展权可能具有的确切含义、实施机制提出新的见解。当前，就"发展权"实施国别审查、年度报告制度仍为时尚早，但各国代表如能在"一带一路"合作框架内充分交换意见，亦不失为一种灵活的选项。

此外，对于"一带一路"所取得的发展成就，沿线国家也应当及时予以展示。我国自 20 世纪 60 年代起便积极向发展中国家提供发展援助，其中不乏国际金融机构不愿投资但十分必要的民生建

---

① 参见 Stephen Marks, The Human Right to Development: Between Rhetoric and Reality, Harvard Human Rights Journal, Vol. 17, 2004, p. 143。

② 参见 Karin Arts & Atabongawung Tamo, The Right to Development in International Law: NewMomentum Thirty Years Down the Line? Netherlands International Law Review, Vol. 63, 2016, p. 230。

③ 参见 Stephen Marks, The Human Right to Development: Between Rhetoric and Reality, Harvard Human Rights Journal, Vol. 17, 2004, p. 140。

设项目,① 而伴随着"一带一路"倡议的实施,我国的发展援助也早已不限于"投资小且见效快"的项目。② 我国对"一带一线"沿线国家的基础设施、医疗、教育援助为保障各国的发展权作出了突出贡献。近年来,发展中国家之间的"南南人权"合作也日渐紧密,这对于打破西方国家"自上而下"的外援话语霸权提供了更多的机遇,③ 也为丰富和发展话语权理论提供了生动的实践素材。

另一方面,"一带一路"国际合作高峰论坛可以邀请更多的联合国人权专家与会,为增进沿线各国的人权合作创造更多的机遇。长期以来,西方对中国外援的不实指责主要包括三个方面:一是中国的外援完全是出于自身利益考量,二是中国支持人权状况不佳的国家,三是中国积极向国外出口自己的"恶治"模式。④ 第一项指责显然缺乏依据,因为维护本国利益是所有国家外交决策的基本出发点,东西方国家概莫能外,第二、三项指责则显示出部分西方国家的优越心态,以"人权捍卫者"的姿态对中国的外援活动进行点评。然而,即便是依照西方订立的标准,美国也曾援助一些公民与政治权利状况不佳的国家;而欧盟在外援中订立的"人权附加条件",也难以得到连续的执行;⑤ 过度强调集体人权与个人人权、经济社会文化权利与公民政治权利之间的对立,将危及人权的统一性。

---

① 参见 Timothy Webster, China's Human Rights Footprint in Africa, Columbia Journal of Transnational Law, Vol. 51, 2013, p. 645。

② 1964 年,周恩来总理提出中国外援的"八项原则",其中"投资少、收效快"是原则五的内容。参见屈彩云:《新中国 70 年对外援助理念的发展、继承与创新》,载《统一战线学研究》2019 年第 1 期,第 97 页。

③ 参见 Emma Mawdsley, Human Rights and South-South Development Cooperation:Reflections on the "Rising Power" as International Development Actors, Human Rights Quarterly, Vol. 36, 2014, p. 643。

④ 参见 Timothy Webster, China's Human Rights Footprint in Africa, Columbia Journal of Transnational Law, Vol. 51, 2013, p. 628。

⑤ 参见 Adaora Osondu-Oti, China and Africa-Human Rights Perspective, Africa Development, Vol. 41, 2016, p. 69。

事实上，"人权的实现永无止境"①。强调发展权的国家并非在保障政治权利方面毫无建树，强调政治权利的国家也面临着各类社会经济问题。在 2018 年联合国人权理事会的普遍定期审查活动中，新西兰、乌拉圭、马里政府希望中国尽早批准《公民权利和政治权利国际公约》，② 我国表示接受；而美国在 2015 年的定期审查中也承认亟须解决国内"无家可归者"的问题。③ 因此，"一带一路"的人权合作完全可以拓展至更多的人权领域，邀请各类人权条约机构的专家参与"一带一路"建设，为增进沿线各国的人权合作提供更多的方案。当然，是否加入、何时加入各项人权机制，属于各国的内政，不应受到其他国家或国际组织的强制干涉；一国加入各项人权机制的数量也不应成为评判该国人权状况的唯一标准。在人权合作领域，我国同样需要坚持"一带一路"倡议的包容性，为沿线各国提供更充分的合作机遇而非施加强制性的要求。西方外援史上附加多项"人权条款"而终致失败的案例，也可以引以为戒。

表 10-1　　　　南方国家与北方国家的发展权利观④

问题	北 方 国 家	南 方 国 家	其他的观点
权利性质	包含各类权利的综合性权利	新的、独立的权利	处于进程中的权利

---

① 《首届"南南人权论坛"〈北京宣言〉》，载新华网：http：//www. xinhuanet. com//politics/2017-12/08/c_1122081753. htm。

② 联合国人权理事会：《普遍定期审议工作组报告：中国》，A/HRC/WG. 6/31/CHN/1，联合国 2018 年报告，第 5 页。

③ 参见联合国人权理事会：《普遍定期审议工作组报告：美国》，A/HRC/30/12，联合国 2015 年报告，第 9 页。

④ 参见 Laure-Hélène Piron, The Right to Development A Review of the Current State of the Debate for the Department for International Development, UK Department for International Development Reports 2002, pp. 17-18, available at https：//www. odi. org/sites/odi. org. uk/files/odi-assets/publications-opinion-files/2317. pdf。

续表

问题	北 方 国 家	南 方 国 家	其他的观点
权利主体	个人权利，非集体权利、国家权利	主要是集体权利和国家权利	民族、少数族群与土著族群的权利
义务主体	国家对实现发展权负主要责任	需要良好的国际环境，国际社会有义务提供资源	国内、国际层面都需要非政府成员的参与
国家实施方案	国内的善治、法治、廉洁、言论自由、自由市场	经济增长、资源转移，取消国际层面的限制	
国际经济秩序	应在其他领域讨论该问题；应高度回应改革的进程与呼声	人权机构应讨论：国际金融机构的决策过程；债务减免；市场开放；知识产权；技术转移等	在国际层面讨论发展权具有正当性，但不应使该议题政治化
发展与人权的关系	发展不能成为侵犯人权的正当理由；一些基础的经济权利（例如食品权、健康权、基本的教育权利）不具有优先地位；重视上述三项权利，可能仅出于实用目的	部分国家认为经济社会文化权利优先于公民政治权利，发展是实现其他权利的前提	《千年发展目标》包含经济社会文化权利
基于权利保障的发展方式	一些国家认为，基于权利保障的发展方式是"发展权"的组成部分，应当设立一些人权指标	一些国家认为，基于权利保障的发展方式，施加了新的限制条件，对于人权指标，亦持谨慎态度	

续表

问题	北方国家	南方国家	其他的观点
发展合约	有可能与其他国际机制重叠；过于机械化；对于经合组织的发展援助委员会来说，也非适宜的方式	部分国家表示支持；部分国家认为合约将成为限制条件，也有可能减少《重债穷国倡议》与"减贫战略文件"提供的优惠	合约方式可以在其他方面适用；例如：联合国的"全球契约"以及英国—乌干达备忘录
长期的跟进机制	讨论该议题为时尚早；反对"发展权"条约；反对将发展权纳入"世界人权法案"中；反对监督世界金融机构	选项："发展权"条约；监督世界金融机构；每年公布一份发展权报告或既存国际承诺的实施报告	应发挥各国法院、人权机构保障发展权的作用

（四）兼蓄表达个人权利——增进沿线劳工权益保障

同广大发展中国家一样，我国更倾向于将发展权阐述为"集体权利"。由此衍生的国际经济新秩序的构建问题、发达国家向发展中国家转移资源的义务问题成为发展权南北对立的重要来源。发展中国家虽在气候变化等法律机制中争取到重要的国家发展权益，但整体性的"发展权"概念似乎仍缺乏法律约束力。各国之间的发展权合作重在介绍经验而非构建完整的法律制度安排。不过，随着发展权理论的不断完善，发展权作为个人人权与集体人权的双重属性逐步得到更为广泛的认同。[1]"一带一路"的人权话语也应当兼顾个体的发展权利，因为劳工条件、消费者权利、企业的社会与环境责任等事项同样事关发展权的实现程度。而广大劳工群体作为"一带一路"基础设施建设的中坚力量，他们的个体权益也应当得

---

[1] 参见戴菁：《个人发展权的法理探究》，中共中央党校 2018 年博士学位论文，第 12 页。

到充分的保障。

一方面，我国政府应积极推动沿线国家的劳工合作，减少各国劳工法律冲突所引发的各类风险。西方学者往往对中国政府、中国企业对外投资中的人权状况不看好，似乎中国企业在国内一直重复着低薪水、生产条件恶劣、高污染、漠视个体劳工权益的发展模式，作为中国企业对外投资的副产品，这种"恶劣"的发展模式也被推广至广大发展中国家。① 在"一带一路"倡议实施以前，中国投资者与当地劳工之间确实存在发生冲突的案例，艰苦朴素的中国劳工在部分发展中国家也容易被当地民众误解，② 但不能仅凭这些个体的案例、冲突便全面否定在中国在劳工法律制度建设中的成就。2008 年，经过修订的《劳动合同法》《劳动争议调解仲裁法》《就业促进法》开始生效施行，为构建和谐的劳动关系提供了有力的法律支撑；③ 国务院、劳动社会保障部、商务部也先后出台了一系列政策文件，如《中外合资中外合作职业介绍机构设立管理暂行规定》（2001）、《对外劳务合作管理条例》（2012）、《商务部办公厅关于进一步加强对外劳务合作管理的通知》（2017）等，④ 为维护我国海外劳工权利、促进项目所在地的就业、推动我国企业遵守当地法律创造了有利条件。

当然，对我国与沿线国家的劳动法律制度差异，亦不可忽视。至 2019 年，国际劳工组织制定了 189 项条约，我国加入了 29 项，8 项核心条约中，我国加入了 4 项，暂未加入《强迫劳动公约》《结社自由及组织保障公约》《组织权及团体协商权原则之应用公

---

① 参见 Adaora Osondu-Oti, China and Africa-Human Rights Perspective, Africa Development, Vol. 41, 2016, p. 66。

② 例如，加纳的民众一度认为中国劳工是"囚犯"，不理解中国政府为何派"囚犯"至加纳修建基础设施。参见程好：《来华留学生视野中的"一带一路"倡议》，同济大学出版社 2017 年版，第 164 页。

③ 参见 Lutz-Christian Wolff & Chao Xi, Legal Dimensions of China's Belt and Road Initiative, Wolters Kluwer, 2016, p. 370。

④ 参见 Maria Adele Carrai & Jean-Christophe, The Belt and Road Initiative and Global Governance, Edward Elgar Publishing, 2020, p. 227。

约》《废止强迫劳动公约》。就具体的劳工问题而言，薪酬、工作环境、童工等问题易通过政府的协商或当地的司法程序加以解决，对于这些事关民生的问题，中国政府也一直采取多种措施进行应对。真正有可能长期困扰我国企业海外投资的劳工权利问题，是工人对结社权与团体协商权的行使。与薪酬、就业环境等人身权利与财产权利相比，结社权、团体协商权的政治权利属性显然更加突出。"一带一路"建设包含需要大量投资的基础设施项目，我国的大批国有企业参与其中，但这些国有企业的决策模式与一般的民营企业仍然存在差异，在我国的法律制度下，工会对企业决策所能产生的影响比较有限，工人与企业之间团体协商的效果也有待提升。目前，加入《结社自由及组织保障公约》的"一带一路"沿线国家不在少数，部分国家虽未加入该条约，但工会的组织形式与我国相比也有所不同，我国企业如果仍然沿用国内传统的商业模式，不尝试了解各国工会的具体运作方式，将为劳资关系的失衡增添更多的因素。

此外，对于中国与沿线国家共同签署的劳工条约，我国应会同相关国家、国际劳工组织，继续加强这些条约的执行力度。国际劳工条约属于硬法，对于签约国具有法律约束力，但相关的实证量化研究表明，国际劳工条约的执行状况堪忧，各国的工人权利保障状况没有因签约而得到良好的改善，执行机制的欠缺是其中较为重要的原因之一。① 国际劳工组织虽然建立了监督机制，但通过监督最终采取制裁措施的案例可谓少之又少，因而双边或多边协作仍是推动劳工条约实施的重要方式。其中，我国交通运输部与国际劳工组织签署的《在"21世纪海上丝绸之路"倡议下合作推动经修订的〈2006年海事劳工公约〉有效实施谅解备忘录》是较为成功的案例，值得沿线国家的政府部门借鉴。

另一方面，我国政府、企业应继续增强同多边开发银行之间的

---

① 参见 Dursun Peksen & Robert G. Blanton, The Impact of ILO Conventions on Worker Rights: Are Empty Promises Worse than No Promises? The Review of International Organizations, Vol. 12, 2017, p. 91。

合作，确保国际金融机构制定的劳工权利标准能够得到有效的执行。就宏观层面来看，国际金融机构的投资往往能带动发展中国家的经济发展、促进当地就业，确保发展中国家能够有效行使自身的发展权，但投资与人权之间的具体联系往往更为复杂。以国际货币基金组织1981年至2003年对发展中国家的长期投资项目为例，由于投资的条款设计不够合理，其未能惠及部分发展中国家的贫困人口，导致这些国家国内的冲突有所升级。在特殊情形下，即便这些条款没有得到全面的执行，投资本身引发的主权让渡问题或者对经济发展的过高期望，亦容易导致政府的权威受到影响，最终引发部分国家国民对政府的不满，① 甚至造成酷刑、强制失踪等侵犯人权的事件。同样，如果考察1985年至2002年间国际金融机构投资项目对劳工权利的影响，工人的结社权利、团体协商权也因这些投资而受到一定程度的限制。② 此外，实践中，由于各家企业的规模、部门划分、所有制结构、管理结构并不相同，因而对劳工标准的落实情况也有所差异。③

为有效应对项目建设中的各类劳工权利问题，自2000年起，世界银行、亚开行等多边开发银行纷纷公布劳工权利保障标准或社会与环境框架文件，尝试为参与投资项目建设的劳工设置一定的权利屏障。作为"一带一路"资金融通的重要机构，亚投行2016年公布的《环境与社会框架》文件设置了一定的项目参与标准，存在强迫劳动、童工问题的企业将被剥夺参与亚投行项目的资格，参

---

① 参见 M. Rodwan Abouharb & David L. Cingranelli, IMF Programs and Human Rights, 1981-2003, The Review of International Organizations, Vol. 4, 2009, p. 69。

② 参见 Robert G. Blanton1 & Shannon Lindsey Blanton1, et al, The Impact of IMF and World Bank Programs on Labor Rights, Political Research Quarterly, Vol. 68, 2015, p. 324。

③ 参见 Mimi Zou, Symposium on Transnational Futures of International Labor Law China and the Belt and Road Initiative: Transnational Labor Law under Stete Capitalisim 4.0, American Journal of International Law, Vol. 113, 2019, p. 420。

与项目建设的公司也应当遵守相关的国内劳工法律规则。① 不过,
国际金融机构之间的劳工标准并不统一,国际金融机构也很难通过
全面的、强有力的措施推行这些标准。在标准订立的历史进程中,
国际劳工组织一度希望国际金融机构直接采用国际劳工条约,但这
不亚于跳过各会员国的签约与批约程序,为各会员国施加额外的国
际法义务,部分有可能涉及国家内政的劳工保障机制也难以得到广
泛的支持。② 因此,国际金融机构订立的劳工标准往往会低于国际
劳工条约规定的标准,各类工人所享受的保障标准也有所不同。与
借款方签订合约的"直接工人"相比,同项目第三方签订合约的
"合约工人"、与借款方的供应商签订合约的"供应链工人",往往
只能享受更低的劳工标准。③

即便如此,我国企业也应当践行国际金融机构订立的标准。因
为这些标准的进步有可能推动各国国内劳动法的变革。部分多边开
发银行也正在逐步完善"遵约机制"或"争端解决机制",如国际
金融公司设立的"合规顾问/投诉办公室"(Compliance Advisor/
Ombudsman)、世界银行设立的"视察小组"(Inspection Panel)、
欧洲复兴开发银行设立的"工会交流机制"(Trade Union

---

① 参见 Franz Christian Ebert, Labour Safeguards of Internaitonal Financial
Instituions: Can They Help to Avoid Violations of ILO Core Labour Standards?
European Yearbook of International Economic Law 2019, Vol. 10, 2020, p. 112。

② 例如, 2016 年, 世界银行曾就"替代"机制(Alternative
Mechanism)进行讨论,即在限制工人自由结社的借贷国,是否允许工人建立
其他的替代性组织,以作为救济手段? 对此,中国、孟加拉国等发展中国家
表达了反对意见。参见 Peter Quayle & Xuan Gao, Good Governance and Modern
International Financial Institutions: 2018 AIIB Yearbook of International Law, AIIB
Reports, 2018, p. 120, available at https://www.aiib.org/en/about-aiib/who-we-
are/yearbook/_download/2018-AIIB-Legal-Yearbook.pdf。

③ 参见 Peter Quayle & Xuan Gao, Good Governance and Modern
International Financial Institutions: 2018 AIIB Yearbook of International Law, AIIB
2018 Reports, p. 117, available at https://www.aiib.org/en/about-aiib/who-we-
are/yearbook/_download/2018-AIIB-Legal-Yearbook.pdf。

Communication Mechanism) 等。① 如果项目的实施过程中发生了劳资纠纷，便有可能被提交至这些相应的机制。这对企业方的劳动保障工作提出了更高的要求。"一带一路"并非只有亚投行、丝路基金等金融机构的参与，未来各家多边开发银行的参与力度有可能进一步加大，因而我国政府、企业有必要对这些银行的劳工标准、措施做进一步的了解并积极履行。这不仅仅是规避法律风险的有力措施，更是我国人权话语的生动表达，即中国不仅支持广大发展国家的集体发展权，更充分尊重"一带一路"建设者的个体权利。

---

① 参见 Franz Christian Ebert, Labour Safeguards of Internaitonal Financial Instituions: Can They Help to Avoid Violations of ILO Core Labour Standards? European Yearbook of International Economic Law 2019, Vol. 10, 2020, pp. 121-122。

第十一章 美国智库对"健康丝绸之路" 倡议的认知及其启示

近年来,伴随着"一带一路"建设的持续推进,中国与国际社会对卫生领域交流合作的重视程度不断提高。2016 年,国家主席习近平在乌兹别克斯坦发表演讲时首次提出携手打造"健康丝绸之路"的愿景,得到了国际社会的积极响应。2020 年 4 月,习近平主席又提出了"打造人类卫生健康共同体"的构想。"健康丝绸之路"倡议是"一带一路"倡议的重要组成部分,也是世界各国深化和拓展卫生领域交流合作的重要平台。"健康丝绸之路"建设以完善全球公共卫生治理,提升全球医疗卫生水平,实现沿线国家的全民健康覆盖为目标;是人类卫生健康共同体思想的重要实践。"健康丝绸之路"自提出以来,就受到了包括美国在内的世界各主要国家政府、智库、媒体以及民间的广泛关注。准确研判美国智库对"健康丝绸之路"的认知,能够为判断美国对"健康丝绸之路"的舆论走向和政策倾向提供必要的条件,也能够为中国推进"健康丝绸之路"和"一带一路"的可持续发展提供重要的启示。

一、智库样本选择及文献概况

(一)智库样本的选择

一直以来,美国智库都在全球范围内保持着数量优势和影响力优势。为了确保研究结论的科学性,需要保证智库样本的典型性和代表性。依据美国宾夕法尼亚大学发布的《2019 年全球智库报告》(2019 Global Go To Think Tank Index Report),美国智库的数量为

1871 家，继续位居全球第一。① 本章选取了 8 家从事"健康丝绸之路"相关研究的智库作为分析样本，分别为：卡内基国际和平基金会（简称"卡内基基金会"，Carnegie Endowment for International Peace）、哈德逊研究所（Hudson Institute）、外交关系委员会（Council on Foreign Relations）、贝尔弗科学与国际事务中心（简称"贝尔弗中心"，Belfer Center for Science and International Affairs）、新美国安全中心（Center for a New American Security）、美国德国马歇尔基金会（简称"马歇尔基金会"，German Marshall Fund of the United States）、美国和平研究所（United States Institute of Peace）和全美亚洲研究所（National Bureau of Asian Research）。

选取上述 8 家智库作为样本智库是综合考虑以下三个方面因素的结果。首先，智库的影响力。在《2019 年全球智库报告》中，这些智库均位于美国顶尖智库的前 40 名，而且多数智库还在美国国防和国家安全顶尖智库或外交政策和国际事务顶尖智库中排名非常靠前。其次，智库的思想倾向。这些智库的立场和倾向各具特点，例如，卡内基基金会在国际事务中倾向于国际主义、多边主义，主张军备控制，推动接触谈判，支持国际组织②；哈德逊研究所致力于促进美国的领导地位和全球参与。选取这些智库使样本的选择具有广泛性。最后，智库研究成果的数量。在美国所有的智库当中，这些智库发表的与"健康丝绸之路"相关的研究成果相对较多。总之，上述 8 家智库具有较好的典型性和代表性。

笔者以"Health Silk Road""HSR"为关键词在上述 8 家智库的官方网站进行检索，共得到 13 份代表性研究文献，减去 1 篇重复出现的文献，实际得到 12 份文献。鉴于个别文献发表于第一作者所属智库以外其他智库的官网上，本章依据第一作者所属智库对

---

① 参见 James G. McGann, 2019 Global Go to Think tank Index Report, available athttps: //repository. upenn. edu/cgi/viewcontent. cgi? article = 1018& context=think_tanks。

② 李轶海：《国际著名智库研究》，上海社会科学院出版社 2010 年版，第 20 页。

文献的归类作出了调整，结果为：卡内基基金会、贝尔弗中心、新美国安全中心与美国和平研究所各 1 份，哈德逊研究所、外交关系委员会、马歇尔基金会与全美亚洲研究所各 2 份。这些文献当中，既有篇幅仅两三页的针对具体问题的评论性文章，也有篇幅数十页的综合性研究报告。

（二）文献概况分析

从文献内容来看，上述智库关注的领域主要有："健康丝绸之路"的内容（中国的医疗援助与合作），"健康丝绸之路"的目的（作用），"健康丝绸之路"的前景，中国的外交公关，"一带一路"沿线国家的政策选择，以及美国及其盟友遏制"健康丝绸之路"的策略等（参见表 11-1）。其中，"健康丝绸之路"的目的（作用）、"健康丝绸之路"的前景等内容，尤其能够引起美国社会各界的广泛关注。

表 11-1　**8 家智库的代表性研究文献、关注领域及作者情况**

智库	研 究 文 献	领域	作　者
卡内基基金会	不，新冠肺炎疫情还没有让欧洲变得亲中	12346	埃里克·布拉特贝里（Erik Brattberg）、菲利普·勒科尔（Philippe Le Corre）
哈德逊研究所	不能解决腐败问题将加剧冠状病毒危机	13	内特·西布利（Nate Sibley）
哈德逊研究所	冠状病毒时代中美竞争的全球调查	146	埃里克·布朗（Eric Brown）、帕特里克·M. 克罗宁（Patrick M. Cronin）等
外交关系委员会	绘制中国的"健康丝绸之路"	1234	科克·兰开斯特（Kirk Lancaster）、迈克尔·鲁宾（Michael Rubin）、米拉·拉普·奥佩尔（Mira Rapp-Hooper）
外交关系委员会	评估对北京"疫情外交"的早期反应	15	科克·兰开斯特、迈克尔·鲁宾

续表

智库	研 究 文 献	领域	作 者
贝尔弗中心	这不会终结任何人,除非终结每个人	135	萨曼莎·鲍威尔(Samantha Power)
新美国安全中心	中国的"健康丝绸之路"是一条死胡同	1346	克里斯廷·李(Kristine Lee)、马基恩·拉塞尔(Martijn Rasser)
马歇尔基金会	中俄如何应对和利用新冠肺炎疫情?	12	安德鲁·斯摩尔(Andrew Small)、约尔格·福布里格(Joerg Forbrig)、杰西卡·布兰特(Jessica Brandt)
	欧盟不会被中国的"健康丝绸之路"所愚弄	126	阿尔贝托·泰格亚派特(Alberto Tag-liapietra)
美国和平研究所	中国的"一带一路":"开放、绿色与清洁"的进展如何?	123	杰森·托尔(Jason Tower)、詹妮弗·施塔茨(Jennifer Staats)
全美亚洲研究所	"一带一路"倡议在冠状病毒感染的南亚	1235	迪普·帕尔(Deep Pal)、拉胡尔·巴蒂亚(Rahul Bhatia)
	"健康丝绸之路":中国如何在冠状病毒感染的南亚落实"一带一路"倡议	235	迪普·帕尔、拉胡尔·巴蒂亚、叙谢·维尔·辛格(Suchet Vir Singh)

注:表中关注领域中,1——"健康丝绸之路"的内容(中国的医疗援助与合作),2——"健康丝绸之路"的目的(作用),3——"健康丝绸之路"的前景,4——中国的外交公关,5——沿线国家的政策选择,6—遏制"健康丝绸之路"的策略。

从文献作者的情况来看,大部分文献作者在学术背景和任职履历上具有一些共性。一是毕业于世界名校,是所在领域的知名专家,具有较大的学术影响力。二是具有在美国政府、议会或军事单位任职的经历(参见表11-2)。这一点也就是广为人知的"旋转门"机制。这一机制能够促进智库的研究成果更加贴近美国政府的实际需要，从而使美国政府更易于采用智库的研究成果。三是具有在不同智库工作的经历。例如，马歇尔基金会学者杰西卡·布兰特（Jessica Brandt）同时为外交关系委员会等智库的成员，还曾任职布鲁金斯学会（Brookings Institution）和贝尔弗中心等智库；卡内基基金会欧洲项目主任埃里克·布拉特贝里（Erik Brattberg）曾在新美国安全中心等智库任职；卡内基基金会非常驻高级研究员菲利普·勒科尔（Philippe Le Corre）曾任职贝尔弗中心。这一点使智库学者具有多维的视角，从而进一步提高了研究成果的学术水平和政策影响力。

表 11-2　　　　曾担任政府职务的部分智库学者

作　　者	任 职 智 库	曾担任政府职务
帕特里克·M.克罗宁	哈德逊研究所	国防大学国家战略研究所高级主任、美国国际开发署助理署长等
萨曼莎·鲍威尔	贝尔弗中心	美国驻联合国代表
马基恩·拉塞尔	新美国安全中心	中情局高级情报官和分析师、国防部长办公室高级顾问
安德鲁·斯摩尔	马歇尔基金会	爱德华·肯尼迪参议员办公室的 ESU 学者
詹妮弗·施塔茨	美国和平研究所	任职国防部长办公室，负责协调实施亚太再平衡战略等、负责亚太地区安全事务

二、美国智库对"健康丝绸之路"倡议的主要认知

美国智库对中国提出"健康丝绸之路"的意图及潜在影响进

行了多维度的解读。多数智库学者仍然依据"冷战零和"的旧思维来看待上述问题，普遍认为中国推进"健康丝绸之路"是为了建立对自身有利的国际秩序。

（一）对中国提出"健康丝绸之路"倡议的意图的判定

中国提出"健康丝绸之路"的意图是美国智库进行解读的主要内容之一。就样本文献来看，美国智库主要从确立全球领导地位、取代国际组织、开拓并支配国际市场等方面对中国提出"健康丝绸之路"的意图作出了解读。

首先，中国借此成为全球卫生领域的领导者。伴随着"一带一路"建设的持续推进，中国与世界的联系更加紧密。与此相反，近年来美国的"退群"行动不断增加，孤立主义有所抬头。在此背景下，美国智库学者似乎对"完善全球公共卫生治理""构建人类卫生健康共同体"等表述非常敏感，对中国崛起及影响力的增大存有较强的危机感。学者克里斯廷·李和马基恩·拉塞尔认为，建设"健康丝绸之路"为中国主张其领导地位创造了机会。[1] 科克·兰开斯特等指出，中国正在努力将自身塑造成为全球卫生领域负责任的领导者，发起广泛的公共外交活动。中国使用"健康丝绸之路"的称谓，表明这一概念将呈现出新的重要性。[2] 此外，迪普·帕尔、叙谢·维尔·辛格、内特·西布利等智库学者也都认为，中国正在通过建设"健康丝绸之路"谋求全球卫生领域的领

---

[1] Kristine Lee & Martijn Rasser, China's Health Silk Road is A Dead-end Street, available at https：//foreignpolicy. com/2020/06/16/china-health-propa-ganda-covid/； https：//www. cnas. org/publications/commentary/chinas-health-silk-road-is-a-dead-end-street.

[2] Kirk Lancaster, Michael Rubin, Mira Rapp-Hooper. Mapping China's Health Silk Road, available at https：//www. cfr. org/blog/mapping-chinas-health-silk-road.

导地位。①

其次,取代世界卫生组织(简称为世卫组织)。在推动世界卫生事业发展和应对全球公共卫生危机等方面,世卫组织具有不可替代的作用和影响力。一直以来,世卫组织对中国推进"健康丝绸之路"给予了高度的评价和大力的支持,中国也坚决支持世卫组织的核心领导作用。中国与世卫组织的密切合作为国家与国际组织之间的合作树立了典范。然而,美国智库学者迪普·帕尔等认为,"健康丝绸之路"的推进将取代世卫组织,使该国际组织的多边模式转变为中心辐射型机制(a hub-and-spoke organism):以中国为中心,多个双边关系向外辐射。② 学者克里斯廷·李和马基恩·拉塞尔将中国自 2017 年以来与世卫组织的密切合作视为中国对该国际组织的篡夺(usurpation)。③ 此外,哈德逊研究所的两位学者甚至借日本官员之口,将世卫组织讽刺为"中国卫生组织(CHO, Chinese Health Organization)"。④

---

① Deep Pal & Rahul Bhatia, The BRI in Post-Coronavirus South Asia, available at https://carnegieendowment.org/files/Pal_Corona_BRI4.pdf; Deep Pal, Rahul Bhatia, Suchet Vir Singh, Health Silk Road — How China Plans to Make BRI Essential in Covid-hit South Asia, available at https://theprint.in/opinion/health-silk-road-how-china-plans-to-make-bri-essential-in-covid-hit-south-asia/439603/; Nate Sibley, Failure to Confront Corruption Will Exacerbate Coronavirus Crisis, available at https://www.hudson.org/research/15846-failure-to-confront-china-s-corruption-will-exacerbate-coronavirus-crisis.

② 参见 Deep Pal, Rahul Bhatia, Suchet Vir Singh, Health Silk Road — How China plans to make BRI Essential in Covid-hit South Asia, available at https://theprint.in/opinion/health-silk-road-how-china-plans-to-make-bri-essential-in-covid-hit-sou-th-asia/439603/。

③ 参见 Kristine Lee & Martijn Rasser, China's Health Silk Road is a dead-end street, available at https://foreignpolicy.com/2020/06/16/china-health-propa-ganda-covid/; available at https://www.cnas.org/publications/commentary/chinas-health-silk-road-is-a-dead-end-street。

④ 参见 Eric Brown, Patrick M. Cronin, H. R. McMaster et al., A global Survey of US-China Competition in the Coronavirus Era, available at https://s3.amazonaws.com/media.hudson.org/A%20Global%20Survey%20of%20US-China%20Competition%20in%20the%20Coronavirus%20Era%20%281%29.pdf。

再次，改进"一带一路"倡议。从"丝绸之路经济带"和"21世纪海上丝绸之路"到"健康丝绸之路"和"数字丝绸之路"，"一带一路"倡议一直处于不断发展和完善的过程当中。中国与世界携手打造"健康丝绸之路"，为共建"一带一路"开辟了新的合作空间。① 中国经济增长速度有所放缓，世界经济也陷入停顿，"一带一路"建设面临一系列新的挑战。为此，中国政府在继续兑现改革承诺的同时，又提出了进一步加强"一带一路"建设的倡议。② 科克·兰开斯特等学者认为，"健康丝绸之路"为中国改进（revamp）"一带一路"提供了框架：在有必要的情况下，中国可能对"一带一路"进行改造；"一带一路"倡议的定义并不明确，中国可以利用机会对其进行更新。③ 迪普·帕尔和拉胡尔·巴蒂亚指出，如果资本的缩减要求中国削减"一带一路"项目，医疗投资可能会提供一种更具成本效益的方式；有迹象显示，未来中国将如何完善"一带一路"倡议，其已经振兴"健康丝绸之路"。④

最后，寻找新的市场。"一带一路"倡议引领新型全球化的持续发展，为中国和世界带来了新的市场和机遇。迪普·帕尔等学者指出，投资全球医疗领域，在保持"一带一路"倡议活跃的同时，为中国提供了从投资中收回部分收益的机会。中国的接触追踪APP将与电子医学APP、检疫工具和官方统计数据捆绑在一起，这些被"一带一路"沿线国家普遍采用。中国还能分享生物医学

① 参见和音：《"健康丝绸之路"为生命护航》，available at http：//theory. people. com. cn/n1/2020/0324/c40531-31645276. html。

② 参见 Jason Tower & Jennifer Staats, China's Belt and Road：Progress on "Open, Green and Clean?", available at https：//www. usip. org/publications/2020/04/chinas-belt-and-road-progress-open-green-and-clean。

③ 参见 Kirk Lancaster, Michael Rubin, Mira Rapp-Hooper, Mapping China's Health Silk Road, available at https：//www. cfr. org/blog/mapping-chinas-health-silk-road。

④ 参见 Deep Pal & Rahul Bhatia, The BRI in Post-Coronavirus South Asia, available at https：//carnegieendowment. org/files/Pal_Corona_BRI4. pdf。

技术或合成生物学的基因研究进展。在远程医疗方面的合作将需要实时通信,这为中国电信公司提供了机会;一些国家对中国的 5G 服务充满期待。① 克里斯廷·李等学者也认为,"一带一路"倡议旨在推进中国的全球利益,并掩盖其国内经济和人口方面的弱点;而振兴"健康丝绸之路"为中国寻求全球 5G 主导地位提供了新动力。② 简言之,在这些学者看来,"健康丝绸之路"尤其为中国的数字技术和生物技术等开拓了市场。

(二) 对"健康丝绸之路"倡议产生影响的评估

美国智库学者认为,"健康丝绸之路"的持续推进,使中国的影响力进一步增强,使中国与世界或地区主要大国之间的博弈进一步加剧,并使"一带一路"沿线发展中国家面临某些风险。

第一,不少美国智库学者认为,"健康丝绸之路"将使中国在世界许多地区的影响力得到加强。学者埃里克·布拉特贝里等指出,意大利和塞尔维亚等少数欧洲国家对中国的亲近程度明显提升。③ 迪普·帕尔等认为,随着南亚国家努力填补其医疗系统的重要缺口,"健康丝绸之路"将成为"一带一路"在南亚地区不可或缺的组成部分。与此同时,南亚国家需要满足中国援助附加的政治或经济条件;在非洲,获得医疗援助的条件是优惠的市场准入,

---

① 参见 Deep Pal & Rahul Bhatia, The BRI in post-coronavirus South Asia, available at https：//carnegieendowment. org/files/Pal_Corona_BRI4. pdf。

② 参见 Kristine Lee & Martijn Rasser, China's Health Silk Road is A Dead-end Street, available at https：//foreignpolicy. com/2020/06/16/china-health-propa-ganda-covid/; available at https：//www. cnas. org/publications/commentary/chinas-health-silk-road-is-a-dead-end-street。

③ 参见 Erik Brattberg & Philippe Le Corre, No, COVID-19 isn't Turning Europe Pro-China (yet), available at https：//carnegieendowment. org/2020/04/15/no-covid-19-isn-t-turning-europe-pro-china-yet-pub-81571; available at https：//thediplomat. com/2020/04/no-covid-19-isnt-turning-europe-pro-china-yet/。

以及支持中国政府在台湾等问题上的立场。① 哈德逊研究所高级研究员约翰·李（John Lee）指出，对太平洋岛国的援助和捐助已经大大巩固了中国的影响力和地位。② 与此同时，埃里克·布拉特贝里等学者认为，中国影响力的增强主要集中在"一带一路"沿线的发展中国家，而非地区主要强国。③ 萨曼莎·鲍威尔教授指出，无论如何倡议建设"健康丝绸之路"，中国从未在任何领域建立起全球危机联盟；尽管中国的外交倡议比美国多，但中国却远不如美国的实践经验丰富。④ 总之，在美国智库学者看来，中国基于"健康丝绸之路"而增长的影响力在世界不同地区并不一致。

第二，"健康丝绸之路"可能使中国与世界或地区大国之间的竞争进一步加剧。世界和地区大国对"一带一路"倡议始终保持着高度关注，中国影响力的增强将不可避免地引起这些国家的竞争。首先，中美之间的竞争将持续加剧。哈德逊研究所的报告中显示，为了应对中国推进"健康丝绸之路"带来了的影响，美国已

---

① 参见 Deep Pal, Rahul Bhatia, Suchet Vir Singh, Health Silk Road — How China Plans to Make BRI Essential in Covid-hit South Asia, available at https：//theprint. in/opinion/health-silk-road-how-china-plans-to-make-bri-essential-in-covid-hit-south-asia/439603/。

② 参见 Eric Brown, Patrick M. Cronin, H. R. McMaster et al. , A global Survey of US-China Competition in the Coronavirus Era, available at https：//s3. amazonaws. com/media. hudson. org/A% 20Global% 20Survey% 20of% 20US-China%20Competition%20in%20the%20Coronavirus%20Era%20%281%29. pdf。

③ 参见 Erik Brattberg & Philippe Le Corre, No, COVID-19 isn't Turning Europe Pro-China（yet）, available at https：//carnegieendowment. org/2020/04/15/no-covid-19-isn-t-turning-europe-pro-china-yet-pub-81571；available at https：//thediplomat. com/2020/04/no-covid-19-isnt-turning-europe-pro-china-yet。

④ 参见 Samantha Power, This Won't End For Anyone UntIl It Ends For Everyone, available at https：//www. belfercenter. org/publication/wont-end-anyone-until-it-ends-everyone。

经加大了对南亚、南太平洋岛国等多个地区的关注和投入。① 其次，中国与欧盟之间的竞争有可能加剧。在 2020 年 4 月中旬，埃里克·布拉特贝里等就已经指出，欧洲基于安全方面的考虑应减少对中国的依赖这种呼声由来已久。欧盟委员会已经发布了实施欧盟共同投资筛选框架的新准则，特别提到保护欧洲关键医疗资产。② 最后，中印之间的竞争也可能加剧。随着中国在南亚与非洲等地区的影响力持续增长，印度也加紧了对相关地区的"争夺"。作为其"印太构想（Indo-Pacific vision）"的一部分，印度不断加强与印度洋周边国家的接触。③ 印度利用一项地区性基金，向其邻国提供了药品和设备，并承诺在必要时提供更多。在邻国之外，印度还与新西兰、韩国和越南等进行医疗合作。④

第三，"健康丝绸之路"可能给"一带一路"沿线发展中国家带来某些政治或安全风险。研究员内特·西布利指出，从长远来看，"健康丝绸之路"与"一带一路"倡议一样，将使沿线地区以债务外交、不透明协议以及劣质或未交付项目为特征的腐败现象云集。⑤ 助理研究员克里斯廷·李等认为，"健康丝绸之路"最让人

① 参见 Eric Brown, Patrick M. Cronin, H. R. McMaster et al. A global Survey of US-China Competition in the Coronavirus Era, available at https：// s3. amazonaws. com/media. hudson. org/A% 20Global% 20Survey% 20of% 20US-China%20Competition%20in%20the%20Coronavirus%20Era%20%281%29. pdf。

② 参见 Erik Brattberg & Philippe Le Corre, No, COVID-19 Isn't Turning Europe Pro-China（yet）, available at https：//carnegieendowment. org/2020/04/ 15/no-covid-19-isn-t-turning-europe-pro-china-yet-pub-81571；available at https：// thediplomat. com/2020/04/no-covid-19-isnt-turning-europe-pro-china-yet。

③ 参见 India Steps Up Engagement in Indo-Pacific Region Amid China's Health Silk Road Initiative, available at https：//economictimes. indiatimes. com/ news/defence/india-steps-up-engagement-in-indo-pacific-region-amid-chinas-health-silk-road-initiative/articleshow/75664015. cms。

④ 参见 Deep Pal & Rahul Bhatia, The BRI in Post-Coronavirus South Asia, available at https：//carnegieendowment. org/files/Pal_Corona_BRI4. pdf。

⑤ 参见 Nate Sibley, Failure to Confront Corruption Will Exacerbate Coronavirus Crisis, available at https：//www. hudson. org/research/15846-failure-to-confront-china-s-corruption-will-exacerbate-coronavirus-criss。

担心的是对电讯和监测等基础设施的采用。这为中国科技公司提供了更强大的立足点，为广泛搜集数据敞开了大门，并为那些对蔓延的威权主义缺乏抵抗力的国家实施更大的镇压和社会控制铺平了道路。① 学者迪普·帕尔等则指出，随着发展中国家通过"健康丝绸之路"进一步纳入中国的轨道，其国家内政被侵犯的事件将会增加。②

三、对美国智库认知的评析

（一）美国智库认知的总体特点

美国智库对"健康丝绸之路"的认知以负面言论为主（参见表 11-3）。这些负面言论大多是对"健康丝绸之路"肆意歪曲和严重误解。例如，所谓"导致债务陷阱"的指责，实际上是对中国与"一带一路"沿线国家之间的密切合作的嫉妒心理与破坏行径;③ 所谓"干涉内政"的指控，则完全是凭空捏造、制造事端。从其使用的资料来看，它们以二手资料和媒体发布的片面性或失实性消息为文献来源，甚至引证的内容本身并不存在。例如，迪普·帕尔和拉胡尔·巴蒂亚在文章中提及，印度拒绝接受中国的快速检测装置;尼泊尔也持怀疑态度，决定在使用前检测这些试剂盒，并

---

① 参见 Kristine Lee & Martijn Rasser, China's Health Silk Road is A Dead-end Street, available at https：//foreignpolicy. com/2020/06/16/china-health-propa-ganda-covid/； https：//www. cnas. org/publications/commentary/chinas-health-silk-road-is-a-dead-end-street。

② 参见 Deep Pal, Rahul Bhatia, Suchet Vir Singh, Health Silk Road —— How China Plans to Make BRI Essential in Covid-hit South Asia, available at https：//theprint. in/opinion/health-silk-road-how-china-plans-to-make-bri-essential-in-covid-hit-south-asia/439603/。

③ 参见任静茹、张宗斌：《驳斥"一带一路"建设"债务陷阱论"》，载《人民论坛》2019 年第 12 期。

给出了相关的网络链接;① 然而,链接所指向的新闻并无任何关于尼泊尔持怀疑态度的内容。显而易见,美国智库发表这样的负面言论,其动机不纯,甚至居心险恶。这给我国的外宣工作带来了严重的挑战。

表 11-3　　　　　　　　　　12 篇样本文献中的主要评价

研 究 文 献	负面评价	正面评价
不,新冠肺炎还没有让欧洲变得亲中	ABFGI	bcd
不能解决腐败问题将加剧冠状病毒危机	CDJ	bc
冠状病毒时代中美竞争的全球调查	ABDF	ac
绘制中国的"健康丝绸之路"		a
评估对北京"疫情外交"的早期反应	AB	c
这不会终结任何人,除非终结每个人	H	无
中国的"健康丝绸之路"是一条死胡同	AF	a
中俄如何应对和利用新冠肺炎疫情?	AI	b
欧盟不会被中国的"健康丝绸之路"所愚弄	ABE	ab
中国的"一带一路":"开放、绿色与清洁"的进展如何?	C	无
"一带一路"倡议在冠状病毒感染的南亚	ABC	ab
"健康丝绸之路":中国如何在冠状病毒感染的南亚落实"一带一路"倡议	BE	ab

注:表中负面评价 A——存在产品质量问题,B——附加政治经济条件,C——缺乏透明度,D——导致债务陷阱,E——干涉内政,F——利用地区国家之间的不团结,G——地缘政治博弈,H——缺乏建立全球危机联盟的经验,I——外交风格更加强硬,J——引起腐败;正面评价 a——得到国际组织认可,b——符合当地的实际需要,c——受到部分国家欢迎。

---

① 参见 Deep Pal & Rahul Bhatia, The BRI in post-coronavirus South Asia, available at https://carnegieendowment.org/files/Pal_Corona_BRI4.pdf。

不可否认,个别智库学者对"健康丝绸之路"发表了一些理性的评价。例如,萨曼莎·鲍威尔教授指出,毫无疑问,到这场危机结束时,中国将成为提供宝贵医疗物资的最大国际捐助国,有望帮助拯救无数生命。① 然而,相比较而言,负面言论除了在数量占有明显优势以外,在表述上也更加具体和直接,而正面言论则完全相反。例如,"健康丝绸之路"得到世卫组织的认可,及项目内容符合当地实际需要等正面评价,通常表达得非常笼统、含蓄,需要读者从文献中体会。值得注意的是,"健康丝绸之路"对完善全球卫生治理,以及对发展以合作共赢为核心的新型国际关系的作用,美国智库"选择性地忽略",这体现了其认知的不全面性。

(二) 美国智库负面认知的主要动因

美国智库对"健康丝绸之路"的负面认知是由多种复杂因素交互影响而形成的,而意识形态偏见和现实利益考量应该是其中的两个主要因素。

一方面,意识形态偏见是美国智库对"健康丝绸之路"产生负面认知的主要原因。不可否认,当今的世界体系是由以美国为代表的西方国家主导建立的,这一体系使西方国家的利益得到了最大程度的反映。中国选择了与之不同的社会制度和发展道路却依然取得了令世界瞩目的成就,而且还正在通过共建"一带一路"来补充和完善上述世界体系。正如有学者指出的,"落实'一带一路'倡议不是传统意义上的零和博弈,而是致力于实现共赢的目标"。② 但是,基于意识形态偏见,有美国智库明确将中国视为"制度性

---

① 参见 Eric Brown, Patrick M. Cronin, H. R. McMaster et al., A Global Survey of US-China Competition in the Coronavirus Era, available at https://s3.amazonaws.com/media.hudson.org/A%20Global%20Survey%20of%20US-China%20Competition%20in%20the%20Coronavirus%20Era%20%281%29.pdf。

② 参见杨泽伟:《共商共建共享原则:国际法基本原则的新发展》,载《阅江学刊》2020年第1期。

竞争对手（systemic rival）"，① 甚至还有智库为美国政府提供了在世界各个地区与中国进行竞争的详尽方案。无论是"冷战零和"思维还是"西方中心论"，二者均已不符合时代发展的需要。在"二元对立"或"先入为主"的思维框架里，都难以对事物作出理性的判断。换言之，意识形态偏见使美国智库难以对"健康丝绸之路"作出较为客观的评价。

另一方面，现实利益考量是美国智库对"健康丝绸之路"产生负面认知的直接原因。维护和追求美国利益是美国智库存在和发展的前提和保障。广为人知的"旋转门"机制加大了美国智库和政府之间的利益重合。美国智库对"健康丝绸之路"解读无不体现了对美国利益的考量：对中国影响力增强的密切关注，其深层原因是对美国领导力有所下降的极度忧虑；对世卫组织领导乏力的激烈批评，其根本目的是为美国不愿承担国际责任进行"甩锅"。总之，美国智库的负面认知是"为了提振美国的民族自信，寻找情绪的发泄渠道和矛盾的转移对象，有意而为之，进而期望能够帮助美国尽快走出经济衰退、社会不满情绪充斥的困境"。②

（三）美国智库的认知可能产生的影响

美国智库本身并不直接掌握权力，但智库能够在不同政策倡议的竞争中发挥其政策影响力。③ 具体而言，美国智库对"健康丝绸之路"的认知可能对美国政府的相关政策作出影响，同时，在美国强大实力的影响之下，美国智库的认知还可能对相关国家的政府决策和社会舆论产生影响。

---

① 参见 Erik Brattberg & Philippe Le Corre, No, COVID-19 Isn't Turning Europe Pro-China（yet）, available at https：//carnegieendowment. org/2020/04/15/no-covid-19-isn-t-turning-europe-pro-china-yet-pub-81571；available at https：//thediplomat. com/2020/04/no-covid-19-isnt-turning-europe-pro-china-yet/。

② 中国社会科学院：《全球智库评价研究报告（2019）》，中国社会科学院 2019 年，第 58 页。

③ 参见库必来·亚多·阿林：《新保守主义智库与美国外交政策》，王成至译，上海社会科学院出版社 2017 年版，第 2 页。

一是，美国智库对"健康丝绸之路"的认知将不可避免地对美国政府的政策和决策产生影响。一方面，美国智库本身与美国政府之间存在着千丝万缕的联系；另一方面，在中美战略竞争，尤其是"一带一路"倡议的背景下，美国智库的负面评价更容易得到美国政府和决策部门认同和采纳。① 美国智库主要通过两种方法来塑造和影响美国政府的决策：为政府指明"健康丝绸之路"的风险和挑战，以及提供应对方案。具体而言，哈德逊研究所的报告中指明了"健康丝绸之路"带来的风险；② 美国安全中心的报告中则为美国政府提供了应对"健康丝绸之路"的策略。③ 特朗普任总统期间，美国政府在卫生领域及相关领域采取了一系列违逆时代发展潮流、违背世界人民期望的政策和决策：拒绝在维护全球公共卫生安全方面与中国合作，粗暴批评世卫组织领导不力，悍然宣布退出世卫组织等。美国政府的这些政策和决策与相关智库的认知和主张基本一致，或多或少受到了智库负面认知的影响。基于负面认知和现实利益等多方面的原因，可以预见，在短期之内，美国仍然不会加入"健康丝绸之路"倡议。

二是，美国智库的负面认知也将对欧洲、印度等美国盟友的国家政策和社会舆论等产生影响。首先，基于美国强大的实力及对盟友强大的号召力和影响力，美国智库的认知对美国盟友具有强大的辐射能力。其次，美国与其盟友之间存在相同的意识形态，这使得美国盟友易于接受美国智库的思想。再次，一些美国智库或智库学

① 参见程时辉：《美国主流智库对"一带一路"倡议在南太平洋岛国地区的认知及启示》，载《情报杂志》2020 年第 6 期。

② 参见 Eric Brown, Patrick M. Cronin, H. R. McMaster et al. A global survey of US-China Competition in the Coronavirus Era, available at https：// s3. amazonaws. com/media. hudson. org/A% 20Global% 20Survey% 20of% 20US-China%20Competition%20in%20the%20Coronavirus%20Era%20%281%29. pdf。

③ 参见 Kristine Lee & Martijn Rasser, China's Health Silk Road is A Dead-end Street, available at https：//foreignpolicy. com/2020/06/16/china-health-propa-ganda-covid/; available at https：// www. cnas. org/ publications/ commentary/ chinas-health-silk-road-is-a-dead-end-street。

者与美国盟友之间存在某些特殊的联系,这些联系使智库思想的传导更加直接。例如,卡内基印度中心(Carnegie India)本是卡内基国际和平基金会下属的全球政策研究中心之一;马歇尔基金会在柏林、巴黎、布鲁塞尔等多个欧洲国家首都设有办事处;智库学者埃里克·布拉特贝里曾为瑞典常驻联合国纽约代表团成员,菲利普·勒科尔曾为法国国防部长国际事务特别助理和顾问。最后,现代传播手段使美国智库思想的传播更加便捷。例如,卡内基基金会的相关论文同时发表在总部位于日本的在线刊物《外交学者》(The Diplomat)上。① 在上述背景下,美国主要盟友对"健康丝绸之路"倡议往往采用与美国相近的政策,② 其智库、媒体和公众等对"健康丝绸之路"倡议的认知也与美国方面存在诸多相似之处。③基于美国方面的影响及本国原因,美国主要盟友在短期之内对"健康丝绸之路"的参与度仍将有限。

三是,美国智库的负面认知势必对"一带一路"沿线发展中国家的认知和判断产生影响。不可否认,美国仍然是世界上最大的经济、军事和文化强国,美国政府和智库仍然对发展中国家具有无与伦比的影响力。在美国政府有计划地增加其经济和军事存在的同时,美国智库也想方设法地在发展中国家推广和宣传其思想以增加学术影响力、政策影响力和舆论影响力。与发达国家相比,发展中国家在战略定力上可能有所不足。美国智库负面认知的传播势必损害中国的国家形象,伤害中国与沿线国家携手共进的伙伴情谊,恶

① 参见 Erik Brattberg & Philippe Le Corre, No, COVID-19 Isn't Turning Europe Pro-China(yet), available at https://carnegieendowment.org/2020/04/15/no-covid-19-isn-t-turning-europe-pro-china-yet-pub-81571; available at https://thediplomat.com/2020/04/no-covid-19-isnt-turning-europe-pro-china-yet/。

② 参见 Alberto Tagliapietra, The European Union Won't Be Fooled By China's Health Silk Road, available at https://www.gmfus.org/blog/2020/09/02/european-union-wont-be-fooled-chinas-health-silk-road。

③ 参见 Megha Gupta & Mansheetal Singh, COVID-19: China's 'Health Silk Road' Diplomacy in Iran and Turkey, available at https://www.orfonline.org/expert-speak/covid-19-chinas-health-silk-road-diplomacy-in-iran-and-turkey-64533/。

化"健康丝绸之路"建设的舆论环境。尽管通过参与"健康丝绸之路"建设,广大发展中国家的获得感不断增加;但是,由于受到美国相关政策的冲击与美国智库负面认知的干扰,"健康丝绸之路"在发展中国家推进的过程当中,仍不可避免偶尔会出现些许不和谐的声音。

四、对中国的启示

美国智库对"健康丝绸之路"的认知以负面认知为主。这不利于"健康丝绸之路"和"一带一路"建设的推进,也不利于"人类卫生健康共同体"的构建。基于此,我国应采取多种方法来消除美国智库负面认知带来的消极影响。

首先,在认知层面,要辩证地看待美国智库的认知。无论是美国智库的正面认知还是负面认知,我国均应以"不卑不亢"的态度加以对待。一方面,对于少数正面评价,我国应扩大其在世界范围内的传播,为"健康丝绸之路"建设和"一带一路"建设创造更加健康有利的国际环境。同时,我国也应从中总结成功的经验,用以指导今后的工作。例如,有美国智库指出,"健康丝绸之路"受到世卫组织的认可,符合沿线国家的实际需要。另一方面,对于负面评价,我国应区分其中的理性成分与非理性成分。对于理性成分,我国应虚心接纳,积极研究论证,不断改进和完善"健康丝绸之路"建设。例如,有学者表达对"健康丝绸之路"项目的透明度的担心,我国应继续加大倡议的透明度及其宣传力度;有学者指出中国缺乏建立全球危机联盟的经验,与美国存在较大的差距,我国应积极研究和学习美国在这一方面的经验教训。而对于非理性成分,我国应积极作出回应。例如,有智库认为,"健康丝绸之路"建设干涉沿线国家内部事务,扰乱地区国家之间的团结;对此,我国应及时作出恰当的回应,将不良影响降低到最小。

其次,在话语层面,要建立健全我国的相关话语体系。不可否认,美国依然在世界范围内保持着传播优势和话语优势。尽管我国已经为增进全人类的健康福祉和完善全球公共卫生治理作出了卓越的贡献，但是"健康丝绸之路"依然遭受美国的"话语霸凌"。基于此，进一步提升我国的相关话语权已经刻不容缓：避免被动地接受美国的话语体系，要建立和完善我国自身的话语体系，从而有效地巩固我国在实际行动中赢得的国际信誉和声誉。鉴于美国智库的解读主要集中在推进"健康丝绸之路"的意图和影响等领域，我国应加大对"世界卫生治理不完善""全球卫生公共产品供给不足""国际人道主义危机"以及"人类卫生健康共同体的建构"等议题的讨论和宣传。一方面，将"健康丝绸之路"倡议置于人类命运共同体的高度，将建设的项目内容置于缓解国际人道主义危机的高度。另一方面，对美国"话语霸权"背后隐藏的险隘的国家利益和"冷战零和"思维进行批判。两相对比，中美两国不同的话语体系高下立见。

最后，在实务层面，应加强我国与相关国家之间的多元交流与合作，增信释疑。一方面，要加强与"一带一路"沿线国家的多元交流与合作。在继续加强与沿线国家官方交流的同时，还要加强与这些国家的政党、宗教团体、智库、媒体和非政府组织等的交流与合作。既要加强沿线国家对"健康丝绸之路"的全面认识，也要加强与沿线国家的全面合作。尤其要在数字医学和数字经济等前沿领域加强与沿线国家的全面合作，充分发挥这些国家的后发优势，助力其实现"弯道超车"。与沿线国家携手推动"健康丝绸之路"高质量发展，以使沿线国家满意的建设成果来回应各方的问题。另一方面，还要加强与美国及其盟友的多元交流与合作。我国应拓宽对美国及其盟友的交流与合作渠道，尤其要加强中美智库之间的交流与合作。我国应充分重视国际医疗卫生合作这一重要的机遇和平台，积极呼吁美国及其盟友加强团结合作。我国应努力释放最大的善意以增进互信，以此赢得在国际道义和国际声誉方面的主动权。

第十二章　印度智库对"数字丝绸之路"的认知评析

　　"数字丝绸之路"是数字经济发展和"一带一路"倡议的结合，是数字技术对"一带一路"倡议的支撑①，也是中国新时代对外开放和经济外交的重要举措，以及中国参与全球经济治理和贡献中国经济治理方案的重要尝试②。国家主席习近平在 2017 年举办的首届"一带一路"国际合作高峰论坛上提出："我们要坚持创新驱动发展，加强在数字经济、人工智能、纳米技术、量子计算机等前沿领域合作，推动大数据、云计算、智慧城市建设，连接成 21 世纪的数字丝绸之路。"③ 在中国与相关各方的共同努力下，"数字丝绸之路"建设已经取得了一系列重要成就。目前中国已与 10 多个国家签署了共建"数字丝绸之路"的谅解备忘录。此外，不少尚未签署"数字丝绸之路"或"一带一路"合作协议的国家也已经参与到"数字丝绸之路"项目之中。

　　印度对于"数字丝绸之路"建设具有十分重要的意义。首先，印度是"数字丝绸之路"建设的"节点"国家，其软件实力雄厚，

---

　　① 参见黄勇：《数字丝绸之路建设成为新亮点》，载《人民日报》2019年 4 月 22 日，第 3 版。

　　② 参见亢升、杨晓茹：《数字丝绸之路建设与中印数字经济合作审思》，载《印度洋经济研究》2020 年第 4 期。

　　③ 习近平：《携手推进"一带一路"建设——在"一带一路"国际合作高峰论坛开幕式上的演讲》，载《人民日报》2017 年 5 月 15 日，第 3 版。

"数字印度"计划为中印战略对接提供了前提和基础。其次,印度的数字市场规模和市场潜力巨大。印度是世界上发展最快的经济体之一,其人口总数和数字居民总数均位居世界第二。① 再次,中国科技企业已经在印度市场打下了良好的基础。例如,中国企业在印度电信设备市场和智能手机市场均占据重要地位,中国 APP 在印度市场占据重要的份额。② 最后,在中美竞争的大背景下,印度对中国 APP 和中国 5G 技术的决定可能产生国际影响。近年来,印度智库对"数字丝绸之路"的研究力度不断加大,并取得了一系列重要成果,其在印度外交政策领域的重要性日益凸显。

研究印度智库对"数字丝绸之路"的认知,对把握"数字丝绸之路"建设面临的国际形势具有重要现实意义,对理解印度的相关政策和决定具有重要参考价值。目前,国内学界已经对印度的"一带一路"认知进行了若干研究。例如,王廷中、方素梅等对印度政府、智库和社会的"一带一路"认知进行了对比和分析,③牛同和曲小康对印度政府和智库的"海上丝绸之路"认识分别进行了剖析,并提出了若干应对之策④。然而,上述研究主要针对的是印度对传统"一带一路"的认知,而非对"数字丝绸之路"的认知。基于此,对印度智库的"数字丝绸之路"认知进行系统的考察分析,具有重要的意义。

---

① 参见 Blaise Fernandes, India on the Global Digital Stage, available at https://www. gatewayhouse. in/india-arrives-the-global-digital-stage/。

② 参见 Institute of Chinese Studies(Delhi)& Institute of South Asian Studies(Singapore), China's Digital Silk Road:Implications for India, available at https://icsin. org/uploads/book-chinas-digital-silk-road-implications-for-india. pdf。

③ 参见王廷中、方素梅、吴晓黎等:《印度对"一带一路"倡议态度的调查与分析》,载《世界民族》2019 年第 5 期。

④ 参见牛同、曲小康:《印度对"21 世纪海上丝绸之路"计划的认知、举措及中国对策分析》,载《南亚研究季刊》2016 年第 4 期。

一、智库样本选择及文献概况

（一）智库样本的选择

长期以来，印度智库都在亚洲和世界范围内保持着数量优势。依据美国宾夕法尼亚大学发布的《2020 年全球智库报告》（2020 Global Go To Think Tank Index Report），印度智库的数量为 612 家，位居亚洲第二、全球第三。在这些智库当中，本章选取了 9 家主流智库作为信息获取对象，分别为：观察家研究基金会（Observer Research Foundation（ORF））、国防研究与分析研究所（简称"国防分析研究所"，Manohar Parrikar Institute for Defense Studies and Analyses（IDSA））、陆战研究中心（Centre for Land Warfare Studies（CLAWS））、梵门阁：印度全球关系委员会（简称"梵门阁"，Gateway House：Indian Council on Global Relations）、卡内基印度中心（Carnegie Endowment for International Peace（India））、和平与冲突研究所（Institute of Peace and Conflict Studies（IPCS））、辨喜国际基金会（Vivekananda International Foundation（VIF））、互联网与社会中心（Centre for Internet and Society（CIS））和中国研究所（Institute of Chinese Studies（ICS））。

选取这 9 家智库作为分析样本是综合考量以下三个方面因素的结果。一是这些智库的影响力较大。这 9 家智库中的前 8 家均位列印度顶尖智库的前 30 名（见表 12-1）[1]；第 9 家（中国研究所）虽不在前述排名之列，但它是"印度专门研究中国问题的权威学术机构，代表着印度智库研究中国的最高水平"[2]。智库的综合排名和研究专长均是其影响力的体现。由于宾夕法尼亚大学的"全球智库报告"本身还存在着评价方法欠缺客观、专家遴选有待规

---

[1] 参见 James G. McGann, 2020 Global Go to Think Tank Index Report, available at https：//repository. upenn. edu/think_tanks/18/。

[2] 王辉耀、苗绿：《大国智库》，人民出版社 2014 年版，第 218 页。

范、报告存在漏洞等问题①，所以上述兼顾综合排名和研究专长的选取方法能够避免单一依靠排名的局限性。二是这些智库分属不同的类型。这9家智库中既有官方智库和半官方智库又有民间智库和外来智库（见表12-1）。不同类型的智库，其隶属关系和资金来源并不相同；在通常情况下，其价值倾向也可能存在差异。上述安排使不同类型和价值倾向的智库的观点均能得到反映，从而保证了分析样本的全面性。三是这些智库对"数字丝绸之路"问题的研究相对成熟和深入。在印度智库当中，这9家智库对"数字丝绸之路"的关注较多，其研究成果无论在数量上还是在质量上均具有优势。总之，这9家智库具有典型性和代表性，其研究成果能够较好地反映印度智库对"数字丝绸之路"的认知。

表 12-1　　　　9 家印度智库的类型及国内排名情况

智　库	类型	2016—2020 年国内排名				
观察家研究基金会	民间智库	1	1	1	1	1
国防分析研究所	官方智库	2	2	2	2	3
陆战研究中心	民间智库	12	12	6	6	6
梵门阁	民间智库	7	7	9	8	8
卡内基印度中心	外来智库		24	14	14	9
和平与冲突研究所	民间智库	15	15	19	17	19
辨喜国际基金会	半官方智库	13	13	23	21	22
互联网与社会中心	民间智库	26	27	30	30	30
中国研究所	官方智库					

注："2016—2020 年国内排名"一栏依据美国宾夕法尼亚大学 2016—2020 年"全球智库报告"之"中、印、日、韩顶尖智库"制作。

在上述 9 家智库的官网输入关键词"Digital Silk Road

① 参见荆林波等：《全球智库评价报告（2015）》，中国社会科学出版社 2016 年版，第 11～16 页。

（route）"或"DSR"进行检索，共得到 24 份关于"数字丝绸之路"的代表性研究文献。分别为：观察家研究基金会 4 份、国防分析研究所 4 份、陆战研究中心 1 份、梵门阁 3 份、卡内基印度中心 3 份、和平与冲突研究所 1 份、辨喜国际基金会 3 份、互联网与社会中心 1 份、中国研究所 4 份。需要说明的是，个别文献作者的隶属单位前后发生了变化，本章统一按照在前的单位来称谓作者单位。例如，卡内基印度中心前非常驻研究员拉贾·莫汉（C. Raja Mohan）现已任职新加坡国立大学。此外，还有个别文献作者为退役军职人员，无法查明其隶属单位；鉴于其经常在相关智库的官网发表文章，因此也将这类作者视为相关智库的学者。

（二）文献概况分析

从形式上来看，这 24 份研究文献涵盖了与"数字丝绸之路"相关的简报、专栏投稿、评论文章、研究报告和专著等。从研究内容上来看，这些研究文献关注的主题有：中国推进"数字丝绸之路"的意图、"数字丝绸之路"建设的影响、相关国家应对"数字丝绸之路"的政策措施、"数字丝绸之路"的起源、"数字丝绸之路"的前景等（见表 12-2）。在这 24 份文献中，超过三分之二的文献都对"数字丝绸之路"的意图和影响给予了关注，明显多于对其他主题的关注，因此"数字丝绸之路"的意图和影响是印度智库认知的主要内容。此外，从文献题目中即可窥见印度智库的地缘政治经济思维、"冷战零和"思维，以及沉重的历史思想包袱。例如，"超越中国在第四次工业革命中的领导地位""印度必须警惕北京的'技术民族主义'战略"等。

表 12-2 　　　　　　　　　24 份研究文献概况

智库	文 献 题 目	主题	学　　　者
观察家研究基金会	"一带一路"倡议与"新冠"：两场危机的故事	12	里蒂卡·帕西（Ritika Passi）

智库	文 献 题 目	主题	学　　者
观察家研究基金会	防御中国的长城？塑造中国的（错误）行为	13	萨米尔·萨兰（Samir Saran）、阿希尔·德奥（Akhil Deo）
	超越中国在第四次工业革命中的领导地位：中美关系的"新时代"	15	阿希尔·德奥
	从真丝到光纤：中国"数字丝绸之路"的兴起	14	凯沙夫·科尔卡（Keshav Kelkar）
国防分析研究所	印度必须警惕北京的"技术民族主义"战略	123	贾甘纳特·潘达（Jagannath Panda）
	中国的数字与空间"一带一路"倡议分析	124	艾杰·拉勒（Ajey Lele）、克里蒂卡·罗伊（Kritika Roy）
	中国的"一带一路"倡议：重新调整与战略措施	1	德维威迪（G. G. Dwivedi）
	解密中国在非洲的数字连接	2345	克里蒂卡·罗伊
陆战研究中心	从人海战术到信息战：中国的宣传战	1	甘乍那·拉马努詹（Kanchana Ramanujam）
梵门阁	世界数字舞台上的印度	35	布莱斯·费尔南德斯（Blaise Fernandes）
	中国的全球推进：正在引起反对？	123	曼古特·克里拍拉尼（Manjeet Kripalani）等
	"四国机制"还是"多国联盟"？	23	拉吉夫·巴蒂亚（Rajiv Bhatia）等
卡内基印度中心	通向太空的丝绸之路	23	拉贾·莫汉
	南太平洋丝绸之路	23	
	在"数字丝绸之路"上落后	13	

智库	文献题目	主题	学　者
和平与冲突研究所	中国的"数字丝绸之路"：对欧洲和印度的战略影响	1234	拉杰什瓦里·克里希纳穆尔蒂（Rajeshwari Krishnamurthy）等
辨喜国际基金会	中俄和谐：被迫作出的单方面妥协？	2	马哈林甘（V. Mahalingam）
	中美：走向战争还是激烈竞争？	1345	拉杰斯·伊塞尔（Rajesh Isser）
	"被禁止的""数字丝绸之路"	135	阿尤什·莫汉蒂（Aayush Mohanty）
互联网与社会中心	5G 因素简述	1235	尼基尔·戴夫（Nikhil Dave）
中国研究所	中国的数字丝绸之路：对印度的影响	1234	阿肖克·康特（Ashok K. Kantha）、拉贾·莫汉等
	中国的"一带一路"倡议：创造中的历史	25	普里扬卡·马迪亚（Priyanka Madia）
	中国的网络治理：在国内强制与国家安全之间	12	穆里蒂卡·古哈·萨卡尔（Mrittika Guha Sarkar）
	中印经济关系的未来怎样？	2	拉维·布塔林加姆（Ravi Bhoothalingam）

　　注：主题1——"数字丝绸之路"的意图；2——"数字丝绸之路"的影响；3——应对"数字丝绸之路"的措施；4——"数字丝绸之路"的源起；5——"数字丝绸之路"的前景。

　　从文献作者的情况来看，这些智库学者主要来源于以下几个方面。一是印度或世界著名高校的毕业生。这类学者专业知识扎实，国际视野开阔。例如，观察家研究基金会成员里蒂卡·帕西毕业于法国巴黎政治大学。二是印度军队退役高级将领或政府退休官员

（见表12-3）。这类学者实务经验丰富，深谙印度对华政策、熟悉印度国情。"他们不仅能够增加智库的声誉，同时还能把其在政府任职时的经验和人脉带入智库。"① 印度智库成员的这一来源途径也被称为单向"旋转门"机制。② 三是世界知名智库的研究人员。这类学者具有沟通印度智库和西方国家智库的天然优势，国际影响力较大。例如，梵门阁创始人兼执行主任曼古特·克里拍拉尼（Manjeet Kripalani）曾在美国著名智库外交关系委员会（Council on Foreign Relations）从事研究。总之，这些多元化的智库学者来源途径使相关研究具有多维的视角，从而进一步提升了研究成果的学术水平和政策影响力。

表12-3　　　部分智库学者的政府（军队）任职经历

就职智库	学　者	政府（军队）任职经历
国防分析研究所	德维威迪	（退役）陆军少将
梵门阁	拉吉夫·巴蒂亚	（前）驻缅大使
辨喜国际基金会	布里格迪尔·马哈林甘	（退役）陆军准将
	拉杰斯·伊塞尔	（退役）空军少将
中国研究所	阿肖克·康特	（前）驻华大使

二、印度智库对"数字丝绸之路"的主要认知

"数字丝绸之路"的意图和影响是印度智库最主要的关注点，印度智库从不同的视角和维度对这两个方面进行了比较全面的

---

① 陆洋：《印度智库看中国远未摆脱西方视角》，载《环球时报》2020年7月17日，第14版。
② 参见杨胜兰：《印度国防安全智库分析——以"空中力量研究中心"为例》，载《情报杂志》2020年第11期，第41~46页。

解读。

(一) 对"数字丝绸之路"意图的解读

就样本文献来看，印度智库主要从主导关键技术和产品、获取地缘战略优势、输出技术标准等方面对中国推进"数字丝绸之路"的意图作出了解读。

一是为了主导关键技术和产品。经过改革开放数十年的不断发展，中国已经连续十几年成为世界上最大的制造业国家。不少印度观察家认为，中国推进"数字丝绸之路"是为了在世界范围内主导关键技术和产品。观察家研究基金会主任萨米尔·萨兰等指出，中国正在努力塑造数字全球化的未来，通过"数字丝绸之路"输出其主张，并通过"中国制造2025"垄断战略产业技术。[1] 梵门阁董事会成员布莱斯·费尔南德斯认为，"数字丝绸之路"是"中国制造2025"的旗手，中国希望"数字丝绸之路"传回国内的数据有助于"中国制造2025"计划的成功，从而在全球范围内主导关键技术和产品[2]。和平与冲突研究所副主任拉杰什瓦里·克里希纳穆尔蒂等指出，"数字丝绸之路"支持一个关键目标，即确立中国的技术超级大国地位。[3] 退役陆军少将德维威迪在国防分析研究所官网发文称，"数字丝绸之路"项目使中国在5G技术和网络上

---

[1] 参见 Samir Saran & Akhil Deo, Great Wall for China?: Shaping China's (Mis) Behaviour, available at https://www.orfonline.org/research/great-wall-for-china-shaping-chinas-mis-behaviour-6487/。

[2] 参见 Gateway House, China's Global Push: Is a Backlash Building?, available at https://www.gatewayhouse.in/global-discussion-china-influence/。

[3] 参见 Richard Ghiasy & Rajeshwari Krishnamurthy, China's Digital Silk Road: Strategic Implications for the EU and India , available at http://ipcs.org/issue_briefs/issue_brief_pdf/sr208_august2020_china%E2%80%99s%20digital%20silk%20road-strategic%20implications%20for%20the%20eu%20and%20india_final.pdf; available at https://leidenasiacentre.nl/chinas-digital-silk-road-strategic-implications-for-the-eu-and-india/。

占据主导地位,从而引发了西方国家的担忧。①

二是为了获取地缘战略方面的优势。"数字丝绸之路"促进了"一带一路"倡议的优化升级,推动了后者的高质量发展。在印度智库学者看来,中国推进"数字丝绸之路"具有明显的战略意图。观察家研究基金会前中国项目协调员凯沙夫·科尔卡认为,北京推动建设跨境和海底电缆(如巴中光纤项目),目的是希望绕过交通繁忙的咽喉要道(如马六甲海峡),并保护其通信不受外国情报机构的监视;中国推广国产全球卫星导航系统(北斗导航系统),是为了结束对美国 GPS 的依赖;在与定位、航行和计时事务相关的地区和国际论坛上增加外交影响力;并为中国人民解放军装备传感器的平台和导弹提供更强的制导能力。② 退役空军少将拉杰斯·伊塞尔在辨喜国际基金会官网发文称,"数字丝绸之路"支持中国成为一个技术超级大国,提高其国际威望,增强其经济实力和政治军事能力;对参与国的承诺是,将带来经济和人力资本的指数增长,而非昂贵和限制性的西方供应。③ 陆战研究中心助理研究员甘乍那·拉马努詹指出,对"数字丝绸之路"的控制是中国塑造话语权的方式之一。④ 中国研究所研究员穆里蒂卡·古哈·萨卡尔认

---

① 参见 G. G. Dwivedi, Xi's Belt-Road Initiative: Recalibration, Strategic Imperatives , available at https://idsa.in/idsacomments/xis-belt-road-initiative-g-g-dwivedi-220519。

② 参见 Keshav Kelkar, From silk Threads to Fiber Optics: The Rise of China's Digital Silk Road , available at https://www.orfonline.org/expert-speak/43102-from-silk-threads-to-fiber-optics-the-rise-of-chinas-digital-silk-road/。

③ 参见 Rajesh Isser, US-China: Moving Towards War or Cut-Throat Competition?, available at https://www.vifindia.org/article/2020/october/08/us-china-moving-towards-war-or-cut-throat-competition。

④ 参见 Kanchana Ramanujam, From Human Wave to Info Wave: China's Propaganda Warfare, available at https://www.claws.in/from-human-wave-to-info-wave-chinas-propaganda-warfare/。

为，中国推进"数字丝绸之路"是为了控制全球网络空间。①

三是为了输出中国的技术标准。"数字丝绸之路"将各主要工业国家的技术和标准传播开来。然而，印度智库学者并没有全面看待这一现象。观察家研究基金会前研究员阿希尔·德奥指出，中国在"数字丝绸之路"方面占据优势；这一耗资巨大的项目旨在输出中国的信息技术基础设施、数字平台和技术标准，以构建"网络空间命运共同体"②。国防分析研究所前高级研究员艾杰·拉勒等认为，在国家的大力支持下，中国科技公司的目标是巩固自身在5G全球部署和标准制定中的地位。③ 拉杰斯·伊塞尔指出，通过隐藏在领军企业（如华为和中兴）背后，中国正计划在决定监管环境、运营标准和投资计划等方面发挥全球主导作用。④ 国防分析研究所联络主任贾甘纳特·潘达称，"'中国标准2035'是进一步推进'中国制造2025'的一种方式，它不仅要管理产品产地，还要管理产品生产、消费和交换的国际标准；换言之，中国的'技术国家'5G战略包含了以'3S'（标准、安全和战略）的方式崛起成为能够塑造全球技术秩序的大国"。⑤

---

① 参见 Mrittika Guha Sarkar, China's Cyber Governance: Between Domestic Compulsions and National Security, available at https://www.icsin.org/uploads/2020/09/14/c1de00577de6651f8b21693c4baa44c4.pdf。

② 参见 Akhil Deo, Trumping China's leadership in the Fourth Industrial Revolution: A "New Era" in Sino-American Relations, available at https://www.orfonline.org/expert-speak/trumping-china-leadership-fourth-industrial-revolution-new-era-sino-american-relations-45541/。

③ 参见 Ajey Lele&Kritika Roy, Analysing China's Digital and Space Belt and Road Initiative, available at https://idsa.in/occasionalpapers/china-digital-bri-op55。

④ 参见 Rajesh Isser, US-China: Moving towards War or Cut-Throat Competition?, available at https://www.vifindia.org/article/2020/october/08/us-china-moving-towards-war-or-cut-throat-competition。

⑤ 参见 Jagannath Panda, India Must Stay Alert to Beijing's Techno-National Gambit, available at https://idsa.in/idsanews/inda-must-stay-alert-beijing。

（二）对"数字丝绸之路"影响的评估

基于地缘政治经济视角，印度智库学者认为，"数字丝绸之路"加重了发展中经济体的依附性，加剧了国际社会的分裂，使相关国家面临安全风险。

第一，不少印度智库学者认为，"数字丝绸之路"建设造成发展中经济体对中国的高度依赖。全球化是大势所趋，"数字丝绸之路"使中国与世界的联系更加紧密。而在印度智库学者看来，这意味着发展中经济体对中国的依附更加深重。艾杰·拉勒等认为，中国以能够在规模上压倒竞争对手的方式不断开发新市场和新技术；它能够掠夺较小的经济体，并拥有操纵这些国家政策的工具，这种做法造成了这些国家对中国的长期依赖。[1] 国防分析研究所分析师克里蒂卡·罗伊称，许多数字投资项目背后隐藏着黯淡的前景：债务陷阱将使接受国陷入困境，使它们容易受到中国的影响。[2] 退役陆军准将马哈林甘在辨喜国际基金会官网发文指出，"中国坚定地将'一带一路'倡议和'数字丝绸之路'项目推进到各国。在某些情况下，这些项目规模过大，超出了有关国家的经济能力。接受国因此陷入'债务陷阱'，从而增加了中国对它们的影响力"[3]。拉贾·莫汉认为，印度对中国电信巨头的严重依赖已成为现实；印度邻国对中国太空服务的日益依赖也是如此。[4]

---

① 参见 Ajey Lele&Kritika Roy，Analysing China's Digital and Space Belt and Road Initiative，available at https：//idsa. in/occasionalpapers/china-digital-bri-op55。

② 参见 Kritika Roy，Deciphering Beijing's Digital Connection in Africa，available at https：//idsa. in/occasionalpapers/china-digital-bri-op55。

③ 参见 V. Mahalingam，Russia-China Harmony：One sided Compromise Under Compulsion？，available at https：//www. vifindia. org/article/2020/november/19/russia-china-harmony-one-sided-compromise-under-compulsion。

④ 参见 C. Raja Mohan，A Silk Road for the Heavens，available at https：//carnegieindia. org/2019/04/23/raja-mandala-silk-road-for-heavens-pub-78966；available at https：//indianexpress. com/article/opinion/columns/india-china-silk-route-beijing-belt-and-road-initiative-big-earth-data-5689184/。

第二，"数字丝绸之路"建设加剧了国际社会的竞争和分裂。当今世界正面临"百年未有之大变局"。不少印度智库学者认为，"数字丝绸之路"建设加剧了中国与其他大国之间战略竞争和博弈。首先，"数字丝绸之路"使中美在数字领域的竞争加剧。艾杰·拉勒等认为，"随着中国的触角在数字和空间领域不断延伸，毋庸置疑，中国最终不得不与该领域的主要参与者美国发生冲突　这场地缘政治争端可能导致 5G 生态系统的碎片化，为两个政治上存在分歧且可能无法互操作的技术势力范围铺平道路：一方由美国主导，并得到硅谷技术发展的支持；另一方由中国主导、由实力强大的中国本土数字公司支持"①。贾甘纳特·潘达指出，美国政府采取行动，阻止全球芯片制造商向华为供应半导体，加剧了全球技术主导地位的争夺战。② 其次，"数字丝绸之路"使中国与欧洲和印度等经济体在数字领域的竞争加剧。拉杰什瓦里·克里希纳穆尔蒂等认为，"'数字丝绸之路'对欧洲的技术实力发起了激烈的竞争，对印度成为技术强国的雄心构成了挑战。在欧盟和印度看来，构建一个具有'中国特色'的数字世界新秩序并不可取"③。最后，"数字丝绸之路"使数字领域的多极化趋势愈加明显。布莱斯·费尔南德斯指出，目前，数字世界是一个三极世界，有欧盟、美国和中国构成，其中每一方都有自己的商业模式和标准；在很短时间内，随着新兴市场和发达市场都拥有自身的网络规

---

① 参见 Ajey Lele&Kritika Roy, Analysing China's Digital and Space Belt and Road Initiative, available at https：//idsa. in/occasionalpapers/china-digital-bri-op55。

② 参见 Jagannath Panda, India Must Stay Alert to Beijing's Techno-National Gambit, available at https：//idsa. in/idsanews/inda-must-stay-alert-beijing。

③ 参见 Richard Ghiasy & Rajeshwari Krishnamurthy, China's Digital Silk Road：Strategic implications for the EU and India, available at http：//ipcs. org/issue_briefs/issue_brief_pdf/sr208_august2020_china%E2%80%99s%20digital%20silk%20road-strategic%20implications%20for%20the%20eu%20and%20india_final. pdf; available at https：//leidenasiacentre. nl/chinas-digital-silk-road-strategic-implications-for-the-eu-and-india/。

则，网络空间的三极世界将变为多极世界。①

第三，"数字丝绸之路"建设使相关国家面临严重的安全风险。人类正在进入以"数字化转型"为标志的第四次工业革命，"数字丝绸之路"应运兴起。而在印度智库学者看来，"数字丝绸之路"给相关国家的数据安全和军事安全等带来了风险。艾杰·拉勒等对"数字丝绸之路"潜在的安全威胁表示忧虑。其指出，人们担心中国通过"后门"进入其所建设的许多数字基础设施；另外，中国在挖掘人工智能和大数据技术潜力方面不遗余力，它很快就有能力掌控由数字高速公路连接的国家的大量数据流。② 克里蒂卡·罗伊认为，在可预见的未来，"数字丝绸之路"在非洲可能会引发安全方面的担忧。贾甘纳特·潘达称，"5G 技术将增强中国在战场上的战术和作战能力……中国与 5G 的军事关联对美国及其盟友和伙伴国家构成了巨大的安全威胁。对于印度来说，在与中国尚未解决边界问题的背景下，考虑解放军拦截或切断对方军事通信的 5G 手段尤为必要"③。

三、对印度智库认知的评析

总结归纳印度智库对"数字丝绸之路"认知的特点，并深入剖析相关认知形成的动因，能够帮助我们对这些认知可能产生的影响作出预判。

（一）印度智库认知的特点

印度智库对"数字丝绸之路"的认知在评价倾向与认知视角

---

①　参见 Blaise Fernandes, India on the Global Digital Stage, available at https：//www. gateway house. in/india-arrives-the-global-digital-stage/。

②　参见 Ajey Lele&Kritika Roy, Analysing China's Digital and Space Belt and Road Initiative, available at https：//idsa. in/occasionalpapers/china-digital-bri-op55。

③　参见 Jagannath Panda, India Must Stay Alert to Beijing's Techno-National Gambit, available at https：//idsa. in/idsanews/inda-must-stay-alert-beijing。

等方面均具有一些特征。

一方面，印度智库对"数字丝绸之路"的认知以负面评价为主，这些负面评价大多是对"数字丝绸之路"的误解和偏见。印度智库对"数字丝绸之路"的主要负面评价有多项，而主要正面评价仅有1项（见表12-4）。这些负面认知反映了印度智库对"数字丝绸之路"的疑虑和防范心理。所谓"加剧地缘政治风险"既是对"一带一路"倡议"包容性全球化"这一核心理念的严重误读，也是对中国和平崛起"利而不害""为而不争"这些传统文化根脉的无知。所谓"带来挑战或安全风险""导致债务陷阱"则是对中国数字技术和投资的极端偏见，完全是在歪曲事实。从总体上看，印度智库对"数字丝绸之路"的负面评价不但用语直接，而且出现的次数较多。

表 12-4 　　部分文献对"数字丝绸之路"的主要评价

文　　　献	负面评价	正面评价
中国的数字与空间"一带一路"倡议分析	ABCD	a
解密中国在非洲的数字连接	ABCDE	a
世界数字舞台上的印度	AB	无
中国的全球推进：正在引起反对？	BCE	无
"四国机制"还是"多国联盟"？	AB	无
通向太空的丝绸之路	AB	无
在"数字丝绸之路"上落后	B	无
中国的"数字丝绸之路"：对欧洲和印度的战略影响	ABCD	a
中美：走向战争还是激烈竞争？	AD	无
"被禁止的""数字丝绸之路"	D	无
5G 因素简述	AE	a
中国的数字丝绸之路：对印度的影响	AC	无

注：负面评价 A——带来挑战或安全风险，B——加剧地缘政治风险，C——侵犯个人信息或权利，D——"数字威权主义"或实施社会控制，E——导致债务陷阱；正面评价 a——带来发展机遇。

　　另一方面，印度智库对"数字丝绸之路"的认知并未摆脱西方国家的视角。首先，印度智库以西方国家的"零和博弈""大国战略竞争"和"冷战"思维来审视中印关系，将中国视为竞争对手，将"数字丝绸之路"在南亚地区的推进视为印度面临的风险和挑战。在人类社会日益成为一个命运共同体的今天，上述理论依据亟待发展与更新。其次，印度智库不仅将意识形态作为评价中国与西方技术的重要参考因素，而且将其作为加强国际合作与争取国际援助的主要参考因素。最后，印度智库过于依赖西方国家的信息材料，甚至以讹传讹。例如，拉贾·莫汉不加辨别地引用美国智库战略与国际研究中心（CSIS）关于基础设施投资造成接受国依附的观点①，缺乏独立的立场；不只一篇研究文献都援引了法国《世界报》（Le Monde）关于"中国监听其所援建非盟总部"的不实报道，而该报发表"抹黑""诬陷"中国的报道早已屡见不鲜。

　　不可否认，个别印度智库学者对"数字丝绸之路"发表了一些正面评价。虽然用语含蓄且出现的次数较少，但这些正面评价为我国未来的外宣工作提供了有益的帮助。例如，互联网与社会中心实习成员尼基尔·戴夫指出，"数字丝绸之路"能够帮助发展中经济体度过疫情并预防未来的危机，还能促进在线教育和公共医疗。② 阿希尔·德奥也承认，"数字丝绸之路"建设具有成本优势，受到相关国家的欢迎。③ 需要指出的是，对于"数字丝绸之路"在完善全球经济治理、减少数字鸿沟、构建网络空间命运共

---

　　① 参见 Institute of Chinese Studies（Delhi）& Institute of South Asian Studies（Singapore），China's Digital Silk Road：Implications for India，available at https：//icsin. org/uploads/book-chinas-digital-silk-road-implications-for-india. pdf。

　　② 参见 Nikhil Dave，The 5G Factor：A Primer，available at https：//cis-india. org/internet-governance/blog/the-5g-factor。

　　③ 参见 Akhil Deo，Trumping China's Leadership in the Fourth Industrial Revolution：A "New Era" in Sino-American Relations，available at https：//www. orfonline. org/expert-speak/trumping-china-leadership-fourth-industrial-revolution-new-era-sino-american-relations-45541/。

同体等方面的作用，印度智库要么"选择性地予以回避"，要么表现出一种"怀疑"的态度。

（二）印度智库认知的动因

印度智库对"数字丝绸之路"认知的形成，既有现实原因也有历史原因，既有经济方面的考量也有民族心理方面的考量。

一是经济利益的驱动。维护和追求印度的利益是印度智库生存和发展的前提和基础。莫迪政府上台以来，印度政府、（民间）智库和大财团之间的关系迅速趋近，联动日趋紧密。这一趋势背后是印度政府、智库和大财团三方利益的不断融合。① 一方面，莫迪政府提出的"自力更生战略"与"中国制造替代计划"等经济发展愿景均反映出印度对"数字丝绸之路"的疑虑和防范心理，基于此，印度智库对"数字丝绸之路"的负面评价更容易获得印度政府的关注和认同。另一方面，印度只有借助中国的数字技术和投资才能更好地实现自身的发展目标，因此，印度智库也并不能完全否认"数字丝绸之路"给印度带来的机遇。印度智库学者指出，中国在过去六年中至少向印度投资了 80 亿美元；印度计划在 21 世纪 30 年代初成为 10 万亿美元的经济体，如果没有与中国建立更稳健的贸易和投资关系，印度将很难实现既定目标。② 简言之，中印在经济上既相互"竞争"又相互依赖，这一现实决定了印度智库对"数字丝绸之路"复杂矛盾的心理。

二是民族主义情绪的影响。印度对中国的民族主义情绪具有历史和现实根源。1962 年战争的失败使印度产生历史积怨，在近期

---

① 参见 Urvashi Sarkar, Parent Entity: The Jaishankar's Blur the Lines Between the Ministry of External Affairs and Reliance-funded ORF, available at https://caravanmagazine. in/government/jaishankar-orf-reliance-dhruva-conflict-interest-raisina-kashmir。

② 参见 Samir Saran & Akhil Deo, Great Wall for China?: Shaping China's (Mis) Behaviour, available at https://www. orfonline. org/research/great-wall-for-china-shaping-chinas-mis-behaviour-64874/。

边界冲突中的挫败又使其民族主义情绪有所上升。在 2020 年中印加勒万河谷边界冲突发生以后，印度政府数次对中国 App 颁布禁令。对此，美国《纽约时报》明确指出，禁止中国 App 的行为迎合了国内民众高涨的反华情绪；此举是莫迪政府对 20 名士兵在边境冲突中死亡的报复。① 与之相似，印度智库也需要迎合印度社会的民族主义情绪，以此来提升自身的舆论影响力和政策影响力。例如，布莱斯·费尔南德斯罔顾事实地宣称，禁止中国 APP 的做法符合世界贸易组织的规范，该规范允许一个国家在贸易方面援引国家安全法，因为印度与中国之间存在严重的边界敌对状态。② 由于边界问题具有敏感性和复杂性，所以在短期之内印度社会将难以完全摆脱对中国的民族主义情绪。这一点将不可避免地影响印度智库认知的形成。

三是联动美国的考量。印度智库的这种考量具有重要的国际和国内原因。一方面，为了对华科技施压，美国政府"以联盟体系为基础，主要以政治与外交方式，以多双边安全合作、情报分享等为筹码，综合运用说服、劝诱、施压等手段，促使相关国家与地区放弃与中国在数字基础设施领域的合作项目……并力促印度等地区合作伙伴放弃与中国的数字基础设施合作"③。另一方面，为了获取更多的战略利益，印度积极地向美国靠拢，两国之间已经启动了 5G 对话；印度还与美国签署关于情报共享的《地理空间合作基本交流与合作协议》（The Basic Exchange and Cooperation Agreement），印美之间的军事同盟关系更进一步。在此背景之下，与美国联动、

---

① 参见 Rajesh Roy & Shan Li, India Bans TikTok, Dozens of Other Chinese Apps After Border Clash, available at https：//www. wsj. com/articles/india-blocks-dozens-of-chinese-apps-including-tiktok-following-border-clash-11593447321? page＝1。

② 参见 Blaise Fernandes, India on the Global Digital Stage, available at https：//www. gatewayhouse. in/india-arrives-the-global-digital-stage/。

③ 孙海泳：《美国对华科技施压与中外数字基础设施合作》，载《现代国际关系》2020 年第 1 期。

充分发挥自身在公共外交中的作用成为印度智库的重要考量。这既能为官方外交提供助力，扩大智库的政策影响力，同时也能扩大其国际影响力。例如，印度智库梵门阁与美印商业委员会（U. S. -India Business Council）的美方高层人士积极探讨如何巩固和扩大"四国机制"同盟关系，以及如何合作应对"数字丝绸之路"①。

（三）印度智库负面认知可能产生的影响

印度智库负面认知的传播有可能在印度国内和国际上对"数字丝绸之路"建设产生一定的消极影响。

一方面，印度智库对"数字丝绸之路"的负面认知有可能对印度的政府决策、媒体舆论和大众情绪产生影响。首先，作为能够影响印度对外政策的群体之一，印度智库向政府提出了加强对中国投资和技术的监管力度、增强印度自身数字科技实力、联合美日欧等发达经济体共同应对挑战等具体政策建议，这些建议有可能被印度政府直接采纳。其次，印度智库还可能通过"旋转门"机制（即智库学者进入政府部门任职）来实现对印度政府的影响。虽然这一机制在印度智库的实践中还不具有普遍性，但是在本章考察的智库中这一做法已经出现。例如，观察家研究基金会前中国项目协调员凯沙夫·科尔卡已经任职印度外交部顾问。最后，作为印度社会重要的精英阶层，印度智库通过发布研究报告、发表评论、召开学术研讨会等多种方式就"数字丝绸之路"表达看法，其认知对印度社会舆论具有引导和塑造作用，继而由社会舆论对印度政府的政策和决策产生影响。

另一方面，印度智库对"数字丝绸之路"的负面认知与西方国家的负面认知遥相呼应，共同塑造了对"数字丝绸之路"不利的国际话语体系。首先，"由于英语是印度官方语言，智库精英不少在海外受过教育，与欧美国家有着更为密切的联系。他们主要使

---

① 参见 Gateway House, Quat or squat? available at https：//www. gatewayhouse. in/quad-or-squad-2/。

用英文的信息来源,不仅熟悉西方的话语体系,而且能够运用西方人的角度和思维来表达,因此印度智库国际传播能力很强"①。其次,印度智库不但借助各种媒体传播其认知,而且还非常重视通过召开国际学术研讨会的形式来传播其观点。例如,印度智库梵门阁与德国著名智库康拉德·阿登纳基金会(Konrad-Adenauer-Stiftung)共同主持了关于"'四国机制'改革"的网络研讨会,并邀请澳大利亚和日本等国的著名智库的学者参与讨论,与会学者在"四国机制"应得到巩固和扩大、"四国机制"国家应在5G领域制定趋同的政策等问题上形成了广泛共识。② 再如,印度智库国际和平与冲突研究所与荷兰著名智库莱顿亚洲中心(Leiden Asia Centre(LAC))共同主持了题为"中国数字丝绸之路:印度和欧盟的挑战与机遇"的网络研讨会,在双方联合发表的研究成果中,双方一致认为:"数字丝绸之路"在带来机遇的同时也带来了严峻的挑战;为了应对挑战,双方需要在多领域制定长期规划,并加强与志同道合的国家之间的合作。③

四、结论和启示

印度对于"数字丝绸之路"建设具有重要意义,印度智库对"数字丝绸之路"的认知在印度国内和国际上均可能产生重要影响。依据西方地缘政治经济理论,印度智库对"数字丝绸之路"

---

① 陆洋:《印度智库看中国远未摆脱西方视角》,载《环球时报》2020年7月17日,第14版。

② 参见 Gateway House, Quat or Squat?, available at https://www.gatewayhouse.in/quad-or-squad-2/。

③ 参见 Richard Ghiasy & Rajeshwari Krishnamurthy, China's Digital Silk Road: Strategic Implications for the EU and India, available at http://ipcs.org/issue_briefs/issue_brief_pdf/sr208_august2020_china%E2%80%99s%20digital%20silk%20road-strategic%20implications%20for%20the%20eu%20and%20india_final.pdf; available at https://leidenasiacentre.nl/chinas-digital-silk-road-strategic-implications-for-the-eu-and-india/。

的意图和影响作出了诸多错误解读。印度智库对"数字丝绸之路"的认知以负面评价为主，反映出严重的疑虑和防范心理。印度智库的上述认知是多种因素交互影响的结果：经济利益的驱动，民族主义情绪的影响，联动美国的考量等是主要动因。尽管目前中印关系有所缓和，但是由于两国边界问题的敏感性和复杂性，所以"数字丝绸之路"建设在印度面临的不确定因素依然存在。未来，减小和消除印度政府和智库的负面认知仍然任重而道远。从总体上来看，印度智库的认知在多个方面为中国提供了启示。

首先，在认知层面，理性看待印度智库的认知，充分挖掘其镜鉴价值。印度智库对"数字丝绸之路"的认知应成为中国推进相关工作的一面镜子。一方面，中国应从印度智库的负面评价中反思相关工作中存在的不足和缺点，找出未来工作的着力点和突破口；同时针对误解和偏见之处，做好解释和澄清工作，力争将不良影响降低到最小。例如，有印度智库认为中国的某些数字技术"侵犯个人信息或权利"，我国应认真反思相关技术是否存在有待改进之处，并及时展开相关研究工作；有印度智库诬陷某些"数字丝绸之路"项目是"实施社会控制"，我国应及时作出反驳和澄清。另一方面，中国应从印度智库的正面评价中总结"数字丝绸之路"建设的成功经验，为未来的工作提供参考和借鉴；同时充分挖掘其外宣价值，为"数字丝绸之路"建设创造更为有利的国际舆论氛围。例如，有印度智库认为"数字丝绸之路"建设为发展中经济体带来了发展机遇，在未来的项目推进中可以从印度容易获益的领域入手。

其次，在话语层面，建立和完善"数字丝绸之路"话语体系，争取国际舆论的主动权。具体而言，应避免在非本质问题上针锋相对、相互指责，否则很可能陷入对方的话语逻辑，甚至不断升级的口水战阻碍国家之间就数字经济达成合作。印度和西方国家对"数字丝绸之路"的负面评价集中于所谓"加剧地缘政治风险""侵犯个人信息或权利""导致债务陷阱"等内容，其话语逻辑基础是已经过时的"冷战"思维与"零和博弈"理论。有鉴于此，我国的"数字丝绸之路"话语体系应围绕"完善全球经济治理""减少数字鸿沟""构建网络空间命运共同体""创新南南合作模式""促进世界和平与发展"等内容展开。我国应高举"全球治理"和"人类命运共同体"等先进理念的旗帜,依据自身的话语体系耐心细致地向世界阐释"数字丝绸之路"的初衷和规划,从而赢得国际信誉和声誉。

再次,在战略层面,深入开展中印之间的多元交流与合作,减少和消除印度的疑虑和防范心理。首先,进一步加强中印之间的首脑外交,增进共识,建立更加紧密的双边关系,为"数字丝绸之路"建设创造更加有利的政治条件。其次,积极开展政府外交,在中印战略经济对话的基础上,可由中国国家发改委、商务部与工信部等牵头,联合印度有关部门,探讨建立中印"数字丝绸之路"交流合作机制,就"数字丝绸之路"的前景和影响加强沟通与交流。最后,进一步加强中印之间的智库公共外交,充分运用中印智库论坛、"丝路国际智库网络"(SiLKS)等管道和途径,把智库交流合作做深做实,促进中印两国对彼此国家能力和意图的正确认知。具体而言,可以合理设置议题,通过两国学者联合从事研究,联合举办学术研讨会,联合发表研究成果等途径促进两国智库之间的交流合作,促进印度智库对中国更加清醒与深入地认知。

最后,在实务层面,加强与印度在低敏感领域的数字合作,消除印度智库负面认知带来的不利影响。"数字丝绸之路"在印度的推进应充分把握印度经济社会发展的实际需要,同时应积极推进与印度在低敏感领域的合作。2020年以来,在国际上,印度与巴基斯坦和尼泊尔等国之间的边界冲突加剧,国防安全压力加大;在国内,印度疫情之后出现了严重的经济衰退,社会矛盾激化。在此情形之下,印度急需发展国内经济,维持社会稳定,提振国民信心。在边界问题方面,我国已经保持了足够的克制和忍让,最大程度地向印度释放了善意。在数字经济合作方面,我国可暂时放缓在所谓涉及国家安全领域的推进,等待中印关系和国际形势的发展变化,以此照顾印度的防范心理；同时，我国应积极推动在数字医疗卫生、数字经济人才培训、数字基础设施等低敏感领域与印度的合作，促进印度尽快摆脱困境，用实实在在的好处赢得印度对"数字丝绸之路"的满意和信任，减少和消除印度智库负面认知的不良影响。